新工科建设·智能化物联网工程与应用系列教材

感知识别技术与应用

主　编　张载龙

副主编　郭　婧

電子工業出版社

Publishing House of Electronics Industry

北京·BEIJING

内 容 简 介

感知识别技术是物联网工程的基础，它通过条（形）码、RFID、各种传感器或无传感器无线感测等技术，借助语音识别、图像识别等前沿技术，将物理世界的信号映射到数字世界。感知技术采集感兴趣的物理世界的数据，识别技术标识信息系统中的参与实体等。

本书是一本关于物联网感知识别技术及其应用的专业书籍，它涵盖了以下主要内容：概述、条码技术、RFID 技术、传感检测技术、无线定位技术和智慧物流系统。

本书适合高等院校物联网工程专业作为专业课教材使用，也适合其他相关专业作为选修课教材使用，还适合从事物联网相关工作的研究人员、工程技术人员以及对物联网感兴趣的各类读者参考阅读。

图书在版编目（CIP）数据

感知识别技术与应用 / 张载龙主编. -- 北京 : 电子工业出版社, 2025. 7. -- ISBN 978-7-121-50848-6

Ⅰ. TP393.4；TP18

中国国家版本馆 CIP 数据核字第 20251VD280 号

责任编辑：牛晓丽　　　特约编辑：郑香玉
印　　刷：三河市良远印务有限公司
装　　订：三河市良远印务有限公司
出版发行：电子工业出版社
　　　　　北京市海淀区万寿路 173 信箱　　邮编：100036
开　　本：787×1092　1/16　印张：11.5　　字数：294.4 千字
版　　次：2025 年 7 月第 1 版
印　　次：2025 年 7 月第 1 次印刷
定　　价：45.00 元

凡所购买电子工业出版社图书有缺损问题，请向购买书店调换。若书店售缺，请与本社发行部联系，联系及邮购电话：(010)88254888，88258888。

质量投诉请发邮件至 zlts@phei.com.cn，盗版侵权举报请发邮件至 dbqq@phei.com.cn。

本书咨询联系方式：QQ 9616328。

前言

在当今数字化和智能化的时代，感知识别技术已经成为各行各业提高效率、降低成本、优化管理的重要手段之一。从自动识别技术到传感检测技术，再到无线感测技术，这些技术的发展和应用正在深刻地改变着我们的生活和工作方式。

本书的内容非常丰富，系统地介绍感知识别技术及其应用，深入剖析自动识别、传感检测、条码、RFID、无线定位等领域的基本概念、技术原理和应用场景，并且探讨了物流行业中智慧物流系统的作用和未来发展趋势。通过对传感器、条码、RFID、无线传感器网络、无线定位等技术的解析，读者可以了解这些技术的核心知识和实际应用。每章的内容如下：

第 1 章介绍了感知识别技术中自动识别技术、传感检测技术和无线感测技术的基本概念，包括技术的起源、发展前景、相关概念、体系结构和关键技术及常见的应用领域。

第 2 章概述了条码的基本概念、分类及符号结构；介绍了商品条码、物流单元条码和二维码；还探讨了条码识别技术原理和设备，以及条码技术在生产、物流、运输、仓储管理和图书管理等领域的应用。

第 3 章解析了 RFID 技术，包括 RFID 定义、特点、系统组成和工作原理等方面较详细的介绍；探讨了 RFID 标准化、读写器和标签，以及 RFID 技术在供应链、医疗保健、交通运输、制造业等领域的广泛应用。

第 4 章详细介绍了传感器的基础知识、常见类型和基本特性；探讨了传感器的误差及分析；简要介绍了常用传感器；介绍了无线传感器网络（WSN）应用和通信体系结构。

第 5 章介绍了无线定位电波信号、无线信号传播环境和无线定位通信技术；探讨了无线感测的基本原理、参数估计方法和位置估计方法；简要介绍了全球导航卫星系统（GNSS）和蜂窝基站定位系统等典型的无线定位系统。

第 6 章引入了智慧物流的概念、基本功能和特点；探讨了智慧物流的支撑技术，包括物联网、云计算、大数据和人工智能等；详细介绍了感知识别技术在智慧物流的运输、仓储、装卸、搬运、包装、配送加工、配送和信息处理等方面的应用，并展望了未来智慧物流的发展趋势。

通过这些章节，读者可以了解感知识别技术的基础知识、应用领域和发展趋势，以及如何在实际场景中应用这些技术来提高效率和降低成本。

我们希望能为工程技术人员、学生和研究人员提供一本全面系统的参考书籍，希望本书能够成为读者了解感知识别技术与应用的指南，以促进感知识别技术的研究与应用，推动数字化智能化的发展。

目录

第 1 章 概　述

新兴的物联网（Internet of Things，IoT）形式多样、技术复杂、牵涉面广，其发展趋势是更广泛的互联互通、更透彻的感知和更深入的智能，具有设备多样、多网融合、感控结合等特征，信息生成方式多样化是其区别于其他网络的重要特征。对物联网直观的理解是利用网络将“物”相互联系起来，利用各种感知识别技术，通过“物”节点对所获信息进行处理和应用，然后完成对客观世界的理解。依据信息生成、传输、处理和应用的原则，物联网可以分为感知识别、网络构建、管理服务和综合应用 4 个层次，位于底层的感知识别层是所有上层结构的基础。感知是对客观对象的信息进行获取、认知和理解的过程；识别是将感知到的对象外在特征信息转换为属性信息的过程。感知和识别是物联网实现“万物互联”的前提，感知识别技术是物联网的核心技术。

作为物联网的末梢，感知识别技术发展迅猛，人们的衣食住行都能折射出感知识别技术的发展。无所不在的感知和识别将物理世界信息化，实现传统上分离的物理世界和信息世界的高度融合，是联系物理世界和信息世界的纽带。感知识别技术是获取自然科学领域信息的主要途径和手段，它在现代测控系统中处于连接被测控对象和测控系统的接口位置，又是提高自动控制系统精度的反馈环节。因此，感知识别技术是物联网工程、自动化、测控技术与仪器、电气工程及自动化、智能电网信息工程、机械设计制造及其自动化等专业的核心专业基础课，其涉及机械、动力、物理、化学、光学、材料、电子、生物、半导体、信息处理等众多学科领域，应用十分广泛，从我们日常的吃穿用度，出行时的车船飞机，到无人机、机器人及载人飞船的各行各业，无处不在。感知识别技术与当前多学科交叉融合的趋势相一致，在专业课程体系中起到重要的承上启下作用。

随着感知识别技术的发展，信息生成方式正从传统的人工生成模式转变为人工生成和自动生成并存的模式。物联网感知识别层既包括条码（Barcode）识别、射频识别（Radio Frequency IDentification，RFID）、传感检测、无线感知等信息自动生成设备，也包括人工生成信息所用的各种智能电子产品。近年来，各类智能手机、可穿戴设备等层出不穷，这些包含 RFID、传感器网络、无线感知系统等的可联网电子产品迅速普及，使人们能够实时准确地感知、测量和监控物理世界，能够随时随地连入互联网、分享信息，使感知识别越来越泛在化。

1.1 自动识别技术

自动识别和数据捕获（Automatic Identification and Data Capturing，AIDC）指在没有人

为参与的情况下自动识别对象，收集有关对象的数据并将其直接输入计算机系统，通常简称为“自动识别”或“自动数据收集（Automated Data Collection，ADC）”。典型的自动识别技术包括条码识别、RFID、磁卡（Magnetic Stripe）识别、IC 卡识别、光学字符识别（Optical Character Recognition，OCR）、图像识别、生物识别（Biometrics，如虹膜和面部识别系统）。自动识别系统的典型结构框图如图 1.1 所示。

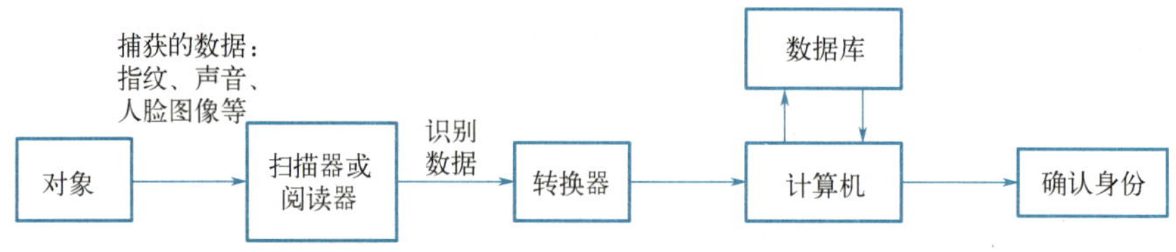

图 1.1　自动识别系统的典型结构框图

作为能够自动收集数据的技术，自动识别是获取外部数据的过程或手段，特别是通过分析图像、声音或视频的方式。为了捕获数据，采用转换器将实际的图像或声音转换成数字文件，并存储该文件，随后可以由计算机对其进行分析，或者与数据库中的其他文件进行比较，以验证身份或提供进入安全系统的授权。自动识别可以通过各种方式捕获数据，但最好的方式取决于应用。

在生物识别安全系统中，捕获是获取或识别指纹、掌纹、脸型、虹膜之类的图像数据或声音之类的音频数据的特征的过程。

RFID 是一种相对较新的自动识别技术，该技术是全球自动化数据收集、标识和分析系统的基础。RFID 能够跟踪移动的物体，因而其应用广泛，包括牲畜识别和自动车辆识别等系统。这些自动化的无线自动识别系统在条码标签无法生存的制造环境中非常有效。

几乎所有的自动识别技术都包含 3 个主要组件（如图 1.2 所示）：①数据编码器。当对数据进行编码时，字母、数字、字符被翻译成可由机器读取的编码形式，将包含已编码数据的标签附加到要识别的物品上。②扫描器或机器阅读器（Machine Reader）。该设备读取编码数据，将其转换为替代形式，通常是电子模拟信号。③数据解码器。该组件将电信号转换为数字数据，随后数字数据被转换为原始的字母、数字字符。

自动识别最有用的应用之一是从纸质文档中收集信息并将其保存到数据库（如内容管理系统、企业内容管理系统等）中，根据不同的数据类型，从纸质文档中提取相关信息，以便在企业信息系统（如企业资源计划系统，客户关系管理系统等）中进行进一步的处理。在该应用中使用的自动识别技术包括：用于印刷文本识别的光学字符识别（OCR），用于手写文本识别的智能字符识别（Intelligent Character Recognition，ICR），用于标记识别的光学标记阅读器（Optical Mark Reader，OMR），以及用于条码识别的光学条码识别（Optical Barcode Recognition，OBR）和条码阅读器（BarCode Reader，BCR）。

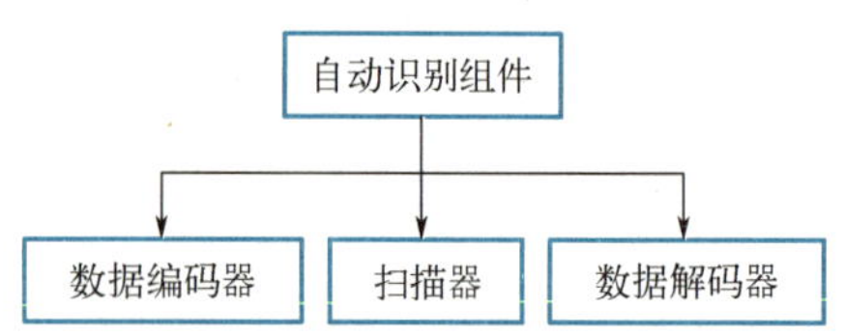

图 1.2　自动识别技术的组件

用于自动识别的文档可分为 3 类：①结构化文档（问卷、测试、保险表格、纳税申报表、选票等）。这类文档具有完全相同的结构和外观，是数据捕获最简单的类型，因为每个数据字段都位于所有文档的相同位置。②半结构化文档（发票、采购订单、运单等）。这类文档具有相同的结构，但其外观取决于项目数量和其他参数。从这些文档中捕获数据是一项复杂但可以解决的任务。③非结构化文件（信件、合同、物品等）。这类文档具有灵活的结构和外观。

1.1.1　自动识别技术的基本概念

自动识别技术是将信息数据自动识读、自动输入计算机的重要方法和手段，它是以计算机技术和通信技术为基础的综合性科学技术。近几十年内，自动识别技术在全球范围内得到了迅猛发展，目前已形成一个集计算机、光、磁、物理、机电、通信技术为一体的高新技术学科，包括条码识别、RFID、磁卡识别、IC 卡识别、光学字符识别、图像识别和生物识别等。归根到底，自动识别技术是一种高度自动化的信息或者数据采集技术。

自动识别技术融合了物理世界和信息世界，是物联网区别于其他网络（如电信网，互联网）最独特的部分。自动识别技术可以对每个物品进行标记和识别，并可以将数据实时更新，是构建全球物品信息实时共享系统的重要组成部分，是物联网的基石。通俗讲，自动识别技术就是能够让物品“开口说话”的一种技术。

按照自动识别技术的国际分类标准，有两种分类方法：一种按照采集技术进行分类，其基本特征是需要被识别物体具有特定的识别特征载体（如标签等，仅光学字符识别例外），可以分为光存储器、磁存储器和电存储器；另一种按照特征提取技术进行分类，其基本特征是根据被识别物体本身的行为特征来完成数据的自动采集，可以分为静态特征、动态特征和属性特征。

在计算机信息处理系统中，数据的采集是系统的基础，这些数据通过数据系统的分析和过滤，成为影响我们决策的信息。一般来讲，在一个信息处理系统中，数据的采集（识别）完成了系统原始数据的采集工作，解决了人工数据输入速度慢、误码率高、劳动强度大、工作简单且重复性高等问题，为计算机信息处理提供了快速、准确地进行原始数据采集的有效手段。自动识别系统通过中间件或软件、硬件接口将数据传输给后台处理计算机，由计算机对所采集到的数据进行处理或加工，最终形成对人们有用的信息。有的场合，中间件本身就具有数据处理的功能。中间件还可支持单一系统不同协议的产品的工作。

以物流信息的管理和应用为例，过去多以单据、凭证、传票为载体，采用手工记录、电话沟通、人工计算、邮寄或传真等方法对物流信息进行采集、记录、处理、传递和反馈，不仅极易出现差错、信息滞后，而且对物品在流动过程中的各个环节难以统筹协调、系统控制，更无法实现系统优化和实时监控，从而造成了效率低下和人力、运力、资金、场地的大量浪费。物流过程比其他任何环节都更接近于现实的“物”，物流产生的实时数据比其他任何工况都要密集，数据量都要大，因此基础数据的自动识别与实时采集成为物流信息系统（Logistics Management Information System，LMIS）的存在基础。

完整的自动识别计算机管理系统包括自动识别系统（Auto IDentification System，AIDS）、应用程序接口（API）或中间件、应用系统软件。自动识别系统完成系统信息的采集和存储工作，应用系统软件对自动识别系统所采集的数据进行应用处理，而应用程序接口则提供自动识别系统和应用系统软件之间的通信接口（包括数据格式），将自动识别系统采集的数据信息转换成应用系统软件可以识别和利用的信息并进行数据传递。

1.1.2 常用自动识别技术

按照应用领域和具体特征，自动识别技术可以分为如图 1.3 所示的几类。

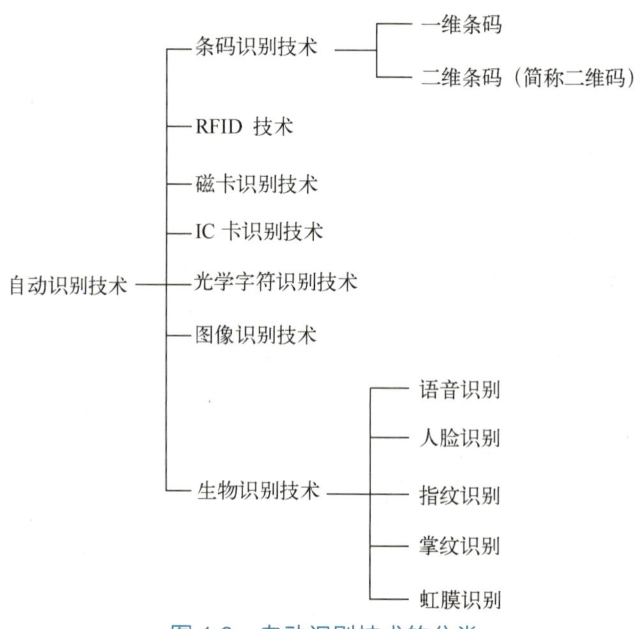

图 1.3 自动识别技术的分类

1. 条码识别技术

条（形）码是将宽度不等的多个条和空，按照一定的编码规则排列，用以表达一组信息的图形标识符，是数据或信息的可读表示。条码包含的是附加了该条码的对象的信息。贴在零售物品、身份证和邮政信件上的条码可以标识特定的产品编号、人员或位置。条码还可以标识物品的生产国、制造厂家、商品名称、生产日期、图书分类号、邮件起止地点、类别、日期等信息，因而在商品流通、图书管理、邮政管理、银行系统等许多领域都得到了广泛的应用。

条码最初通过一种称为条码阅读器的特殊光学扫描设备进行扫描。条码阅读器利用激光束将印刷或标记在产品上的条码图像转换成数字数据，然后将这些数据传输给计算机以进行进一步处理。条码阅读器利用激光束对条码中条和空的反射差异来区分和解码信息。条码技术标准则规定了如下内容：用于读取和解码条码信息的方法与技术，测量和评估条码印刷或标记质量的标准与准则，条码印刷和标记的规范与工艺要求，以及将数据以光学可读方式表示的格式要求。

首次使用通用产品代码（Universal Product Code，UPC）的条码可追溯到 1974 年。商品上的那些条码被称为线性条（形）码，其标准由国际自动识别与移动技术协会（Association for Automatic Identification and Mobility，AIM Global）发布，到目前为止，大约有 250 种

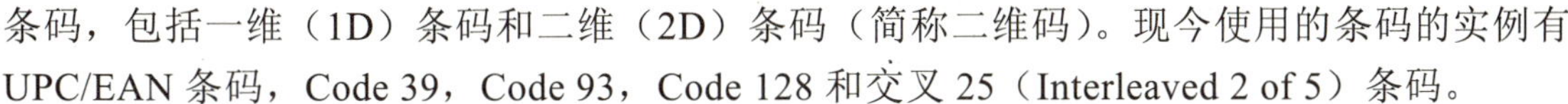

条码，包括一维（1D）条码和二维（2D）条码（简称二维码）。现今使用的条码的实例有UPC/EAN条码，Code 39，Code 93，Code 128和交叉25（Interleaved 2 of 5）条码。

一维条码是由平行排列的宽窄不同的条和空组成的，这些条和空根据预定的模式进行排列并表达相应记号系统的数据项。宽窄不同的条和空的排列次序可以解释成数字或者字母。可以通过光学扫描器对一维条码进行阅读，即根据条和空对激光的不同反射来识别。

二维码是在一维条码无法满足实际应用需求的前提下产生的。受信息容量的限制，一维条码通常是对物品的标识，而不是对物品的描述。二维码能够在横向和纵向两个方向同时表达信息，因此能在很小的面积内表达大量的信息。

典型的条码系统主要由某种有线或无线的基础设施、移动计算机、打印机、手持式扫描器和支持软件组成。基础设施可以将移动计算机、打印机和手持式扫描器连接到一个或多个数据库上，数据库用于存储和分析该条码系统收集的数据；支持软件可以像管理硬件和数据库之间连接的代码一样简单，也可以像企业资源计划（Enterprise Resource Planning，ERP）系统、物料需求计划（Material Requirement Planning，MRP）系统或某些其他库存管理软件一样复杂。

2. RFID技术

RFID是一种利用射频信号在阅读器和附着在特定物体上的（电子）标签之间传输数据的技术，用于数据收集和识别。RFID技术可以通过无线信号识别目标对象并获取相关数据，而无须在识别系统与特定目标之间建立机械或者光学接触；且识别工作无须人工干预，可工作于各种恶劣环境。RFID主要用于物体识别和跟踪，在不直接接触物品的情况下获得物品的信息。RFID系统由天线、收发器和应答器（标签）3个部分组成。

作为能够让物品“开口说话”的技术，标签中存储着规范且具有互用性的信息，通过无线通信网络把它们自动采集到中央信息系统，实现物品的识别和管理。RFID是全球自动化数据收集、识别和分析系统的基础。根据所使用技术的不同，读取和写入距离可以从毫米量级至米量级不等。

与条码、磁卡和IC卡等识别技术相比，RFID以其特有的无接触、抗干扰能力强、标签无须处在识别器视线之内（可嵌入被追踪物体内）、可同时识别多个物品等优点，逐渐成为自动识别中最优秀的和应用领域最广泛的技术之一，是最重要的自动识别技术。

许多行业都运用了RFID技术。将标签附着在正在生产中的物品上，厂家便可以追踪此物品在生产线上的进度。标签也可附于/嵌入牲畜与宠物身上，方便对牲畜与宠物的识别（防止数只牲畜与宠物使用同一个身份）。RFID卡可用于门禁管理或区域准入控制。RFID具有跟踪移动对象的能力，其应用领域还包括自动车辆识别（Automated Vehicle Identification，AVI）。某些标签还可以附在衣物等上面，甚至于植入人体之内。但这项技术可能会在未经本人许可的情况下读取个人信息，有侵犯个人隐私之隐忧。

电子物品监控（Electronic Article Surveillance，EAS）系统是一种在物品通过门控区域时用于识别物品的系统，其中使用了RFID和其他一些类型的电子物品防盗系统。这种系统主要用于向相关人员报告未经授权的人员从商店、图书馆、博物馆、数据中心及其他重要场所取走物品的警情。比如在购买商品时EAS标签被去活，当物品通过门控区时，系统可以感知标签是活动的还是不活动的，并在必要时发出警报声，因此可以防范盗窃。

3. 磁卡识别技术

磁卡是一种磁记录介质卡片，记录信息的方法是变换磁的极性，在磁性氧化的地方具有相反的极性。记录磁头通过修改磁性材料条上的小铁基磁性颗粒的磁性来存储数据（该过程被称为磁变），磁卡识别器可以识读到磁变并将它们转换为字母或数字的形式，由计算机处理。对自动识别制造商来说，磁卡就是一层薄薄的由定向排列的铁性氧化粒子组成的材料（也称涂料），用树脂黏合在一起并粘在诸如纸或塑料这样的非磁性基片上。磁卡识别应用了物理学和磁力学的基本原理，出于安全目的提供了银行卡、信用卡、身份证、ATM 卡等标准（包括卡号的分配），这些磁卡包含有关卡的所有者的信息。磁卡识别器用于读取磁卡中的信息。第一个磁卡在 20 世纪 60 年代早期用于运输票据，在 20 世纪 70 年代磁卡开始用于银行卡。

磁卡由高强度、耐高温的塑料或纸质涂覆塑料制成，能防潮、耐磨且有一定的柔韧性，携带方便、使用较为稳定可靠。磁卡技术的优点：数据可读写，即具有现场改变数据的能力；数据存储量能满足大多数情况下的需求，便于使用、成本低廉、具有一定的数据安全性；能粘贴在许多不同规格和形式的基材上。磁卡应用存在的问题：磁卡保密性差，易于被读出和伪造；磁卡的应用往往需要强大可靠的计算机网络系统、中央数据库等，其应用方式是集中式的，这给用户异地使用带来了极大不便。

4. IC 卡识别技术

智能卡（Smart Card）是一种便携的塑料卡式电子记录设备，它附有一个小芯片并包含一个嵌入式集成电路（IC），是一种将 IC 芯片嵌装于塑料等基片上而制成的卡片，也称为 IC 卡、芯片卡、聪明卡、智慧卡、存储/记忆卡等。IC 卡是继磁卡之后出现的又一种信息载体，通过卡里的集成电路存储信息，采用射频技术与支持 IC 卡的读卡器进行通信。IC 卡内有个电感电容（LC）串联谐振电路，其频率与射频读写器发射的频率相同，当射频读写器向 IC 卡发射一组固定频率的电磁波时，LC 串联谐振电路产生共振，使电容内有了电荷；在该电容的另一端，接有单向导通的电子泵，将电容内的电荷送到另一个电容内存储，当所积累的电荷达到 2V 时，电容既可作为电源为其他电路提供工作电压，又可同时将卡内的数据发送出去或接收读写器的数据。

根据卡中集成电路的不同，IC 卡分为存储器卡（卡中集成电路为 EEPROM）、逻辑加密卡（卡中集成电路包括加密逻辑和 EEPROM）和 CPU 卡。严格地讲，只有 CPU 卡才是真正的智能卡，CPU 卡中的集成电路包括中央处理器（CPU）、EEPROM、RAM 及固化在 ROM 中的卡片操作系统（Chip Operating System，COS）。根据卡片和读写设备通信的方式，IC 卡分为接触式 IC 卡（通过 IC 卡读写设备的触点与 IC 卡的触点接触来读写数据）和非接触式 IC 卡（通过光、无线等非接触式技术读写数据）两种。非接触式 IC 卡增加了射频收发电路，一般用在使用频繁、信息量较少、可靠性要求较高的场合（如公共交通卡），在当前的应用中主要包括逻辑加密卡和具有更高安全性的 CPU 卡，而接触式 IC 卡能充分保证交易时的安全性。因此，双接口 CPU 卡（即接触式和非接触式接口包含在一张 IC 卡上）的应用越来越广泛。也可以将非接触式 IC 卡归类到 RFID 卡中，因为非接触式 IC 卡与 RFID 卡的通信方式是一致的。

IC 卡至少可在信用卡、借记卡和个人信息三个层面上发挥作用，能够进行数据存储以提供识别和应用处理，可以为大型组织内的单点登录（Single Sign On，SSO）提供强大的安全身份验证。必要时，IC 卡可即时处理提款、销售和账单等信息，这些记录可传输到中央计算机进行更新。

5. 光学字符识别技术

光学字符识别（OCR）技术属于图形识别技术，是模式识别、人工智能和计算机视觉领域中的一个研究领域，其目的就是使用类似于 CD-ROM 的技术来让计算机知道它到底看到了什么，尤其是文字资料。光学卡面板（Optical Card Panel）采用层压或黏合（Laminate）在卡片中的金色激光敏感材料，当激光指向它们时，材料会发生反应。光卡（Optical Card）把手写的、打字机或打印机打印的文本（如纸质的书）的扫描图像以电子或机械的方式翻译成机器编码的文本。OCR 技术首先采用光学方式将文档资料转换为原始资料黑白点阵的图像文件，然后通过识别软件将图像中的文字转换为文本格式，以便文字处理软件进一步编辑加工的系统技术。OCR 系统从影像到结果输出，需经过影像输入、影像预处理、文字特征抽取、比对识别，再经人工校正将认错的文字更正，最后将结果输出。OCR 技术可用于将文档或书籍转换为电子文件（数字化），在网站上发布文本，对邮件进行分类，以及通过信用卡处理支票和基于邮件的付款，以便在办公室中保存记录而不是大量的文件。

6. 图像识别技术

视觉是人类获取信息的最重要的手段，图像是人类获取信息的主要途径。所谓“图”就是物体透射或反射光的分布；“像”是人的视觉系统接收图的信息从而在大脑中形成的印象或认识。前者是客观存在的，而后者是人的感觉，图像则是两者的结合。在人类认知的过程中，图像识别是指图像刺激作用于感觉器官，进而辨认出该图像是什么的过程，也叫图像再认。图像识别技术既要有当时进入感官（即输入计算机系统）的信息，也要有系统中存储的信息，只有通过存储的信息与当前的信息进行比较的加工过程，才能实现对图像的再认。

信息化领域的图像识别是利用计算机对图像进行处理、分析和理解，以识别各种不同模式的目标和对象的技术。地理学中的图像识别是指将遥感图像进行分类的技术。目前，图像识别技术已经广泛运用于工业生产、军事国防、医学医疗等多个方面，例如，指纹锁、交通监管、家庭防盗系统、电子阅卷系统等。

7. 生物识别技术

生物识别技术，也称生物测定学，通常涉及人的识别，指用数理统计方法对生物进行分析，现在多指通过生物（一般特指人）本身的生物特征来区分生物个体的计算机技术。生物识别技术通过获取与分析人的身体和行为特征来实现人的身份的自动鉴别。生物特征分为物理特征和行为特点两类：物理特征包括指纹、掌纹、眼睛（视网膜和虹膜）、人体气味、脸型、皮肤毛孔、手腕、手的血管纹理和 DNA 等；行为特点包括签名、语音、行走的步态、击打键盘的力度等。

生物识别系统（见图 1.4）由扫描设备或带有软件的阅读器组成，该软件将扫描的生物数据（如指纹、语音特征等）转换为数字格式，并将捕获的生物数据与该个体的存储数据进行比较。第一次使用生物识别系统时必须登记生物识别信息。生物识别系统检测生物特征信息并将其与登记系统时存储的信息进行比较。

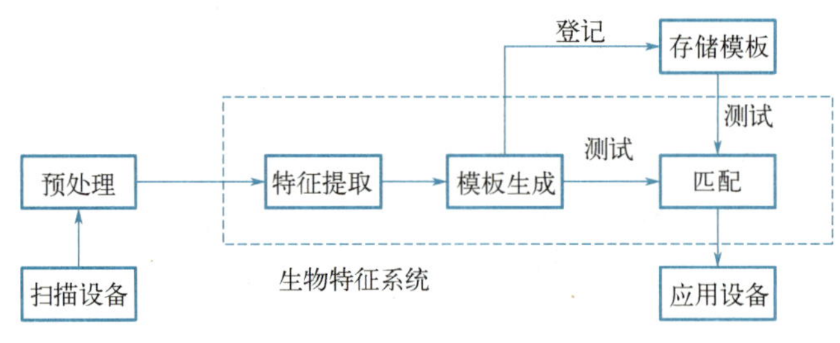

图 1.4　生物识别系统

生物识别技术有语音识别、人脸识别、指纹识别、掌纹识别、虹膜识别、视网膜识别、体形识别、键盘敲击识别、签字识别等。其中，语音识别、人脸识别、指纹识别、掌纹识别和虹膜识别是目前比较常用的。

语音识别指运用计算机系统对语音所承载的内容和说话人的发音特征等所进行的自动识别，主要功能有声纹识别、内容识别、语种识别和语音标准识别，是实现人机对话的一项重大突破。基于语音的安全系统通常会存储难以伪造的发音特征和模式的记录。语音识别技术基于对语音的 3 个基本属性——物理属性（音高、音长、音强和音色）、生理属性（如发音器官对语音的影响等）和社会属性（语音具有表义功能）的分析，可以用声音指令实现“不用手”的数据采集，其最大特点就是不用手和眼睛，这对那些采集数据的同时还要手眼并用完成工作的场合尤为适用。语音识别的应用包括语音用户接口（如语音拨号、呼叫路由选择、语音搜索、简单数据输入），语音到文本处理（如结构化文档的准备），以及智能家居控制（如家用电器控制）等。

人脸识别是基于人的脸部特征信息进行身份识别的一种生物识别技术，用生物（一般特指人）本身的生物特征来区分生物个体，特指用摄像机或摄像头采集含有人脸的图像或视频流，利用、分析、比较人脸视觉特征信息，自动在图像中检测和跟踪人脸进行身份鉴别的计算机技术，通常也叫作人像识别、面部识别，可用于人脸追踪侦测、自动调整影像大小、夜间红外侦测等。与其他类型的生物识别相比，人脸识别具有非强制、非接触、并发的“以貌识人”特性，以及操作简单、结果直观、隐蔽性好等特点。人脸识别主要用于身份识别。众多的视频监控应用迫切需要一种远距离、用户非配合状态下的快速身份识别技术，以求远距离快速确认人员身份，实现智能预警，人脸识别技术无疑是最佳的选择。采用快速人脸检测技术可以从监控视频图像中实时查找人脸，并与人脸数据库进行实时比对，实现快速身份识别。

指纹指人的手指末端正面皮肤上凸凹不平的纹线，纹线有规律的排列形成不同的纹型，纹线的起点、终点、结合点和分叉点，称为指纹的细节特征点，具有终生不变性、特定性和方便性。每个人的指纹不同，同一个人的十指指纹也有明显区别，因此指纹可用于身份的自动识别。指纹识别指通过比较不同指纹的细节特征点来进行自动识别。

1.2 传感检测技术

人类对外界的感知最初都是通过眼、耳、鼻、舌、皮肤等器官实现的，且通常都是一些定性的认识。随着人类文明的发展，无论是宏观的宇宙，还是微观的粒子界，仅凭人类感官是无法获得大量的未知信息的。为认识和改造世界，尤其是提高生产效率和产品质量，人类越来越多地采用传感检测技术。

传感检测技术是现代科技发展的前沿技术，许多国家已将传感检测技术、通信技术和计算机技术列为同等重要的三大支柱信息技术。敏感元件与传感器在工业部门的应用普及率已被国际社会作为衡量一个国家智能化、数字化、网络化程度的重要标志。传感检测技术集中体现了信息化和工业化的结合，科技越发达，自动化程度越高，对传感检测技术的依赖也就越强。信息产业链中信息应用、信息传输与信息处理的迅猛发展，使世界许多国家开始大力发展传感检测技术，我国政府也提出了“感知中国”的口号，加大了具有自主知识产权的先进传感检测技术的研发力度。工业 4.0 技术、物联网技术、无人驾驶技术、智能机器人等无不依赖传感检测技术的发展与应用。

1.2.1 传感检测的概念

传感检测技术与信息学科紧密相关，是自动检测和自动控制技术的总称。传感检测技术是一门边缘技术，涉及物理学、数学、化学等学科，与计算机、通信和自动控制技术一起构成一条从信息采集、处理、传输到应用的完整信息链。

传感检测技术是关于传感器的构成、基本特征、测量方法、测量误差及传感器应用的综合技术。传感与检测是实现自动控制、自动调节的关键环节，与信息系统的输入端相连，并将检测到的信号输送到信息处理部分，是感知、获取、传输和处理信息的关键。传感检测技术是半导体、材料、测量、光学、计算机、微电子、声学、信息处理、精密机械、仿生学等众多学科相互交叉的知识密集型技术，是现代新技术革命和信息社会的重要基础，是自动检测和自动控制技术不可缺少的重要组成部分。

传感检测技术是以研究自动检测系统中的信息采集、信息转换及信息处理的理论和技术为主要内容的一门应用技术，其任务是寻找与自然信息具有对应关系的各种表现形式的信号，并确定二者间的定性、定量关系，从反映某一信息的多种信号表现中挑选出最适合所处条件的表现形式，以及寻求最佳的采集、转换、处理、传输、存储、显示等方法和相应设备。信息采集从自然界诸多物理、化学、生物等被测量中提取有用的信息。信息转换把提取出的有用信息转换成电量形式的幅值、功率等。信息处理视输出环节的需要将转换后的电信号进行数字运算（求均值、极值等）、模数（A/D）转换等处理。

自动检测系统是自动测量、自动计量、自动保护、自动诊断、自动信号处理等诸多系统的总称。这些系统中都包含被测量、敏感元件、电子测量电路、电源和输出单元，区别仅在于输出单元。例如，自动测量系统的输出单元是显示器或记录器，自动保护或自动诊断系统的输出单元是控制器或报警器。

1.2.2 传感器和传感检测系统的组成

1. 传感器组成

传感器一般是利用物理、化学和生物等学科的某些效应或机理按照一定的工艺和结构研制出来的物理测量装置或器件，能探测、感受外界的信号、物理条件（光、热、湿度等物理量）、化学组成（烟雾等化学量）、生物量等，将位移、速度、加速度、力等非电量转换成电压、电流、电容、电阻等电量，并将探知的信息传递给其他装置或器件。传感器的输出主要是电量，一般都需要由信号调理与转换电路进行放大、运算调制等，并且输入与输出应有对应关系和一定的精确程度。国标 GB/T 7665—2005 定义传感器（Transducer/Sensor）是能感受被测量并按照一定的规律转换成可用输出信号的器件或装置，通常由敏感元件（Sensing Element）和转换元件（Transducing Element）组成。新韦氏大词典定义“传感器”为“从一个系统接收功率，通常以另一种形式将功率送到第二个系统中的器件”。

由传感器的定义可知，传感器主要完成两个方面的功能：检测和转换，因此传感器一般由敏感元件和转换元件组成，但这种组成的传感器通常输出信号较弱，还需要信号调理电路（或称转换电路）将输出信号进行放大并转换为容易传输、处理、记录和显示的形式。总的来说，传感器通常由敏感元件、转换元件和信号调理电路组成，有些还包含辅助电源电路，如图 1.5 所示。传感器大多数是开环系统，也有些是带反馈的闭环系统。

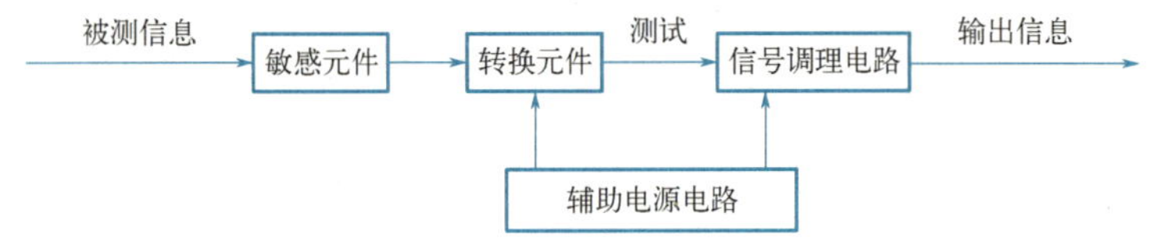

图 1.5 传感器组成框图

敏感元件指传感器中能直接感受或响应被测量，并输出与被测量成确定关系的某一物理量的元件，如传感器中的弹性元件。

转换元件指传感器中能将敏感元件所感受或响应的被测量转换成适于传输或测量的电信号的元件，如应变式传感器中的电阻应变片，其输入是敏感元件的输出。

信号调理电路是把转换元件输出的电信号转换为便于显示、记录、处理和控制的有用电信号的电路，如电桥、振荡器、电荷放大器等。

辅助电源电路通常包括电源，即交、直流供电系统。

有些传感器很简单，有些则较复杂。最简单的传感器不包括转换元件，只由一个敏感元件（兼转换元件）组成，它在感受被测量时直接输出电量，如压电晶体、热电偶、热敏电阻、光电元件等。有些传感器由敏感元件和转换元件组成，没有信号调理电路，如压电式加速度传感器，其中质量块是敏感元件，压电片/块是转换元件。有些传感器，转换元件不止一个，要经过若干次转换。不少传感器要在经过信号调理电路处理后才能输出电信号，从而决定了信号调理电路也是传感器的组成部分之一。由于空间限制或其他原因，信号调理电路常安装在电箱中。

可见，传感器的作用是将一种能量转换成另一种能量形式，所以不少学者也把传感器称为“换能器（Transducer）”。对初学者和应用传感器的工程技术人来说，应先从工作原理出发，了解各种各样的传感器；而对工程上的使用者来说，应该以被测参数为准，着重于如何合理选择和使用传感器。

2. 传感检测系统组成

一个完整的传感检测系统（或装置）通常由传感器、测量电路及记录仪、显示仪、数据处理仪器等部分组成，分别完成信息采集、转换、显示和处理等功能，当然其中还包括电源和传输通道等不可缺少的部分。图 1.6 给出了通常的传感检测系统组成框图，其中传感器是传感检测系统中最基本的元件，也是传感检测技术的关键部分之一，直接关系到系统的测量范围、精度和可靠性。

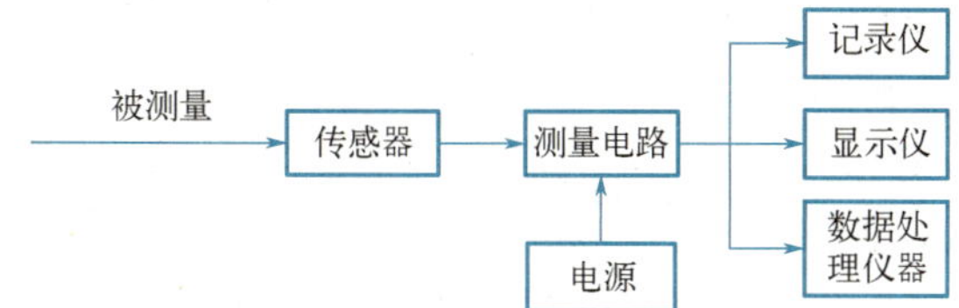

图 1.6　传感检测系统组成框图

1.2.3　传感检测技术的起源与发展

最初的传感器起源于仿生研究。每种生物都需要经常与周围环境交换信息，因此都有自己感知周围环境的器官和组织，如人类必须通过眼、鼻、耳、舌、皮肤等才能取得外界的信息，同样，一个系统需要通过传感器对某一特定对象进行测量才能得到信息。所以，如图 1.7 所示，传感器往往可比作人的感官。

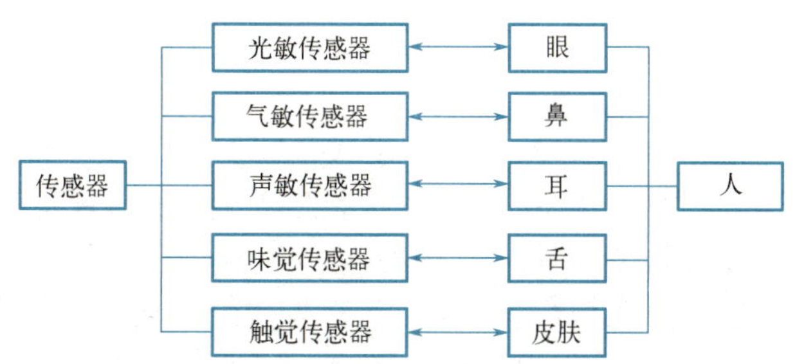

图 1.7　传感器与人的感官之间的关系

基于仿生研究的传感技术，自古以来就渗透到了人类生产活动、科学实验、日常生活的各个方面，如计时、气候和季节的变化规律等。传感器的发展大体经历了三个历程。

结构型传感器利用结构参量的变化来感受和转化信号。例如，电阻应变式传感器是利用金属材料发生弹性形变时电阻的变化来转化电信号的。

固体传感器是 20 世纪 70 年代发展起来的，由半导体、电介质、磁性材料等固体元件构成，是利用材料的某些特性制成的，例如，利用热电效应、霍尔效应、光敏效应分别制成了热电偶传感器、霍尔式传感器、光敏传感器等。70 年代后期，随着集成技术、分子合成技术、微电子技术及计算机技术的发展，出现了集成传感器。集成传感器包括传感器本身的集成化和传感器与后续电路的集成化两种类型，例如，电荷耦合器件、集成温度传感器、集成霍尔式传感器等。

智能传感器是从 20 世纪 80 年代开始发展起来的，其对外界信息具有一定的检测、自诊断、数据处理及自适应能力，是微型计算机技术与检测技术相结合的产物。20 世纪 80 年代，智能化测量技术主要以微处理器为核心，把传感器信号调理电路、微型计算机、存储器及接口集成到一块芯片上，使传感器具有一定的人工智能；20 世纪 90 年代，智能化测量技术在传感器同级水平实现了智能化，使其具有自诊断、记忆、多参量测量及联网通信功能等；2000 年开始，微电子机械系统（Micro Electro Mechanical System，MEMS）的大规模使用，进一步推动传感器向智能化、微型化、集成化发展；2010 年以来，随着物联网和智能制造的兴起，智能传感器得到了广泛的关注和迅猛的发展。

1.2.4 传感器的基本特性

传感器的输入输出关系特性是传感器的基本特性，从误差角度去分析输入输出关系特性是测量技术所要研究的主要内容之一。输入输出关系特性虽是传感器的外部特性，但与其内部结构参数有密切关系。不同的内部结构参数使传感器具有不同的外部特性，所以测量误差也与内部结构参数密切相关。

传感器测量的物理量有两种基本形式：一种是不随时间变化（或变化缓慢）的静态（准静态或稳态）形式信号，另一种是随时间变化的动态（周期变化或瞬态）形式信号。由于输入物理量形式的不同，传感器所表现出来的输入输出关系特性也不同，存在静态特性和动态特性。由于不同的传感器有不同的内部结构参数，所以其静态特性和动态特性也表现出不同的特点，对测量结果的影响也各异。高精度传感器必须有良好的静态特性和动态特性，这样才能完成信号（或能量）的无失真转换。

1. 静态特性

在静态形式信号作用下的传感器输入输出关系特性称为传感器的静态特性，主要指标有线性度、迟滞、重复性、灵敏度与灵敏度误差、分辨率与阈值、稳定性、温度稳定性（又称温度漂移）、多种抗干扰能力、静态误差、零点漂移等。线性度即输出与输入之间的实际关系特性曲线偏离直线的程度，又称为非线性误差；迟滞（回差滞环现象）表示传感器在正向（输入增大）行程和反向（输入减小）行程期间，输入输出关系特性曲线不重合的程度；重复性表示传感器在输入按同一方向做全量程多次测试时，所得特性曲线不一致的程度，多次按相同输入条件测试的输出特性曲线重合越多，其重复性越好，误差也越小；灵敏度（Sensitivity）指传感器的输入对输出的影响，即静态时输出增量与输入增量的比值，也称为传感器的传感系数，线性传感器的灵敏度为常量，而非线性传感器的灵敏度是一个变量。

2. 动态特性

传感器的动态特性指传感器对输入激励的输出响应特性。传感器的动态特性一般并不能直接给出其微分方程，而是通过实验给出传感器在阶跃响应曲线和幅频特性曲线上的某些特征值来表示。一个动态特性好的传感器，随时间变化的输出曲线能同时再现输入随时间变化的曲线，即输出与输入具有相同类型的时间函数。动态输入信号时，传感器的输出信号一般不会与输入信号具有完全相同的时间函数，这种输出与输入之间的差异就是动态误差。有良好静态特性的传感器，未必有良好的动态特性，因为如果要求传感器在动态（快速变化）输入信号时有较好的动态特性，则不仅要求传感器能精确地测量信号的幅值大小，而且要能测量信号变化的过程，即要求传感器能迅速准确地响应信号幅值变化且无失真地再现信号随时间变化的波形。

任何传感器都有影响其动态特性的“固有因素”，但表现形式和作用程度各不相同。研究传感器的动态特性主要是为了从测量误差角度分析产生动态误差的原因及提出改善措施，通常从时域和频域两方面采用瞬态响应法和频率响应法来进行分析。时域内通常利用几种特殊的输入时间函数，如阶跃函数、脉冲函数和斜坡函数等来研究传感器的瞬态响应特性；频域内通常利用正弦函数来研究传感器的频率响应特性。对应的方法分别为瞬态响应法和频率响应法。

1.2.5 传感器分类与应用

传感检测技术是一门知识密集型技术，与许多学科相关。传感器的原理各种各样，种类繁多，分类方法也很多，目前广泛采用的分类方法有如下几种。

按传感器的构成原理可分为结构型和物性型两大类。结构型传感器是利用物理学中场的定律构成的，包括力场运动定律、电磁场电磁定律等，对传感器而言，这些场的定律方程式也是其工作时的数学模型。结构型传感器的特点是其性能与材料没有多大关系，如差动变压器。物性型传感器是利用物质定律构成的，如欧姆定律等。物质定律是表示某些客观性质的法则，多数以物质本身的常数形式表示，代表了传感器的主要性能。因此，物性型传感器的性能随材料的不同而不同，如光电式传感器、半导体式传感器等。

按传感器的物理原理可分为电参量式传感器（包括电阻式、电感式、电容式等基本类型）、磁电式传感器（包括磁电感应式、霍尔式、磁栅式等类型）、压电式传感器（例如声波传感器、超声波传感器等）、热电式传感器（例如热电偶、热电阻等）、光电式传感器（包括一般光电式、光栅式、光电码盘式、激光、光纤、红外、摄像等类型）、气电式传感器（包括电位器式、应变式等类型）、波式传感器（包括超声波、微波等类型）、射线式传感器（包括热辐射、γ射线等类型）、半导体式传感器（例如霍尔元件、热敏电阻等），以及其他原理的传感器（例如差动变压器、振弦式传感器和振筒式传感器等）。有些传感器具有两种以上物理原理的复合形式，例如，不少半导体式传感器也可看成电参量式传感器。

按传感器的能量转换关系可分为能量控制型传感器和能量转换型传感器。能量控制型传感器在信息变换过程中，其能量需由外电源供给，如电阻、电感、电容等电参量式传感器都属于此类。能量转换型传感器主要由能量变换元件构成，它不需要外电源，如基于压电效应、热电效应、光电效应、霍尔效应等原理构成的传感器都属于此类。

另外，按传感器所应用的基本效应可分为物理型传感器、化学型传感器、生物型传感器等；按传感器的用途可分为位移传感器、压力传感器、振动传感器和温度传感器等；根据传感器的输出是模拟信号还是数字信号可分为模拟传感器和数字传感器；根据转换过程可逆与否可分为单向传感器和双向传感器；根据是否使用电源可分为有源传感器和无源传感器；等等。

传感检测技术是新技术革命和信息社会的重要技术基础，是当今世界极其重要的高科技技术，受到了越来越普遍的重视。传感器的应用已渗透到国民经济的各个领域（航空航天、医药、制造、机器人、机器和汽车等），现代化仪器和设备几乎都离不开传感器。例如，光纤传感器具有灵敏度高、响应速度快、动态范围大、防电磁场干扰、超高压绝缘、无源性、防燃防爆等优点，适于远距离遥测，已成为独具优势的地震监测手段；红外传感器广泛应用在军事上；生物型传感器可以积极地模拟生物具有的优秀感觉功能和对生物活性物质的识别能力，适用于食品和发酵工业、环境监测、医学领域；另外，还有医用传感器、海洋传感器和原子能传感器等。传感器被广泛应用于各种新型技术领域：基于应变效应、压阻效应的应变式传感器用于测力传感器、压力传感器、液体重量传感器、加速度传感器；基于电磁感应（自感、互感）的电感式传感器用于测量位移、振幅、转速，无损探伤；将非电量转换为电容量的电容式传感器用于电容式压力、厚度、料位、位移传感器；基于霍尔效应的霍尔式传感器用于检测磁场；基于压电效应的压电式传感器用于压电式测力传感器、加速度传感器；基于热电效应的热电式传感器用于温度测量、管道流量测量；基于光电效应的光电式传感器用于电荷耦合器件（Charged Coupled Device，CCD）、固体图像传感器、光纤传感器；基于红外辐射的红外传感器用于被动式人体移动检测仪、红外测温仪、红外气体分析仪；基于反射原理、吸附效应的微波传感器用于微波液位计、辐射计、物位计，微波温度传感器、无损探测仪、多普勒传感器；基于压电效应、磁致伸缩效应的超声波传感器用于测量物位、流量、厚度、探伤；基于光栅原理、光电效应的数字传感器用于机床定位、长度和角度的计量仪器；基于化学效应使物理性质变化的化学型传感器用于测量气体浓度、环境湿度；等等。

1.2.6 传感检测技术发展方向

传感检测技术是实现自动控制、自动调节的关键环节，也是机电一体化系统不可缺少的关键技术之一，其水平高低在很大程度上影响和决定着系统的功能。在一套完整的机电一体化系统中，若不能利用传感检测技术及时准确地检测出被控对象的各项参数并将其转换成易于传送和处理的信号，则无法获得系统控制所需要的信息，进而使整个系统无法正常有效地工作。

人类社会的全面信息化，使得信息系统迅速发展，传感检测系统也正向着微型化、智能化、多功能化、网络化等方向发展。传感检测技术的发展趋势可以从三个方面来看：一是开发新材料、新工艺和新型传感器；二是实现传感器的多功能、高精度、集成化和智能化；三是通过传感器与其他学科的交叉整合，实现无线网络化。具体而言，传感检测技术有以下几个发展方向。

新型敏感材料技术：通过微电子、光电子、生物化学、信息处理等学科各种新型技术的互相渗透和综合利用，可望研制出一批基于新型敏感材料的先进传感器。

高精度、微功耗及无源化技术：研制出灵敏度高、精确度高、响应速度快、互换性好的新型传感器以确保生产自动化的可靠性。传感器一般都是非电量向电量的转化，工作时离不开电源，开发微功耗传感器及无源传感器是必然的发展方向。

数字化、智能化技术：随着现代化的发展，传感器已突破传统的功能，其输出不再是单一的模拟信号，而是经过微处理器处理后的数字信号，有的甚至带有控制功能，即智能传感器。智能化多传感器系统能够在复杂而多变的环境中，迅速、有效、准确地获取、分析、处理和综合传感器信息，基于多传感器信息融合、模式识别来做出正确的描述和决策。

微型化和系统化技术：通过发展新的材料及加工技术实现传感器微型化。微机电传感器和微处理器的出现，开拓了微电子机械系统（MEMS）新领域，MEMS 传感器具有体积小、重量轻、功耗低、成本低、可靠性高、性能优异及功能强大等无法比拟的优点。

无线化和网络化技术：传统的传感器是有线的，新设计的传感器是无线的，这就为这些传感器增加了一个关键的无线联网特性。无线传感器网络（WSN）被认为是 21 世纪最重要的技术之一，曾被列为对世界产生深远影响的十大新兴技术之首。此外，这些新设计的传感器收集信息的能力远远超过传统的传感器。

多传感器集成与融合技术：集成化使传感器和测控仪器可以具备多种敏感元件，从而具有数字信号输出、信息存储和记忆、逻辑判断、双向通信、决策、自检、自校准、自补偿、数值处理等功能。未来将会以运行在未知、动态环境下的多传感器系统为研究对象，相应融合方法的研究将会成为研究热点之一，在此方面，不确定性信息的数学处理工具将发挥重要的作用。人工智能（AI）和人工神经网络（ANN）也将继续成为研究的热点，AI 的研究将会在传感器选择、自动任务误差检测与恢复及世界模型等领域发挥更大的作用，ANN 也会在目标识别和鲁棒多传感器系统两个领域里发挥重要的作用。

感知仿生技术：通过研究生物感知器官、系统及生物神经元与神经网络的功能结构和作用机理，构建与生物功能和结构相似的人工系统。中科大机器人研究团队研制的应用视觉、听觉、触觉、平衡觉等大量传感器的仿人形机器人组合可以表演《千手观音》舞蹈。

信息难以获取的传感技术：如隔墙探测或隔墙成像技术，尤以获取思维信息的传感器系统至关重要。美国科学家已经在动物实验中“解码”了从猴子大脑中记录下的思维信号，并进而用这些信号成功地对实验装置进行控制，朝着用意识控制机器的方向迈进了一步。此外利用鱼脑、人脑控制机器人也获得了成功。

1.2.7 无线传感器网络

作为一种新兴技术，无线传感器网络（Wireless Sensor Networks，WSN）是一种自组织多跳分布式传感网络，实现了数据的采集、处理和传输三种功能，其体系结构如图 1.8 所示。WSN 的基本组成单位是无线传感器节点，这些节点集成了传感器、微处理器、无线接口和电源管理 4 个主要模块。传感器可以随机或者按特定方式布置在工作环境中，通过无线通信实现自组织网络，获取周围环境的信息，形成分布式自治系统，相互协同完成特定的任务。WSN 主要利用大量的各种类型的静止或移动的传感器（节点）对物质状态、环境状态、行为模式等信息开展大规模、长期、实时的获取，通过这些传感器以自组织和多跳的方式构成无线通信网络，以协作方式感知、采集、处理和传输网络覆盖地理区域内被感知对象的信息，节点中的微处理器对原始数据进行初步处理后，经网络层逐跳转发给汇点（Sink），最终再由汇点把这些信息发送给网络的用户/所有者，实现对现场的监控。所以，WSN设置灵活，设备位置可以随时按需更改，还可以与互联网进行连接。WSN发展得益于微电子机械系统（MEMS）、片上系统（System on Chip, SoC）、无线通信和低功耗嵌入式技术的飞速发展。WSN广泛应用于军事、航空、反恐、防爆、救灾、环境、医疗、保健、家居、工业、商业等领域。

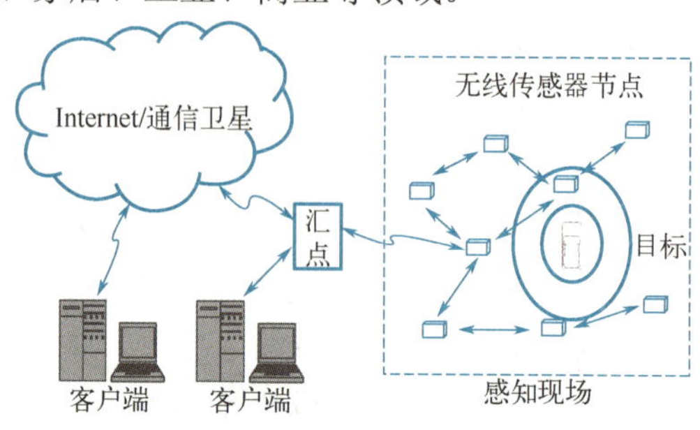

图 1.8　无线传感器网络体系结构

目前大部分已部署的WSN，都仅限于采集温度、湿度、位置、光强、压力、生化等标量数据，而智能家居、医疗监护、交通监控等实际应用需要获取视频、音频、图像等多媒体信息，这就迫切需要一种无线多媒体传感器网络（Wireless Multimedia Sensor Networks, WMSN）。WMSN是在传统WSN的基础上引入视频、音频、图像等多媒体信息感知功能的新型传感器网络，它加入了一些能采集更加丰富的视频、音频、图像等信息的多媒体传感器节点，由这些不同的节点组成了具有存储计算和通信能力的分布式传感器网络。WMSN通过多媒体传感器节点感知周围环境中的多种媒体信息，这些信息可以通过单跳或多跳中继的方式传送到汇点，然后汇点对接收到的数据进行分析处理，最终把分析处理后的结果发送给用户，实现全面有效的环境监测。

WMSN集成和拓展了传统WSN的应用场合，广泛用于安全监控、智能交通、智能家居、环境监测等需要多媒体信息的场合。

- 安全监控：在重要的公共场所，可以用多个视频传感器节点通过无线方式组成分布式监控网络，完成监控区域内的视频信号采集和监视。
- 智能交通：分布式布置的WMSN可以在城市的交通枢纽、主干道实施监控，统计交通热点信息。
- 智能家居：WMSN可以用于对幼儿园的教育环境进行监测，对儿童的活动进行跟踪，以便家长全面地了解儿童的学习生活。
- 环境监控：WMSN用于矿井安全监控时，可以通过声音和视频实时了解井下矿道的动态，提前对安全问题做出预警。

1.3　无线感测技术

无线技术的物理层功能使得利用无线信号进行通信和感测成为可能。技术的发展已经将无线信号的作用从通信媒介扩展到非接触式感测平台，特别是在室内，无线信号不仅可以用于传输数据，还可以用来感测环境。在室内环境中，信号发射机产生的无线电波信号通常经由直射路径、多个反射和散射路径传播，导致在信号接收器处形成多径叠加信号。物理空间影响了无线信号的传播，多径叠加信号反过来又携带了反映环境特征的信息，即无线信号的传播表征了它们经过的环境的信息。通过分析收到的无线信号可以完成对周围环境的感测，此处的环境是指无线信号传播的物理空间，包括环境对象（墙壁与家具）和人（是否有人，以及他们的位置、特征、姿势、动作等）。

无线感测技术有助于实现远程感知，不需要被感知对象携带任何实际的可穿戴传感器。使用无线信号，无须额外的通信基础设施，通过非接触式感应就可以同时进行感测和数据传输。无传感器无线感测技术旨在实现低成本和高精度之间的平衡，以满足日常生活中日益增长的对泛在环境感知的需求。无处不在的无线网络部署和 Wi-Fi 等的日益普及，使得它们可能会成为世界上最大的无线传感器网络之一。

利用无线信号进行非接触式环境感测的典型应用是用于探测空间中飞行器的雷达系统，通过分析无线信号（即飞行器本身发射的，或者雷达发射机广播的、随后由飞行器反射的无线信号）来检测飞行器的存在，并确定其距离、类型和其他信息。最近的研究还探索了如何将超宽带（Ultra Wide Band，UWB）信号用作室内雷达系统。然而，这些技术主要是针对军事等特殊环境而设计的，它们要么依赖专用硬件，要么依靠极宽的带宽来获得高时间分辨率和精确的距离测量，阻碍了其在日常生活中的普遍部署。非接触式感测技术在日常生活中的需求也在日益增加，人们已经对其在人体检测领域的应用进行了广泛的研究。

本节通过介绍无线感测技术的基本原理和对无线感测技术的展望，概述通过 Wi-Fi 等进行无传感器无线感测的可行性和局限性，聚焦于在商用设备上实现无传感器无线感测的原理与基础设施进展，供有兴趣的读者用来探索这个开放的领域。

1.3.1　无传感器无线感测技术

环境信息可以从无线信号中推断出来。接收信号强度（Received Signal Strength，RSS）被广泛用于推断传播距离之类的环境信息。使用 RSS 的各种感测应用中最具代表性的是基于 RSS 的定位。RSS 作为信道质量的常见指标，可以在众多无线通信技术（如 RFID、FM、GSM、Wi-Fi、ZigBee 和蓝牙等）终端设备上获取。利用 RSS 可以进行被动式人体检测和室内定位等，“被动（Passive）”是指通过无线信号检测用户时，用户无须携带任何带有无线功能的设备。理论上，可以通过将 RSS 代入传播模型中来估计传播距离，或者可以从多个发射机获取一组 RSS 作为每个位置的“指纹”，或者可以从 RSS 波动来推断人为动作，例如，手机收到的 Wi-Fi 信号强度骤降，很可能是因为手机进入了电梯等某些特定的封闭空间。然而，在典型的室内环境中，无线信号通常具有多径传播的多径效应。因为信号多径传播引起的小尺度阴影衰落，RSS 可能不再随传播距离增加而单调递减，从而限制了测距精度。多径传播也可能导致不可预知的 RSS 波动，在典型实验室环境下，静止的接收机在 1min 内收到的接收信号强度指示（Received Signal Strength Indicator，RSSI）可能出现 5dB 的波动，这种波动可能会导致基于指纹的定位中出现错误匹配。利用 RSS 进行感测的可靠性和鲁棒性较差，无法描述多径传播。因此，基于 RSS 的感测应用通常采用密集部署的无线链路，通过冗余来避免多径传播的影响。

通常，RSS 的强度受到路径衰减、遮挡和多径效应三个方面的影响。但制约 RSS 稳定性和可靠性的根本因素是 RSS 测量的是信号多径传播的叠加效果，并不能逐一区分多条信号传播路径。为了刻画多径传播，无线信道通常用信道冲击响应（Channel Impulse Response，CIR）建模。多径传播在频域上表现为频率选择性衰落，因此可通过信道频率响应（Channel Frequency Response，CFR）刻画多径传播，CFR 包括幅频响应和相频响应。在无限带宽的条件下，CFR 和 CIR 互为傅里叶变换。精确测量 CIR/CFR 通常需要专业的信道测量仪器（如网络矢量分析仪）。通过修改无线网卡固件，可以在普通的 Wi-Fi 设备上以信道状态信息（Channel State Information，CSI）的形式获取一个采样版本的 CFR，即利用兼容 IEEE 802.11a/g/n 的无线网卡就可以从每个接收数据包中获取一组 CSI，每组 CSI 代表一个正交频分复用（Orthogonal Frequency Division Multiplex，OFDM）子载波的幅度和相位。因此，一组 CSI 是以子载波频差为频率采样间隔对给定带宽内的 CFR 的若干个离散采样值。

与 RSS 相比，CSI 在一定程度上表示了多径传播。虽然目前 CSI 只能在某些平台上访问，但 Wi-Fi 的普及及普遍部署仍然使 CSI 成为一个相对普遍的信号特征。如图 1.9 所示，如果形象地把 RSS 比作一束白光，那么 CSI 可以视为以 OFDM 为棱镜散出的光谱，每束单色光（对应 OFDM 中不同的子载波）都呈现了不同频率下多径传播的幅度和相位。作为物理层信息，CSI 在媒体访问控制（Media Access Control，MAC）层中隐式地携带了信道信息。通过 CSI 可以估计各种子载波上的 CFR 值，描述 Wi-Fi 信道的频率选择性衰落，而且通过 CSI 可以测量每个子载波的幅度和相位。因此，CSI 在频域中提供了更丰富的信道信息。

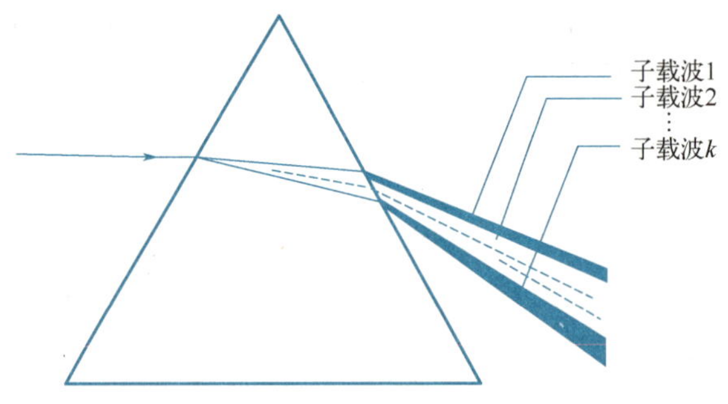

RSS—太阳光；OFDM—棱镜；CSI—分散光束。

图 1.9　叠加的单值幅度 RSS 和借助 OFDM 分离的不同波长信号的 CSI 的类比图示

1.3.2　基于 Wi-Fi 的无传感器感测

作为 RSS 的升级，CSI 提升了基于 RSS 的感测应用的性能，可以使无线感测受益。例如，在基于 RSS 的定位中可以将 RSS 用作位置特有的指纹，或者计算移动客户端与接入点（AP）之间的距离；类似地，CSI 可以用作细粒度指纹，或者通过考虑频率选择性衰落来进行更精确的测距，因为它在子载波上携带幅度和相位信息。由于 RSS 无法解决多径传播问题并且在密集多径传播中具有不可预测的波动，因此基于 RSS 的感测应用通常会认为多径传播是有害的。相比之下，CSI 设法解决了子载波级别的多径效应。虽然 CSI 的粒度仍然较粗，但是它为在各种无线感测应用中利用多径传播信息提供了更多的机会。

由于 CIR 是 CFR 的傅里叶逆变换，因此 CSI 也可以在时域中粗略地区分多径传播路径。通过机器学习和信号处理，可以从 CSI 中提取更精细、更鲁棒的信号特征，而不是用与 RSS 类似的处理方法，简单地将子载波上的幅度相加来获得单个值。虽然 CSI 的解决方案受 Wi-Fi 工作带宽的限制，即使带宽为 40MHz（IEEE 802.11n），其时间分辨率仍然无法区分每条路径，但是随着 Wi-Fi（如 IEEE 802.11ac 等）工作带宽的进一步增大，未来 CSI 能够提供更为精细的多径传播信息，从而在时域和频域上感知更细微和更大范围内的环境信息，提升 Wi-Fi 信号对环境的感知能力。

感知环境：在多径传播环境中，传播路径大致分为视线（Line of Sight，LoS）路径和非视线（Non LoS，NLoS）路径，其中 NLoS 路径在无线通信和移动计算应用中构成了主要挑战，严重的 NLoS 路径传播可能会降低通信质量并使理论信号传播模型恶化。为了避免 NLoS 路径传播的影响，必须确定 LoS 路径的可用性。CSI 总是以子载波的粒度描述多径，研究人员已经探索了如何利用 CSI 识别 LoS 路径：有研究人员利用 CSI 提取时域和频域信号的统计特征，结合接收机的移动性，基于 LoS 路径和 NLoS 路径在空间稳定性上的差异来区分 LoS 路径和 NLoS 路径；还有研究人员利用多根天线的 CSI 相位进行静止和移动场景的实时 LoS 路径识别。相位信息提供了与基于幅度的特征正交的维度，并且已经在一系列应用中成功采用，例如，毫米量级定位。环境中的另一重要特征是房间和走廊的形状和大小，它们构成了楼层平面图的一部分。结合无线和惯性感测来绘制楼层平面图的研究越来越多，一些成果也证明了单独使用无线感测来感知部分楼层平面图信息的可行性。

感知人体：在被动人体检测中，CSI 可以检测来自 LoS 路径和 NLoS 路径的微小人体变化，从而提高检测灵敏度并扩大感测范围，例如，利用 CSI 作为更细粒度的指纹可以实现在单个发射器-接收器链路上的全向无源人体检测，可以检测到从各个方向接近接收器的用户。通过多条链路的融合，CSI 也促进了细粒度的被动人体定位，例如，通过将 CSI 的变化与附近的人数进行关联将人体检测扩展到多用户场景，可以实现无设备人群统计。前沿的研究已经不再局限于简单地检测人类的存在。一方面，基于 CSI 的无线感测已从在物理坐标中定位用户转变为提供更多情境感知信息。已经有人通过使用 CSI 作为位置和活动模式混合的指纹，证明了通用日常活动识别的可行性。其他针对更具体场景（如跌倒检测）的应用采用类似的带情景定制优化的原理。另一方面，基于 CSI 的感测应用力求以越来越精细的粒度检测微小的身体部位运动。已经有文献报告了区分多个身体部位和手势的准确性超过 90%，而另一些人则声称能准确地检测呼吸甚至阅读唇语。

1.3.3 基于 CSI 的无线感测技术的应用

在过去几年中，CSI 已经衍生出各种应用，其应用场景也在不断扩大。作为 RSS 的升级，仅通过用 CSI 取代 RSS 来提高某些应用程序的性能是很自然的。可以把 CSI 当作信息更丰富的指纹（包括多个子载波上的信号幅度和相位两方面的信息），也可以依赖频率选择性衰落模型将 CSI 用于更精确的测距。另外，在被动式人员检测与定位中，人员可以不携带任何电子设备，无线感知系统通过分析人员对环境中无线信号的影响来确定人员的位置。利用 CSI 提供的频率分集（Diversity）和多天线提供的空间分集，在不同的多径传播环境下选择高灵敏度的子载波组合及来自 NLos 路径方向的信号，从而提升被动式人员检测的灵敏度并扩大检测范围。这种模式是 CSI 大展身手的主战场之一。

CSI 还支持单独使用 RSS 的各种应用，如手势检测、呼吸感测和复杂的环境分析等。尽管如此，CSI 并非灵丹妙药，它在感测粒度方面的改进仍然与雷达信号无法比拟，一些设想的应用可能已经超越了 CSI 的能力。除了进一步探索和利用 CSI 的频率分集和相位信息，研究人员开始认识到其在实践中的局限性，积极寻求其他技术将基于 CSI 的感测扩展到基于 Wi-Fi 的无传感器感测或 Wi-Fi 雷达。通过模糊函数分析可知，Wi-Fi 兼容的无源双基雷达的距离分辨率只能达到米量级，这基本上是受到了 Wi-Fi 信号带宽的限制。为了克服这种内在约束，研究人员选择了多输入多输出（MIMO）技术，利用天线消除技术来消除静态杂波对人体运动的穿墙感测的影响，利用 Wi-Fi 在软件无线电（Software Defined Radio，SDR）平台上实现计算成像。但是，目标物体的大小、材质和方向可能会显著影响 Wi-Fi 成像的性能，并且还没有一个万能的解决方案。

CSI 作为信道特征可以自然而然地应用于无线通信。CSI 比 RSS 更加精细地刻画了频率选择性信道，发射机与接收机之间是否存在 LoS 路径，对通信质量有明显的影响，因此 CSI 也被用于更准确地估计信道质量以实时调整传输速率。若 LoS 路径存在，则可采取提高码率等措施来相应地提高效率，反之则可以降低码率以增加可靠性。有研究人员利用 CSI 将传输信息按重要性映射至不同质量的子载波上，并根据细粒度的信道状态调整前向纠错编解码策略以提供不同等级的纠错能力。此外，CSI 也可用于通信加密。CSI 反映了发射机与接收机之间信道的固有物理特征，根据信道互异性，该特征是发射机与接收机所共有的信息，是第三方不能直接获得或监听的。因此，CSI 可以作为通信双方密钥生成和协商的共有基础信息。

在突破各种无线通信应用局限性的同时，无传感器无线感测技术也在寻求发展。为满足日益增长的环境感知需求，这类技术寻求在低成本和高精度之间取得平衡，并通过频率分集和空间分集探索解决方案，使得传统无线通信和移动计算中难以实现的应用成为可能。技术的进步将提高无线感测的能力，提供更精细的粒度和更高的灵敏度，从而开发新的应用。

1.3.4 实时定位系统

实时定位系统（Real Time Locating Systems，RTLS）是一种采用无线射频技术实现全自动化位置跟踪的系统。该系统通过低功率无线信号以固定间隔将标签的身份 ID 和状态信息发送到中央处理器，中央处理器据此计算出场所和远程站点中数千个被标识的资产的位置。定位系统通常以定位设备矩阵的形式部署，这些定位设备按照一定的间隔安装，用于确定 RFID 标签的位置。RTLS 系统还采用电池供电的 RFID 标签，并结合基于移动网络的定位技术，实现对所有带标签资产的实时、自动化跟踪与管理。

第 2 章 条码技术

条码技术是在计算机应用和信息技术基础上产生并发展起来的一种自动识别技术，广泛应用于国防、商业、图书管理、仓储、工业生产过程控制、交通等领域，它是集条码理论、光电技术、计算机技术、通信技术、条码印制技术于一体的综合性技术。条码技术具有以下几个方面的优点：

（1）输入速度快：与键盘输入相比，条码输入的速度是键盘输入的 5 倍，并且能实现即时数据输入。

（2）可靠性高：键盘输入数据出错率为百分之一，利用光学字符识别技术的出错率为万分之一，而采用条码技术的误码率低于百万分之一。

（3）采集信息量大：利用传统的一维条码一次可采集几十个字符的信息，二维码更可以携带数千个字符的信息，并有一定的自动纠错能力。

（4）灵活实用：条码表示既可以作为一种识别手段单独使用，也可以和有关识别设备组成一个系统实现自动化识别，还可以和其他控制设备连接起来实现自动化管理。

（5）条码标签易于制作：条码标签的制作对设备和材料没有特殊要求，而且识别设备操作容易，不需要特殊培训，价格也相对便宜。

（6）成本非常低：零售业领域的条码是印刷在商品包装上的，所以其成本几乎为“零”。

因此，条码技术已经成为现今自动化识别技术中既经济又实用的典型应用之一，在当今的自动识别技术中占有重要的地位。

2.1 条码概述

2.1.1 条码基本概念

条码是将宽度不等的多个条和空，按照一定的编码规则排列，用以表达一组信息的图形标识符。“条”指对光线反射率较低的部分，“空”指对光线反射率较高的部分，这些条和空组成的数据用于表达一定的信息，并能够被特定的设备识别，转换成与计算机兼容的二进制或十进制信息。常见的条码是由黑色（条）和白色（空）组成的，条码符号也可印成其他颜色，但两种颜色对光必须有不同的反射率，保证有足够的对比度。

条码的条、空组合部分称为条码符号，条码符号所表示的字符（条码字符）包括起始符、数据字符、校验符和终止符等；对应的供人识别字符部分称为条码的代码。条码符号和代码通过统一的编码规则相对应，表示的信息一致，须满足符号一致性要求。一个代码只能唯一地标识一个物品，一个物品只能有一个唯一的代码。对物品进行标识时，首先要根据一定的编码规则为其分配一个代码，然后再用对应的条码符号将其表示出来。图 2.1 展示了 4 个常见的条码图形。

图 2.1 常见的条码图形

条码的码制：指条码符号的类型，每种类型的条码符号都由符合特定编码规则的条和空组合而成。每种码制都具有固定的编码容量和所规定的条码字符集，条码字符集的字符总数不能大于该种码制的编码容量。

条码字符集：指某种码制的条码符号可以表示的全部字符的集合。例如，EAN（European Article Number，欧洲商品编号）条码和 UPC（Universal Product Code，通用产品代码）条码仅能表示 10 个数字字符 0～9；库德巴（Codabar）条码除了能表示 10 个数字字符 0～9，还可以表示几个特殊字符；Code 39 的字符集可以表示 10 个数字字符 0～9、26 个大写英文字母 A～Z 及一些特殊符号。

条码符号的双向可读性：指条码符号从左、右两侧开始扫描都可被识别的特性。对于双向可读的条码，识读过程中译码器需要判别扫描方向。有些类型的条码符号，其扫描方向的判定是通过起始符与终止符来完成的，如 Code 39、交叉 25（Interleaved Two of Five，ITF）条码、库德巴条码。有些类型的条码，由于从两个方向扫描起始符和终止符所产生的数字脉冲信号完全相同，所以无法用它们来判别扫描方向，如 EAN 条码和 UPC 条码。在这种情况下，扫描方向的判别则是通过条码的数据字符的特定组合来完成的。

连续性与非连续性：条码符号的连续性是指每个条码字符之间不存在间隔，相反，非连续性是指每个条码字符之间存在间隔。

定长条码与非定长条码：定长条码是条码字符个数固定的条码，仅能表示固定字符个数的代码；非定长条码是指条码字符个数不固定的条码，能表示可变字符个数的代码。

条码符号的自校验特性：指条码符号本身具有校验特性。在条码符号中，如果一个印刷缺陷（例如，因出现污点把一个窄条错认为宽条，而相邻宽空错认为窄空）不会导致替代错误，这种条码就具有自校验特性。Code 39、库德巴条码、交叉 25 条码都具有自校验特性，EAN 条码、UPC 条码、Code 93 等都没有自校验特性。

2.1.2　条码分类

条码的分类方法有许多种，主要依据条码的编码结构和条码的性质来决定。例如，按条码的维数来分，可分为一维条码和二维码；按条码的长度来分，可分为定长条码和非定长条码；按条码的校验方式分，又可分为自校验型条码和非自校验型条码等。

1. 一维条码

世界上约有 225 种以上的一维条码，每种一维条码都有自己的一套编码规则。一维条码按照应用可分为商品条码和物流条码。商品条码包括 EAN 条码和 UPC 条码，物流条码包括 Code 128、交叉 25 条码、Code 39、D 条码等。

从 UPC 条码以后，为满足不同的应用需求，陆续发展出了各种不同的条码标准和规则。常用的一维条码的码制包括 EAN 条码、Code 39、交叉 25 条码、UPC 条码、Code 128、Code 93、库德巴条码，以及专门用于书刊管理的 ISBN（International Standard Book Number，国际标准书号）条码、ISSN（International Standard Serial Number，国际标准丛刊号）条码等。不同的码制有它们各自的应用领域。

EAN 条码是国际通用的符号体系，是一种长度固定、无含义的条码，所表达的信息全部为数字，主要应用于商品标识。

UPC 条码是最早被大规模应用的条码，是一种长度固定、连续性的条码，目前主要在美国和加拿大使用，由于其应用范围广泛，故又被称万用条码。

Code 39 和 Code 128 是目前国内企业内部普遍采用的自定义码制，可以根据需要确定条码的长度和信息。它们编码的信息可以是数字，也可以包含英文字母，主要用于工业生产线和图书管理等领域。

Code 93 是一种类似于 Code 39 的条码，它的密度较高，能够替代 Code 39。

库德巴条码用于血袋、图书、包裹等的跟踪管理。

交叉 25 条码用于标识非零售商品，适合印刷在质量较差的包装材料（如瓦楞纸箱）上。

2. 二维码

二维码是在一维条码无法满足实际应用需求的前提下产生的。一维条码自问世以来很快得到了普及和广泛应用，但是由于一维条码的信息容量小，通常是对物品的标识，很多描述物品的信息只能依赖数据库的支持，因而应用范围受到了一定的限制。

随着信息化时代的到来，各种高信息容量的二维码应运而生。由于二维码在水平和垂直方向上均表示信息，因此它不仅在信息容量和编码信息种类方面有了很大提高，而且具有更强的容错能力。二维码根据构成原理、结构形状的差异，可分为堆叠式二维码（2D Stacked Bar Code）、矩阵式二维码（2D Matrix Bar Code）和邮政码（Post Code）。

堆叠式二维码又称为行排式二维码、堆积二维码、层排式二维码，是在一维条码编码原理的基础上将多个一维条码纵向堆叠而成的，因此在编码原理、校验规则、识别方法等方面延续了一维条码的某些特点，识别设备与印刷设备在技术上同一维条码兼容。因为堆叠式二维码的行数较一维条码有所增加，因此必须判定行数，导致堆叠式二维码的译码软件与译码算法同一维条码有所差别。典型的码制有 Code 16K、Code 49、PDF417 条码等。

矩阵式二维码是在一个矩形空间通过黑、白像素在矩阵中的不同分布进行编码的。在矩阵对应像素位置上，用“点”（圆点、方点或其他形状）代表二进制数“1”，用“空”代表二进制数“0”，由点和空的组合排列成代码，并依据点阵的组合排列来确定其表示的具体含义。矩阵式二维码的编码原理是基于组合编码原理与图像处理技术的。典型的码制有 Aztec 条码、Maxi 码、QR 码、Data Matrix 条码等。

邮政码通过不同长度的条进行编码，主要用于邮件编码，如 Postnet 条码、BP0 4-State 条码等。在邮件上贴上或印制上条码符号，就能保证及时准确地完成邮件揽收与投递，确保邮件装车的正确性，提高投递的效率，保证邮件服务系统业务数据的及时更新，实现自动化管理。

在众多种类的二维码中，常用的码制有 Data Matrix 条码、Maxi 码、QR 码、PDF417 条码、Code 49、Code 16K 等。其中以 PDF417 条码的应用范围最为广泛，从生产、运货、行销到存货管理都能适用，故 PDF417 条码特别适合流通业者使用。Maxi 码通常用于邮包的自动分类和追踪，而 Data Matrix 条码则特别适合小零件的标识。

3. 一维条码与二维码的区别

虽然一维条码和二维码的原理都用符号来携带信息，以达成信息的自动辨识，但是从应用的观点来看，一维条码偏重于“标识”商品，而二维码则偏重于“描述”商品。因此相较于一维条码，二维码不仅能存储关键值，还可以将物品的基本资料编入二维码中，达到资料库随着物品走的效果，进一步提供许多一维条码无法达成的应用。此外，一维条码稍有磨损便会影响条码阅读效果，因此不太适用于工厂型行业。除这些资料重复登录与条码磨损等问题外，二维码还可有效解决许多一维条码所面临的问题，让企业充分享受资料自动输入、无键输入的好处，为企业和整个产业带来了相当的利益，也拓宽了条码的应用领域。

一维条码与二维码的区别可以从信息容量与密度、错误侦测及自我纠正能力、保密性、资料库与网络依赖性、识读设备等项目看出，二者的比较如表 2.1 所示。

表 2.1　一维条码与二维码的区别

比较项目	一维条码	二维码
信息密度与容量	密度低，容量小	密度高，容量大
错误侦测及自我纠正能力	可以检查条码进行错误侦测，但没有错误纠正能力	有错误检验及错误纠正能力，并可根据实际应用设置不同的安全等级
保密性	保密性低	保密性高（可加密）
资料库与网络依赖性	多数场合须依赖资料库及通信网络的存在	可不依赖资料库及通信网络的存在而单独应用
识读设备	可用线扫描器识读，如光笔、线型 CCD、激光扫描仪	对于堆叠式二维码可用线扫描器多次扫描，或可用图像扫描仪识读；矩阵式二维码则仅能用图像扫描仪识读

2.1.3　条码的符号结构

构成条码的基本单位是模块，模块是指条码中最窄的条或空，模块的宽度通常以 mm 或 mil（千分之一 in，1in=25.4mm）为单位。构成条码的一个条或空称为一个单元，一个单元包含的模块数是由编码方式决定的。

一个完整的一维条码通常由左右两侧的空白区、起始符、数据字符、校验符、终止符及代码组成。根据各自编码结构的不同，条码的数据字符又分为左侧数据字符、中间分隔符和右侧数据字符三部分。一维条码的符号结构如图 2.2 所示。

图 2.2　一维条码的符号结构

空白区指条码左右两端外侧与空的反射率相同的限定区域，主要用来提示扫描器准备扫描，它能使阅读器进入准备阅读的状态。当两个条码距离较近时，空白区则有助于对它们加以区分，空白区的宽度通常应不小于 6mm（或 10 倍模块宽度）。

起始符/终止符指位于条码开始和结束处的若干条与空，标志条码的开始和结束，同时提供了码制识别信息和阅读方向信息。

数据字符是位于条码中间的条、空结构，用来标识一个条码符号的具体数据，它包含条码所表达的特定信息，允许双向扫描。

校验符也称校正符，是用来判定此次阅读是否有效的字符。对于数据字符仅包含数字的条码，校验符通常是一种算术运算的结果，即从代码位置第二位的数字开始，通过所有偶（奇）数位的数字求和的方法来校验条码的正确性。扫描器读入条码进行解码时，先对读入的各字符进行运算，如运算结果与校验符相同，则判定此次阅读有效。

至于二维码的结构，情况比较复杂，在 2.2 节中再进行介绍。

2.2　常用条码简介

2.2.1　商品条码

商品条码是中国物品编码中心（Article Numbering Center of China，ANCC）系统的一个重要组成部分，是 ANCC 系统发展的基础。商品条码主要用于对零售商品、非零售商品及物流单元进行条码标识。我国采用国际通用的条码标识体系。

零售商品是指在零售端通过 POS 扫描结算的商品，其条码标识由全球贸易项目代码（Global Trade Item Number，GTIN）及其对应的条码符号组成。零售商品的条码标识主要采用 EAN/UPC 条码。一听啤酒、一瓶洗发水和一瓶护发素的组合包装都可以作为一项零售商品卖给最终消费者。

非零售商品是指不通过 POS 扫描结算的用于配送、仓储或批发等操作的商品，其条码标识也由全球贸易项目代码（GTIN）及其对应的条码符号组成。非零售商品的条码标识主要采用 ITF-14 条码或 UCC/EAN-128 条码，也可使用 EAN/UPC 条码。一个装有 24 条香烟的纸箱、一个装有 40 箱香烟的托盘都可以作为一个非零售商品进行批发、配送。

物流单元是为了便于运输或仓储而建立的临时性组合包装，在供应链中需要对其进行个体的跟踪与管理。通过扫描每个物流单元上的条码标签，实现物流与相关信息流的链接，可分别追踪每个物流单元的实物移动。物流单元的条码标识主要采用系列货运包装箱代码（SSCC-18）。一箱有不同颜色和尺寸的 12 件裙子和 20 件夹克的组合包装，一个装有 40 箱饮料的托盘（每箱 12 盒装）都可以视为一个物流单元。

商品条码有两大类：EAN 条码和 UPC 条码，我国目前所用的多为 EAN 条码。

EAN 条码是由欧洲 12 个工业国家共同发展出来的一种条码，目前已成为一种国际性的条码系统。EAN 条码系统的管理方法：由国际商品条码总会（International Article Numbering Association，IANA）负责各会员国的国家代表号码的分配与授权，再由各会员国的商品条码专责机构对其国内的制造商、批发商、零售商等授予厂商代表号码。目前已有 30 多个国家加入 EAN 条码系统。

EAN 条码是按照国际物品编码协会（EAN）统一制定的规则编制的，分为标准码和缩短码两种。EAN 标准码的代码由 13 位阿拉伯数字组成，简称 EAN-13 码；EAN 缩短码的代码由 8 位数字组成，简称 EAN-8 码。

UPC 条码是由统一代码委员会（UCC）制定的一种码制，是最早大规模应用的条码。UPC 条码是一种长度固定、连续性的条码，仅可用数字 0～9 表示，基本组合为 10 位数字，也可用较多位表达。UPC 条码目前主要在美国和加拿大使用，国内通常不用其作为商品条码，但当产品需要出口到北美地区并且客户指定使用时，厂商可向中国物品编码中心提出申请。UPC 条码根据编码结构的不同可以分为 UPC 标准码（简称 UPC-A 码）和 UPC 缩短码（简称 UPC-E 码）两个系统。下面进一步介绍 EAN 条码和 UPC 条码的标准码和缩短码的结构与编码方式。

1. EAN-13 码

1）EAN-13 码的结构

EAN-13 码采用模块组配编码方法，总共由 113 个模块组成，条码符号各部分的模块数如图 2.3 所示。

左侧空白区	起始符	左侧数据字符	中间分隔符	右侧数据字符	校验符	终止符	右侧空白区
11	3	42	5	35	7	3	7
113个模块							

图 2.3　EAN-13 码的模块分布

左、右侧空白区，位于条码符号的两侧，由 18 个模块组成，一般左侧空白区由 11 个模块组成，右侧空白区由 7 个模块组成；起始符具有特殊的条空结构，用于表示条码符号的开始，由 3 个模块组成；左侧数据字符由 42 个模块组成；中间分隔符用于区分左、右侧数据字符，由 5 个模块组成；右侧数据字符由 35 个模块组成；校验符用于校验条码符号正确与否，由 7 个模块组成；终止符具有特殊的条空结构，用于表示条码符号的结束，由 3 个模块组成。每个模块长 0.33mm，EAN-13 码的条码符号长度为 37.29mm。

EAN-13 码的代码共有 13 位数字，由国家或地区代码（3 位数字）、厂商代码（4 位数字）、商品代码（5 位数字）及校验码（1 位数字）组成。EAN-13 码的格式如图 2.4 所示。

图 2.4　EAN-13 码的格式

前 3 位数字为国家或地区代码，称为前缀码或前缀号。例如我国大陆的国家或地区代码为 690～695，我国台湾的是 471，香港的是 489，澳门的是 958。

国家或地区代码后面的 4 位数字为厂商代码，是由该国编码管理局审查批准并登记注册的。厂商代码后面的 5 位数字为商品代码或商品项目代码，用于表示具体的商品项目，即具有相同包装和价格的同一种商品。最后 1 位数字为校验码，用于提高数据的可靠性和校验数据输入的正确性，校验码的数值按国际物品编码协会规定的方法计算。

2）EAN-13 码的校验方法

EAN-13 码的第 13 位数字为校验码，用于检验前 12 位数据是否正确，以避免因印刷、损坏或扫描错误而导致的信息误读。校验码的正确计算是确保条码数据准确性的重要手段，只有在确认校验码无误后，该条码才能用于产品包装。

校验码的计算步骤如下：

① 将前 12 位数字从左到右编号为 $d_1,d_2,\cdots,d_{12}$（不含校验码）；

② 将奇数位（$d_1,d_3,d_5,d_7,d_9,d_{11}$）相加，记为 S_1；

③ 将偶数位（$d_2,d_4,d_6,d_8,d_{10},d_{12}$）相加后乘以 3，记为 S_2；

④ 计算总和 $S=S_1+S_2$；

⑤ 校验码 $C=(10-(S\%10))\%10$；

⑥ 将计算得到的校验码 C 与原始数据的第 13 位进行比对，若一致，则校验通过；否则表示数据有误。

例如，设 EAN-13 码的代码为 6901038100578（其中校验码为 8），该条码的校验过程为：S_1 = 6+0+0+8+0+5 = 19，S_2 = (9+1+3+1+0+7)×3 = 63，$S = S_1 + S_2 = 82$，故 $C = (10 - (82\%10))\%10 = 8$，译码正确。

2. EAN-8 码

EAN-8 码是 EAN-13 码的压缩版，当包装面积小于 120cm^2 无法使用标准码时，可以申请使用该缩短码。

EAN-8 码的编码方式与 EAN-13 码大致相同，EAN-8 码的代码共有 8 位数字，包括国家或地区代码 2 位、商品代码 5 位及校验码 1 位，其格式如图 2.5 所示。EAN-8 码从空白区开始由 81 个模块组成，每个模块长 0.33mm，条码符号长度为 0.33mm ×81=26.73mm。EAN-8 码的左右侧数据字符的编码规则与 EAN-13 码相同。

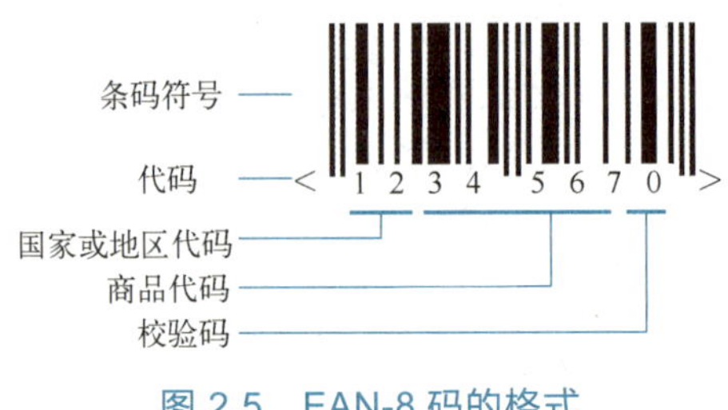

图 2.5　EAN-8 码的格式

3．UPC-A 码

UPC-A 码的符号结构与 EAN-13 码基本相同，也由左、右侧空白区，起始符，左、右侧数据字符，中间分隔符，校验符，终止符，以及代码组成。UPC-A 码的格式如图 2.6 所示。

图 2.6　UPC-A 码的格式

UPC-A 码具有以下特点：

（1）每个数据字符皆由 7 个模块组合成 2 个条 2 个空，其逻辑值可用 7 个二进制数字表示。例如，逻辑值 0001101 代表数字 1，二进制数字“0”为空、“1”为条，故数字 1 的 UPC-A 码为粗空（000）- 粗条（11）- 细空（0）- 细条（1）。

（2）左、右侧空白区的最小宽度为 9 个模块，其他各部分的模块数与 EAN-13 码相同，每个模块长 0.33mm，条码符号长度为 37.29mm。

（3）左、右侧数据字符的编码规则是不同的，左侧为“奇”，右侧为“偶”。这里的“奇”或“偶”是指所含二进制数字“1”的个数为奇数或偶数。

（4）起始符、终止符、中间分隔符的线条高度长于数据字符。

（5）校验码的算法：从国家或地区代码开始自左至右将各位数字顺序排列（不包括校验码）；由第 1 位开始，所有奇数位的数字求和得到和 S_1；由第 1 位开始，所有偶数位的数字求和，然后将和乘以 3 得到积 S_2；将 S_1 和 S_2 相加得到和 S；校验码 C=(10–(S%10))%10。

4．UPC-E 码

UPC-E 码的编码方式是将 UPC-A 码整体压缩成短码，以方便使用。但 UPC-E 码不含中间分隔符，由左侧空白区、起始符、数据字符、终止符、右侧空白区及代码组成。UPC-E 码的代码有 8 位，包括 1 位系统码、6 位数据码和 1 位校验码。系统码固定为 0，校验码根据数据码计算得出。其格式如图 2.7 所示。

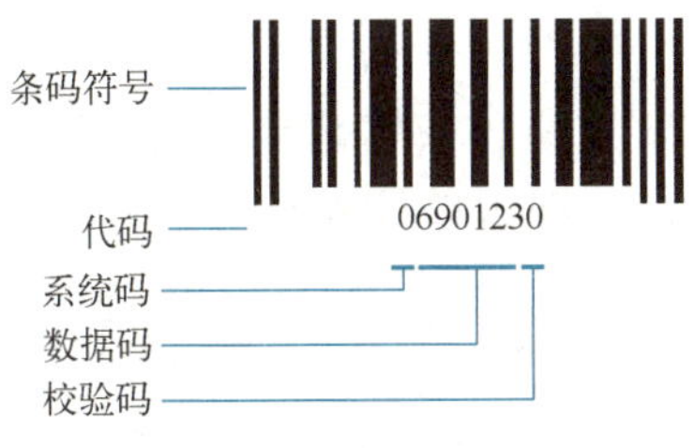

图 2.7 UPC-E 码的格式

除系统码固定为 0 外，UPC-E 码实际参与编码的部分只有 6 位，排列方式为 3 奇 3 偶，其排列规则取决于校验码的值。

2.2.2 物流单元条码

物流单元条码是专门表示物流单元编码的条码，它的基本结构为原商品条码，但当同一商品的包装数量不同或同一包装中有不同商品组合时，就必须另外加上物流单元条码作为这个专属单元的标识。表示物流单元的条码有 UCC/EAN-128 条码、ITF-14 条码、交叉 25 条码等。目前，国际上通用和公认的物流单元条码只有 3 种：UCC/EAN-128 码、ITF-14 条码和 EAN-13 条码。

1. UCC/EAN-128 条码

UCC/EAN-128 条码是由国际物品编码协会（EAN）和美国统一代码委员会（UCC）共同提出的，用于标识商品项目和物流单元的条码符号。UCC/EAN-128 条码能表示的信息面非常广，包括项目标识、计量、数量、日期、交易参考信息、位置等。

UCC/EAN-128 条码是一种非定长、有含义的条码，即它所表示的代码的位数不是固定的，而是根据实际信息可长可短，并且需要表示出物品的一些特定含义。UCC/EAN-128 条码长度虽然可变，但是编码的数据字符不能超过 48 个，且整个条码符号的物理长度不能超过 165mm，其格式如图 2.8 所示。

UCC/EAN-128 条码由左、右侧空白区、起始符、数据字符、校验符、终止符及代码组成。UCC/EAN-128 条码可使用的字符集有数字、字母、标点符号及部分控制字符等，共 128 个字符，分为 A、B、C 三个字符集。UCC/EAN-128 条码的条码符号，除终止符由 4 个条、3 个空共 13 个模块组成外，其他部分的每个字符均由 3 个条、3 个空共 11 个模块组成，其中每个条或空由 1～4 个模块组成。

图 2.8 UCC/EAN-128 条码的格式

（1）起始符：UCC/EAN-128 条码有一个特殊的双字符起始符，这一双字符起始符能够区分 UCC/EAN-128 条码和 Code 128。其结构如下：

START A（B 或 C）FNC1

起始符 START A（B 或 C）定义了条码符号开始时使用的字符集。功能符 FNC1 位于 START A（B 或 C）的后面，用于标识该条码是 UCC/EAN 系统。

（2）终止符：用于标识条码符号的结束。UCC/EAN-128 条码的所有字符集的终止符都是相同的，其逻辑形态为 1100011101011。

（3）校验符：校验符是条码符号终止符前面的最后一个字符，在代码中不显示。

UCC/EAN-128 条码提供了 3 个切换符 CODE A（B 或 C）和 1 个转换符 SHIFT。切换符和转换符用于将一个字符集转换到另一个字符集。

CODE A（B 或 C）将先前确定的字符集转换到切换符所指的新的字符集 A（B 或 C）。这种转换适用于切换符后面的所有字符，直至条码符号结束或遇到另一个切换符或转换符。

SHIFT 可以改变当前所使用的字符集，这个改变仅限于 SHIFT 后的一个字符，并且只能在 A、B 两种字符集之间相互转换，而不能用于字符集 C 的转换。

2. ITF-14 条码

ITF-14 条码只用于标识非零售商品，它是双向可读的、定长的、具有自校验功能的连续型条码。我们在用纸箱包装的、体积比较大的商品上可见到这种条码。ITF-14 条码对印刷的精度要求不高，因此较适合印刷于表面光滑度一般、受力后尺寸易变形的包装材料上，如纤维板或瓦楞纸板。

ITF-14 条码由矩形保护框、左侧空白区、条码字符、右侧空白区和代码组成，其符号结构如图 2.9 所示。保护框的目的和功能是在印制条码时，使印版对整个条码符号表面的压力均匀，同时帮助减少误读和当倾斜光束从条码顶端进入或从底边漏出而导致的不完全识读，提高识读可靠性。

图 2.9 ITF-14 条码的符号结构

ITF-14 条码的条码符号的放大系数范围为 0.625～1.200，条码符号的大小随放大系数的变化而变化。条码符号的矩形保护框的线宽为 4.8mm，线宽不受放大系数的影响。

2.2.3 二维码

二维码是在一维条码的基础上演变而来的，在设计上改善了一维条码信息密度低、存储容量较小、必须依赖数据库和通信网络等缺点，以其成本低廉、存储容量大、自动识读、识别速度快等优点被广泛应用于各领域，如生产系统、医疗系统、税务系统等。移动通信技术的迅速发展将二维码的应用推向了一个高潮，极大地改善了人们的生活方式。

二维码是用某种特定的几何图形按一定规律在平面（二维方向上）分布的条空相间的图形记录数据信息的；在代码编制上巧妙地利用构成计算机内部逻辑基础的“0”“1”比特流的概念，使用若干与二进制数字相对应的几何图形来表示数据信息，通过图像输入设备或光电扫描设备自动识读以实现信息自动处理。我国已经制定了二维码的国家标准 GB/T 17172—1997、GB/T 18284—2000。

1. PDF417 条码

PDF417 条码是堆叠式二维码，是目前应用最为广泛的二维码码制，主要用于身份识别、货运代理及珠宝玉石管理等。

PDF417 条码是非定长、高容量、高纠错性能的二维码。每一个 PDF417 条码的存储量可高达 1848 个字母字符、2729 个数字字符或约 500 个汉字字符。PDF417 条码的误码率不超过千万分之一，译码可靠性极高。PDF417 条码采用了世界上先进的数学纠错算法，其纠错能力分为 0～8 共 9 个等级，级数越高，纠错能力越强，条码符号的尺寸也越大。当采用的纠错级别为 8 时，即使条码符号有 50%的面积被污损，也能将正确的信息还原出来。

PDF417 条码是一种多行堆叠结构，由多个条码行组成，整体被空白区包围，其符号结构如图 2.10 所示。每个 PDF417 条码由 3～90 行垂直堆叠而成，为便于扫描，其四周必须预留空白区，包括水平和垂直方向的空白区，空白区的宽度最小为 0.02in。PDF417 条码的每一行均由左侧空白区、起始符、左行指示符、1～30 个数据字符、右行指示符、终止符和右侧空白区组成。每个字符均由 17 个模块组成，包含 4 个条和 4 个空，每个条或空的宽度为 1～6 个模块。根据编码数据量的不同，PDF417 条码的行数可以从 3 到 90 不等，而每行包含的数据字符数可以从 1 到 30 不等。

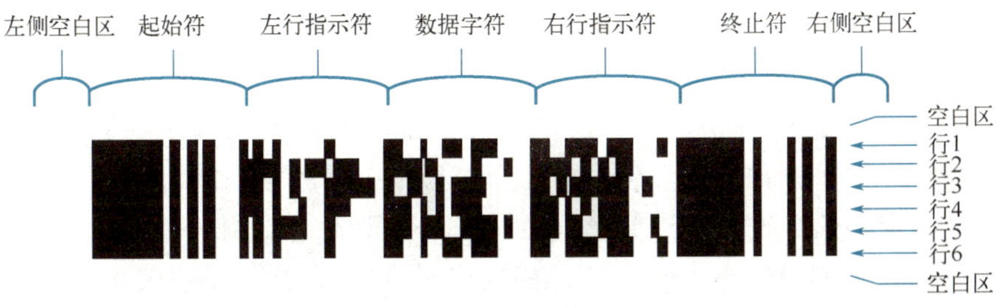

图 2.10　PDF417 条码的符号结构

PDF417 条码的一个重要特性是其自动纠错能力较高。不过 PDF417 条码的纠错能力与其可存储的信息量有关，纠错能力愈强，可存储的信息量就愈少，一般建议编入至少 10%的校验字符。

2. QR 码

快速响应码（QR Code），简称 QR 码，由于其具有纠错和快速识别的能力、支持 GB2312/GBK 汉字编码标准，已成为中国当前应用最为广泛的一种矩阵式二维码。QR 码共有 40 种版本(版本 1 为 21×21 模块,版本 40 为 177×177 模块),4 个纠错等级(L/M/Q/H,纠错率 7%～30%),其图像由黑白模块构成,存储着数据信息、纠错码字、版本信息等。

QR 码(如图 2.11 所示)是由日本 Denso 公司于 1994 年 9 月研制出来的一种矩阵式二维码。它除具有一维条码及其他二维码所具有的信息容量大、可靠性高、可表示汉字及图像等多种信息、保密防伪性强等优点外,还具有如下特性:

图 2.11 QR 码

(1)超高速识读:超高速识读是 QR 码区别于 PDF417 条码、Data Matrix 条码等二维码的主要特性。用 CCD 二维码识读设备,每秒可识读 30 个含有 100 个字符的 QR 码符号;对于含有相同数据信息的 PDF417 条码符号,每秒仅能识读 3 个;对于含有相同数据信息的 Data Martix 条码符号,每秒仅能识读 2～3 个。QR 码的超高速识读特性使它广泛应用于工业自动化生产线管理等领域。

(2)360°全方位识读:QR 码具有 360°全方位识读的特性,这也是 QR 码优于行排式二维码,如 PDF417 条码的另一主要特性。由于 PDF417 条码是将一维条码符号在行排高度上的截短来实现的,因此它很难实现全方位识读,其识读方位角仅为±10°。

(3)能够有效地表示中国汉字、日本汉字:QR 码用特定的数据压缩模式表示中国汉字和日本汉字,它仅用 13bit 就可以表示一个汉字。而 PDF417 条码、Data Martix 条码等二维码没有特定的汉字表示模式,只能用字节模式来表示汉字,在用字节模式表示汉字时,需用 16bit(2 个字节)来表示一个汉字,因此 QR 码比其他二维码表示汉字的效率提高了 20%。

(4)大数据容量:QR 码的方形结构使其能够在水平和垂直 2 个维度存储信息,这意味着在一个很小的 QR 码符号中能包含大量信息。QR 码最多可容纳数字字符 7089 个,字母字符 4296 个,汉字 1817 个,其数据容量大于 PDF417 条码、Data Matrix 条码等其他二维码。

(5)易于阅读:几乎所有设备都可以扫描二维码,只需在智能手机、台式机或平板电脑上下载应用程序即可。如今,已将 QR 码扫描与相机集成在一起。

二维码数据存储的形式是二进制形式。每个 QR 码符号是由很多正方形模块组成的一个正方形阵列,每个模块代表 1bit,黑色模块代表“1”,白色模块代表“0”。整个 QR 码符号由编码区域和包括位置探测图形、位置探测图形分隔符、定位图形和校正图形在内的功能图形组成,功能图形不能用于数据编码。符号的四周由空白区包围。图 2.12 所示为 QR 码符号的结构图。

(1)空白区(Quiet Zone)

空白区是环绕在 QR 码符号四周的 4 个模块宽的区域,其反射率应与白色模块相同,同时也将 QR 码符号和图像背景分割开来,帮助扫描程序区分符号和周围非符号区。

(2)功能图形(Function Pattern)

位置探测图形(Finder Pattern):指示符号打印方式的定位标记(Positioning Marking),也称寻像图像。每个 QR 码符号具有 3 个相同的位置探测图形,分别位于符号的左上角、左下角和右上角。每个位置探测图形由 3 个重叠的同心正方形组成，分别为 7×7 个黑色模块、5×5 个白色模块和 3×3 个黑色模块，QR 码符号中其他地方遇到类似图形的可能性极小，所以可以在图片中迅速地识别可能的 QR 码符号，明确 QR 码符号的位置和方向。

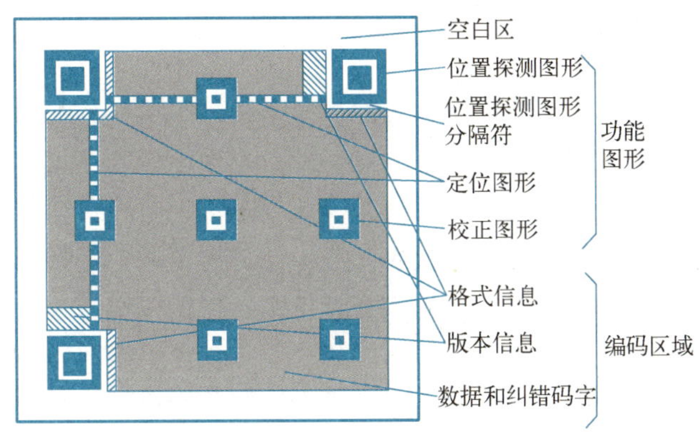

图 2.12　QR 码符号的结构图

位置探测图形分隔符（Separator）：在每个位置探测图形和编码区域之间有宽度为 1 个模块的分隔符，它全部由白色模块组成。

定位图形（Timing Pattern）：QR 码符号中的一种核心辅助结构，由 1 行和 1 列组成，分别位于 QR 码符号的第 6 行和第 6 列。位于第 6 行的水平定位图形连接左上与右上的 2 个位置探测图形，位于第 6 列的垂直定位图形连接左上与左下的 2 个位置探测图形，一起构成一组用于网格对齐的水平和垂直参考线。每个定位图形仅 1 个模块宽，由黑色模块和白色模块交替组成，起始和结束模块均为黑色。定位图形的主要作用包括：辅助扫描设备建立模块坐标系，确定模块的尺寸与位置；配合位置探测图形和校正图形对整个模块网格进行定位与几何校正。虽然定位图形本身不携带编码数据，但其在 QR 码符号的结构识别中发挥着关键作用，是实现可靠解码的重要参考依据。

校正图形（Alignment Pattern）：也称对齐标记（Alignment Marking），当使用较大的 QR 码符号时，这些标记可以帮助确定方向。每个校正图形由 3 个重叠的同心正方形组成，由内到外依次为 1×1 个黑色模块，3×3 个白色模块和 5×5 个黑色模块。

（3）编码区域（Encoding Region）

编码区域包括表示数据和纠错码字、版本信息和格式信息的符号字符。

格式信息（Format Information）：位于 QR 码符号的第 9 行和第 9 列，在符号中出现两次以提供冗余，因为它的正确译码对整个 QR 码符号的译码至关重要。这些格式信息包括有关容错和数据掩码模式的信息，以简化 QR 码符号的扫描。

版本信息（Version Information）：位于符号的右上角的位置探测图形左侧的 6 行×3 列处和左下角的位置探测图形上部的 3 行×6 列处，用以指定使用 QR 码的哪个版本（通常使用版本 1～7）。版本信息的正确译码对整个 QR 码符号的译码也很重要，因此在符号中也出现两次以提供冗余。

数据和纠错码字（Data and Error Correction Key）：编码区域除格式信息和版本信息外的符号字符。

2.3 条码识别技术

2.3.1 条码识别技术原理

光源发射的光束经过光学系统照射到条码符号上，由于条码符号中的“条”“空”对光线有不同的反射率，被反射回来的光线经过光学系统成像在光电探测器上，会产生与“条”“空”相对应的强弱不同的电脉冲信号，此电脉冲信号经过信号放大电路放大后产生一模拟信号，它与照射到条码符号上的反射光成正比。为了避免因条码中的疵点和污点而产生错误信号，在信号放大电路后需加一滤波整形电路，把模拟信号转换为对应的数字信号，以便计算机能准确识读。滤波整形电路的脉冲数字信号经译码器解码为计算机可以采集的二进制数字信号。译码器通过识别起始符、终止符来判别条码符号的码制和扫描方向；通过测量脉冲数字信号“0”“1”的数目来判别“条”“空”的数目；通过测量脉冲数字信号“0”“1”的持续时间来判别“条”“空”的宽度。这样就得到了被识别的条码符号的“条”“空”数目及相应的宽度和所用码制，根据码制所对应的编码规则，便可将条码符号转换成相应的数字、字符信息，通过接口电路送给计算机进行数据处理和信息管理，这样便完成了条码识别的全过程。

条码识别系统一般由扫描系统、信号整形、译码器三个部分组成，其结构如图 2.13 所示。

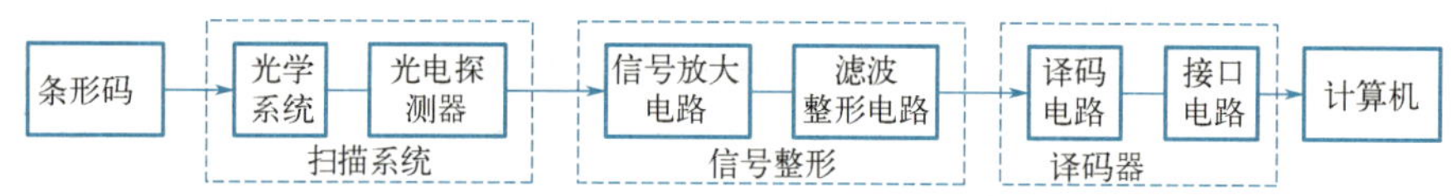

图 2.13 条码识别系统的结构

扫描系统由光学系统及光电探测器组成，它完成对条码符号的光学扫描，并通过光电探测器，将条码符号中“条”“空”图案的光信号转换为电脉冲信号。扫描系统的光源一般采用半导体光源、激光光源等，光电探测器一般采用硅光电池、光电二极管和光电三极管等。

信号整形部分由信号放大电路和滤波整形电路组成，它的功能是将扫描系统产生的电脉冲信号处理成为标准电位的矩形波信号，其高低电平的宽度和条码符号的“条”“空”宽度相对应。通常采用低噪声的元器件组成前置放大电路来实现微弱信号的放大。

译码器一般由嵌入式微处理器组成，它的功能就是对信号整形部分输出的矩形波信号进行译码，其结果通过接口电路输出到条码应用系统中的数据终端。译码包括硬件译码和软件译码。硬件译码通过译码器的硬件逻辑来完成，译码速度快，但灵活性较差；软件译码通过固化在 ROM 中的译码程序来完成，灵活性好，但译码速度慢。实际上，每种译码器的译码都是通过硬件逻辑与软件共同完成的。

条码符号的光学扫描和信号整形一般由扫描器完成，译码由译码器完成。

2.3.2　二维码识别技术原理

1. 二维码编码

根据编码的对象和功能，二维码编码一般可分为 3 种。

（1）信息编码：指根据不同的规则将不同的数据信息编码成二进制数据流的过程，具体流程如图 2.14 所示；

（2）纠错编码：指形成二维码纠错码字的过程，使得生成的二维码具有一定的纠错功能，通常行排式二维码不具备纠错功能，大多数矩阵式二维码都具有纠错功能；

（3）加密编码：为保障二维码存储信息的安全，还需对信息进行加密，这样就可以避免传输过程中信息的泄露。

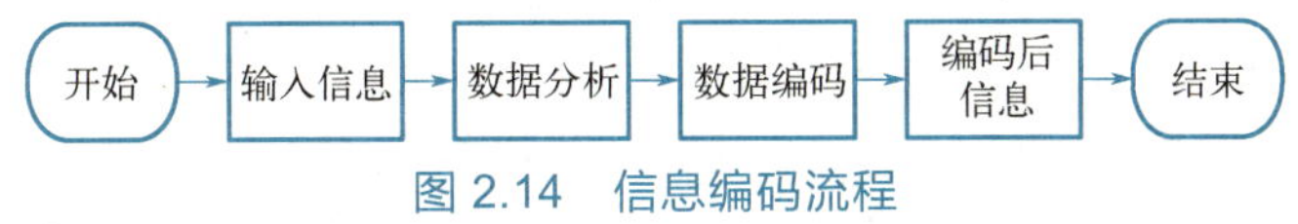

图 2.14　信息编码流程

QR 码的编码过程包括如下 3 个重要部分。

（1）数据编码：将原始数据进行数据分析，并按照该数据类型对应的编码模式转换为二进制数据流。数据可能包括数字、字母、字符集或者汉字，不同数据类型对应的编码模式也不相同。数据可能同时包括多种类型，即多种编码模式，对于这种多模式混合的情况，一般有 2 种方法：①使用与数据对应的模式，在编码信息之前添加数据长度和模式编号以区分不同编码模式。此方法编码简单，但占用空间较多。②引入模式切换码字和模式转移码字，用于标识下一个码字的编码模式，随后恢复原状。此方法节约空间，但编码相对复杂。

（2）纠错码字构造：QR 码使用 RS（Reed Solomon）纠错码，该纠错码具有强大的纠错能力，主要用于纠正突发错误。

（3）掩码技术：在编排好 QR 码图像后增加掩码操作，其目的是使二维码图像中黑白模块的分布更加均衡，避免出现图像结构相同的情况，提高二维码的可读性。对 QR 码进行掩码操作的步骤如下：①通过不同的掩码方案生成相应的掩码图形；②将 QR 码图像与不同的掩码图形分别进行异或操作；③对生成的图像进行评估，选出最适合的掩码方案。目前使用的评估方法包括加权计分评估和基于数学统计思想的评估。

2. 二维码识别

在 QR 码的解码算法中，目前更多地使用基于图像处理的二维码解码算法，其流程如图 2.15 所示。该流程的核心包括图像预处理（在识读设备接收到码图像时，先对图像进行预处理操作，主要包括灰度化、图像平滑和图像分割，以使图像更容易识别）、定位与校正（对 QR 码图像进行预处理后涉及的图像定位及校正）和数据纠错（成功定位 QR 码后就能够确定并提取对应位置的信息，使用 RS 纠错算法对所接收的数据进行纠错）。

图 2.15　二维码解码算法流程

二维码识别首先需要对二维码进行去噪处理，如灰度化、中值滤波等，其中包括根据二维码特征选择图像二值化方法对图像进行预处理，之后根据二维码的特点选择较为合适的译码方案。QR 码识别的基本思路是：首先将摄像头采集到的彩色图像进行灰度化；然后用适当的阈值对灰度图像进行二值化处理，得到二值图像；接着在二值图像中扫描位置探测图形，通过三个位置探测图形求出 QR 码的四个顶点坐标和旋转角度；最后将 QR 码旋转至水平位置，并将 QR 码从摄像头采集到的彩色图像中分割出来。

图像灰度化：在大多数情况下，接收的图像为彩色图像。一般的彩色二维码图片使用的是 RGB 模式，包含 R、G、B 三种基色，每种颜色分量在 0～255 之间。RGB 模式只是在光学角度上对颜色进行调配，而处理过程并不需要颜色信息，所以为了减小干扰需要灰度化处理。为了得到更好的灰度图像，通常采用加权法来对彩色图像进行灰度化处理，即采用 $W=C_R\text{R}+C_G\text{G}+C_B\text{B}$ 对 R、G、B 三个颜色分量进行加权平均，其中 $C_R+C_G+C_B=1$，为三个颜色分量的权重。MATLAB 提供的灰度化处理函数中 R、G、B 三个颜色分量的权重分别为 0.2989、0.5870、0.1141。

图像平滑：在传输过程中，由于信道的干扰可能会使图像带有噪声，图像平滑就是去除这些噪声。一般采用中值滤波法，就是对当前像素点及其邻域所有像素点由小到大进行排序，选出中间值并用该值代替当前像素点的值。滤波的效果就是消除噪声点，保留图片本身的边缘，使其不被模糊化。中值滤波法适用于 QR 码图像，其他滤波方法会对图像产生影响，不利于图像识读。对有小面积污染或轻微印刷质量问题的图像，经过中值滤波法的预处理可以得到不影响识别的图片。

图像分割：图像分割是指将图像分为若干特定的区域以便研究。QR 码由黑、白模块组成，所以一般使用二值化方法进行图像分割。图像二值化的原理是将二维码图片上所有像素点的灰度值设置为 255 或者 0，即使整个二维码图片看起来只存在白与黑的视觉结果。图像二值化的关键在于阈值的选取，通过所选定的阈值，将图像中所有像素点的灰度值与该阈值进行比较，若像素点的灰度值大于等于该阈值则将该像素点的灰度值改为 255，反之则用 0 代替该像素点的灰度值。该方法速度较快，且易于实现。二值化阈值计算方法主要有直方图双峰法、微分直方图法和最大类间方差法。根据二维码特性和二值化方法的综合分析，较为合理的二值化阈值计算方法是最大类间方差法。最大类间方差法依据的是二维码图像的灰度特点，让图片成为背景与前景两个部分。当取得最佳阈值时，前景与背景之间相差最多。如果前景和背景之间的类间方差变大，则表示组成图像的两部分之间的不同变大；如果部分背景被错误地认为是目标或者一些目标被错误地认为是背景，则均会导致两部分之间的不同变小。最大类间方差法对目标的大小和噪声相当敏感，并且对类间方差为单峰的图像生成的分割会更加合理。例如，在基于手机的 QR 码识别系统中，由于人在拍摄过程中会有意识地“瞄准”QR 码符号，并使其尽量充满取景器的主要区域，因此采集到的 QR 码图像一般都比较简单，浅色的背景与 QR 码基本模块构成的正方形阵列形成了较大的反差，其直方图经过图像平滑之后呈现出明显的“双峰”特性，所以使用简单的直方图双峰法就可以快速地确定图像的二值化阈值。

图像的形态学膨胀（Dilation）和形态学腐蚀（Erosion）：是两种基本的形态学运算，主要用来寻找图像中的极大区域和极小区域。其中，膨胀类似“领域扩张”，对图像的高亮区域或白色部分进行扩张，其运行结果图比原图的高亮区域更大；腐蚀类似“领域被蚕食”，将图像中的高亮区域或白色部分进行缩减细化，其运行结果图比原图的高亮区域更小。在集合论的原理中，图像膨胀与图像腐蚀属于非线性处理。在用二值化方法处理过的图像里面“变粗”或者“加长”的行为就是膨胀。形态学膨胀与形态学腐蚀均是对图像中的高亮区域或白色部分进行的操作，即对像素值比较高的区域，而不是对黑色部分进行操作。

图像的霍夫（Hough）变换：在图像处理中，空间变换（Spatial Transformation）主要用于几何校正和视角调整，主要分为仿射变换（Affine Transformation）和投影变换（Projective Transformation）。仿射变换是一种将一个二维坐标映射到另一个二维坐标的线性变换。它保持图像的平行性和平直性，即变换后，原图像中的直线仍为直线，平行线仍保持平行（仅位置、大小、角度可能发生变化）。常见的仿射变换包括平移（Translation）、缩放（Scale）、翻转（Flip）、旋转（Rotation）和剪切（Shear）。投影变换也称为透视变换（Perspective Transformation），模拟了透视投影的效果，不再保持平行性（例如，平行的铁轨在图像中会相交于消失点），原始图像与变换后的图像之间存在投影关系。从数学表示上看，这两种变换都可以用一个变换矩阵来描述，实现原图像与变换后图像坐标之间的相互转换。霍夫变换是图像处理中的一种非常重要的技术，用于检测图像中由间断点（如边缘点）构成的特定几何形状边界，例如直线、圆、椭圆、弧线等。霍夫变换的核心思想是将图像坐标空间中的检测问题转换到参数空间（霍夫参数空间）中解决。其基本原理是利用图像空间与参数空间之间的对偶性。具体而言，图像空间中的一个点（通常指边缘点）对应参数空间中的一条曲线（对于直线检测，是正弦曲线；对于圆检测，是圆锥曲面）。图像空间中属于同一条曲线（如直线）的点集，其对应的参数空间曲线会相交于一个点。因此，在图像空间中检测特定几何形状（整体结构）的问题，就转化为在参数空间中寻找多条曲线相交的峰值点（局部特征）的问题。最初的霍夫变换专注于高效的直线检测（尤其在二值边缘图像中），后被成功推广用于检测更复杂的形状（如圆、椭圆）。霍夫变换的调用形式（以 MATLAB 为例）为

```
[H, theta, rho] = hough(BW, param1, value1, param2, value2)
```

其中，BW 为输入图像，通常为边缘检测后的二值图像；H 为输出的霍夫变换矩阵（累加器数组），其元素值表示在对应参数组合下共线（或共圆等）点的数量；theta 为返回的向量，包含 H 矩阵列方向对应的角度（θ）值；rho 为返回的向量，包含 H 矩阵行方向对应的距离（ρ）值。

QR 码定位：实际就是确定二维码矩阵 4 个顶点的坐标。根据矩形的特点有 2 种定位方法：（1）QR 码的 3 个顶点均有位置探测图形，可以通过扫描确定这 3 个位置探测图形的中心坐标，然后计算得到第 4 个顶点的坐标；（2）通过边缘检测确定 QR 码的 4 条边，4 条边的交点即为 4 个顶点。受光照、拍摄角度等环境问题的影响，传统的方法对二维码并不能获得较好的定位效果。近年来，学者们提出了多种优化方法。例如，基于凸包及最小面积外接矩形的定位算法，通过获取图像边缘的系列点集来计算其凸包及最小外接矩形，从而确定位置及角度信息，实验证明该方法比传统方法占用更少资源，节约更多时间；基于最小二乘的定位算法，通过识别到的位置探测图形提取其中心坐标，进行间接调整，实现校正和定位；基于卷积神经网络的定位算法，运用滑动窗口技术将二值图像分为若干候

选块，再通过训练卷积神经网络识别和分类这些候选块，以找出属于 QR 码位置探测图形的候选块，与此同时基于探测图形的比例特征快速并精确地进行定位。对于包含 3 个相同的位置探测图形的 QR 码符号，由于位置探测图形的模块宽度比为 1∶1∶3∶1∶1，符号中其他地方遇到类似图形的可能性极小，因此可通过识别这 3 个位置探测图形来确定符号的位置和方向，使迅速识读 QR 码符号成为可能。在图 2.16 中，a、b、c 为 QR 码符号旋转不同角度时穿过位置探测图形中心的扫描线，可以看出，旋转的角度不影响扫描线上的模块宽度之比。实际中，由于噪声、投影形变等因素的影响，应该允许这个比例有一定的偏差。

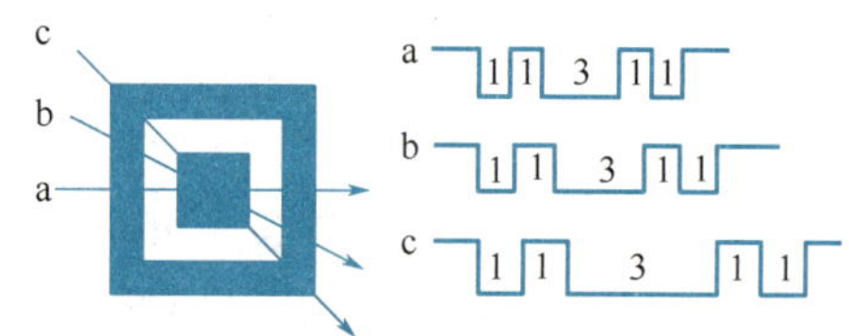

图 2.16　穿过位置探测图形中心的扫描线

校正：针对二维码图像变形、偏移、扭曲等情况进行修正处理。图像校正可以通过旋转、平面投影转换等操作来实现。总的来说，旋转操作主要用于图像位置发生偏转而图像形状没有发生改变的情况；若图像发生变形、扭曲等情况就需要运用平面投影转换操作。以简单的图像旋转操作为例，检测到 3 个位置探测图形之后，就可以计算出 QR 码的 4 个顶点坐标和旋转角度，根据这些参数便可将 QR 码旋转至水平位置并从图像中分割出来。在对图像做旋转时，变换之后的坐标不一定是整数，因此要采用双线形插值之类的算法对变换之后整数坐标的像素值进行估计。将 QR 码从图像中分割出来之后，建立采样网格，对网格的每一交点上的图像像素取样，便可得出 QR 码符号的位图矩阵。

数据纠错：RS 纠错的过程如下。(1) 计算校正子，校正子由信息多项式和校验码通过运算所得；(2) 计算错误位置，根据校正子的值判断、计算错误位置；(3) 修改错误值，找到错误的位置以更正此位置的值。至此，可将数据纠错后所获的数据流输入译码器进行译码。

QR 码的译码：这一过程将从 QR 码符号获取的数据按照 QR 码标准进行译码，从而得到存储在其中的数据信息。译码的流程如下：(1) 识读格式信息，按需要去除掩码图形并完成对格式信息模块的纠错，识别纠错等级与掩码图形参考；(2) 识读版本信息，确定符号的版本；(3) 用掩码图形（掩码图形参考已从格式信息中得出）对编码区域的位图进行异或处理，消除掩码；(4) 根据模块排列规则，识读符号字符，恢复信息的数据与纠错码字；(5) 用与纠错级别相对应的纠错码字检测错误，如果发现错误则立即纠错；(6) 根据模式指示符和字符计数指示符将数据码字划分成多个部分；(7) 按照使用的模式译码，最终得到初始数据字符并输出结果，完成二维码的识别和传输工作。

2.3.3　条码识别设备

条码识别设备由条码扫描器和译码器两部分组成。现在绝大部分条码识别设备都将条码扫描器和译码器集成为一体。人们根据不同的应用领域和应用场合设计了各种类型的条码识别设备。

1. 手持激光扫描器

手持激光扫描器又称激光枪，是一种被广泛应用的远距离条码识别设备，其外观如图 2.17 所示。

激光扫描器是通过激光光束的扫描来读取条码资料的，由于它和光笔一样，可自由移动到物体处扫描，因此条码的长度在容许的范围内并不受到限制。不过光笔一定要接触到条码的表面才能识别，激光扫描器的扫描距离较光笔、CCD 扫描器来得远，故在扫描时可悬空划过条码。

激光扫描器的优点是识别距离适应能力强，且具有穿透保护膜识别的能力，识别的精度和速度比较容易做得高些；缺点是对识别的角度要求比较严格，而且只能识别堆叠式二维码（如 PDF417 条码）和一维条码。

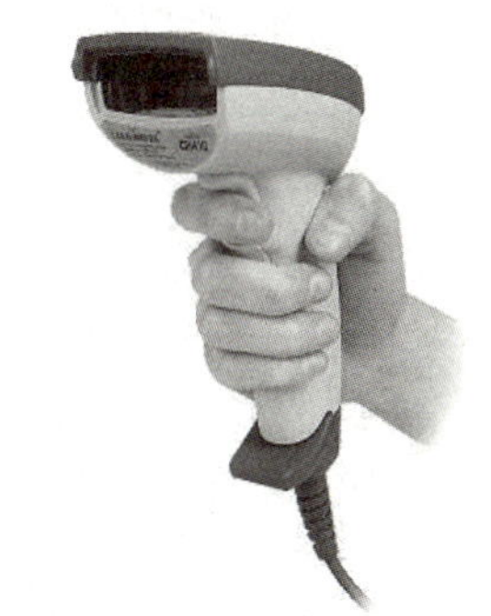

图 2.17　手持激光扫描器

2. CCD 扫描器

CCD 扫描器是一种图像式扫描器，它采用 CCD 元件作为光电转换装置，CCD 元件也叫 CCD 图像感应器。CCD 扫描器在扫描条码符号时，其内部结构不需要任何驱动装置便可实现对条码符号的自动扫描。CCD 扫描器采用发光二极体的泛光源照明整个条码，再透过平面镜与光栅将条码符号映射到由光电二极体组成的探测器阵列上，经探测器完成光电转换，再由电路系统对探测器阵列中的每一光电二极体依次采集信号，识别出条码符号，完成扫描。图 2.18 是手持式 CCD 扫描器，图 2.19 是固定式 CCD 扫描器，这是两种基本结构形式。

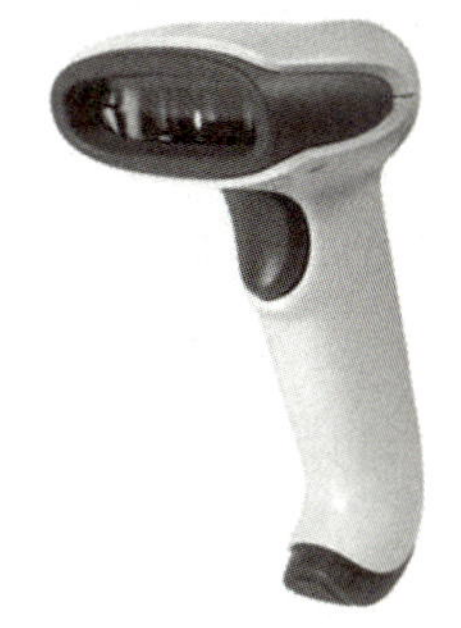

图 2.18　手持式 CCD 扫描器

图 2.19　固定式 CCD 扫描器

CCD 元件通常选用具有电荷耦合性能的光电二极管和 CMOS 电容制成。可将 CCD 元件排列成一维的线阵和二维的面阵。用于扫描一维条码的 CCD 扫描器通常选用一维的线阵，用于扫描二维码的 CCD 扫描器通常选用二维的面阵（也可选用一维的线阵）。

CCD 扫描器的优点是操作方便，不直接接触条码也可识别，性能较可靠，寿命较长，且价格较激光扫描器便宜。

3. 光笔和卡槽式扫描器

光笔和大多数卡槽式扫描器都采用手动扫描的方式。扫描器内部没有扫描光束驱动装置，发射的照明光束的位置相对于扫描器是固定的，完成扫描的过程需要人手持扫描器扫过条码符号。光笔是一种外形像笔的扫描器，使用时以机就物，即移动光笔去扫描物体上的条码。光笔扫描的过程如图 2.20 所示。

光笔与条码通过接触识别，能够明确哪个是被识别的条码，条码的长度可以不受限制。与其他识别设备相比，光笔的成本低，体积小，重量轻。但使用光笔会受到很多限制，如在一些场合不适合接触式识别条码，光笔只有在比较平坦的表面上识别指定密度的、打印质量好的条码才能发挥作用。

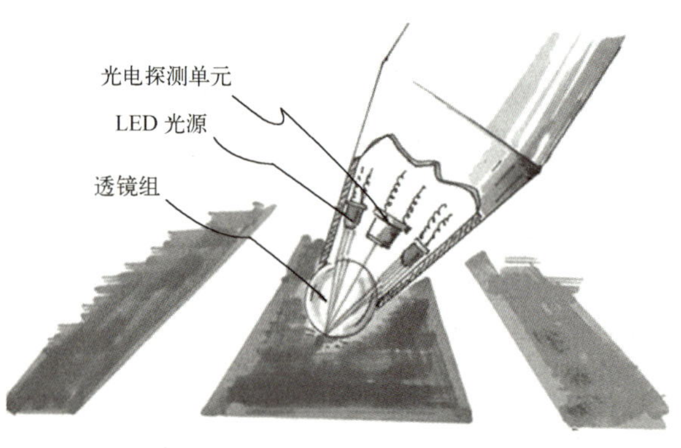

图 2.20　光笔扫描的过程示意图

卡槽式扫描器也属于固定光束扫描器，其内部结构和光笔类似，它上面有一个槽，通过手持带有条码符号的卡从槽中滑过实现扫描。卡槽式扫描器广泛用于时间管理和考勤系统，它经常和带有液晶显示及数字键盘的终端集成为一体。

2.4　条码技术应用

条码作为一种及时、准确、可靠、经济的数据输入手段，正在世界各地被迅速推广和普及，其应用领域已涉及物流仓储、物流配送、制造业、邮政、图书管理等多个行业。条码技术在中国作为主要的自动识别技术，被广泛应用于工业自动化控制和各类管理信息系统中，并将渗透到多个技术领域和高新技术产品中。

2.4.1　条码技术应用环节

1. 生产、包装环节中的应用

在生产环节中应用条码技术，企业可以实现动态跟踪生产状况，采集生产测试数据、生产质量检查数据，进行产品完工检查等，可有序地安排生产计划，监控生产及产品流向，提高产品下线合格率。

首先，由生产管理部门下达生产任务单，任务单跟随相应的产品进行流动；其次，每个生产环节开始时，用生产线终端的识别设备扫描任务单上的条码，更改数据库中的产品状态；最后，产品下线包装时，打印并粘贴产品的信息条码。

2. 配送环节中的应用

配送中心在业务处理的收货、入库、理货、在库管理、配货、补货等流程中都大量应用了条码技术，条码技术的应用几乎出现在配送中心整个作业流程的所有环节。

在物品到达配送中心时，配送中心可以在物品上粘贴唯一的条码标识，用以跟踪该物品在物流中的位置，进行实时监控。配送前将配送物品资料和客户订单资料下载到移动终端中；到达配送客户后，打开移动终端，调出客户相应的订单，然后根据订单情况挑选货物并验证其条码标签；确认配送完一个客户的货物后，移动终端可以自动检验配送情况，并做出相应的提示。

3. 运输环节中的应用

在发货时，操作员扫描物品上的条码标识，将识别的信息与物品单据进行比对，实现货物的分拣和装箱，同时打印出装箱清单的条码标识，方便在运输中实现货物监控。

货物在运输途中，每到一个关键的监控点，操作员都会扫描装箱清单的条码标识，记录该货物的相应状况。这些信息返回给管理系统后，就可以在管理系统中得到该货物的运输路径和流通速度，便于提高物流效率、降低物流成本。

4. 仓储管理中的应用

条码技术出现以前，仓库管理作业流程存在着很多问题，如物品出入库、物品存放地点等信息处理过程烦琐、信息传递滞后，导致库存量上升、发货日期无法保证，降低了系统可靠性。采用条码技术就可以解决上述一系列的问题。

条码技术应用于仓储管理，避免了手工书写票据和送到机房输入的步骤，大大提高了工作效率；解决了库存信息陈旧滞后的问题，提高了交货日期的准确性；解决了票据信息不准确的问题，提高了客户服务质量。

条码技术应用于仓储管理，方便了产品的出入库管理，为企业的销售部门提供了方便，最主要的是使仓库的管理更加正规化，降低了仓库的损耗。通过先进的条码管理方式，为库存产品生成唯一的物品编码，据此编码在计算机中建立产品的信息数据库，对产品的出库、入库、盘点、移位、客户信息等进行管理。

5. 图书管理中的应用

条码技术在图书销售及图书、情报、档案借阅系统的管理上显示了极大的威力。美国35万家图书馆，包括最大的美国国会图书馆都已应用了条码技术。

近年来，为了实现图书销售的自动扫描结算，作为现代化的管理手段，有必要给每本书分配一个统一的代码，为图书的流通和管理提供通用的语言。为此，条码的国际组织——国际物品编码协会（EAN）与国际标准书号（ISBN）中心达成了一致协议，把图书作为特殊的商品，将EAN前缀码978、979作为ISBN系统的专用前缀码，并将ISBN条码化。这样只要扫描一下条码就可以把书的所有相关信息录入数据库，与原先的人工操作相比，大大提高了工作效率。

2.4.2 二维码的应用

一维条码与二维码各具优势，适用于不同的应用场景。一维条码信息容量小，需依赖数据库和通信网络进行信息识别，但具备识读速度快、成本低等优点，广泛应用于商品管理等领域。相比之下，二维码具有更大的信息容量，可脱离数据库独立存储信息，具备保密性高、追踪性强、抗损性好等优点，适用于身份识别、信息加密、追踪溯源、盘点管理、数据备份等多种场景。二维码种类丰富，编解码方式多样，不同类型的二维码适用于不同的行业。其灵活的编码结构支持在有限图像空间中嵌入大量信息，甚至允许后期修改，拓展了其在移动支付、社交媒体链接、优惠券推送、产品信息展示、电子票务等领域的无限应用可能。随着移动终端的发展，二维码技术已深度融入生产生活的各个方面，成为物联网感知识别的重要组成部分。

（1）表单自动化管理

在公文、商业单据、报关单、舱单等表单系统中，二维码可承载表单内容，实现数据快速录入与传输，减少重复录入和人为错误，降低人力成本。其应用涵盖公文表单、商业表单、进出口报关单、舱单等资料的传送交换。例如，海关采用条码报关单管理系统，既提高了通关效率与准确性，又有效解决了报关单管理中的缺单问题。

（2）安全保密应用

二维码可承载加密信息，适用于商业、政治、军事等领域的机密资料传输。在网络通信中，将信息加密嵌入二维码，既能提升数据传输安全性，又便于管理。此外，二维码可作为防伪标识，通过独特编码模式存储信息，帮助消费者快速辨别产品真伪。其应用覆盖商业情报、政治军事机密等加密传递场景，为敏感信息传输和产品防伪提供了简单高效的安全保障方案。

（3）物流与溯源追踪

二维码在物流与溯源追踪领域应用广泛，可实现产品、零部件、邮件等的全流程管理。在农产品领域，消费者通过扫描二维码可获取生产过程、检验信息等详细内容，实现质量安全的透明化追溯。在工业生产中，条码技术也发挥着重要作用。美国福特汽车公司将条码用于车辆生产跟踪，每辆出口欧洲的汽车都带有包含型号、规格等信息的条码，取代了过去 11 次人工记录出厂编号的烦琐流程，其在比利时的工厂还将条码刻在车体底部，实现从总装到出厂的全程追踪，大幅提升了生产效率与信息准确性。其竞争对手通用汽车公司，则利用条码区分动力机部件，避免生产无用机型结构，优化了生产流程。此外，二维码还可应用于公文流转、危险物品监管、医疗体检等多场景的自动追踪，成为保障物流高效运转、实现产品精准溯源的关键技术。

（4）证照识别与管理

身份证、护照、驾照等各类证照可嵌入二维码，将持证人的基本信息、生物特征等数据进行编码，并采用多重加密技术保障隐私安全，可以有效解决证件自动录入与防伪难题。在实际应用中，这种技术的优势十分显著。出入管理场景下，门卫可通过扫描条码卡片快速核验身份，例如合法进入者刷卡或输入密码，系统验证成功后自动开锁，实现便捷通行。考勤管理方面，企事业单位借助条码技术替代传统机械打卡，避免代打卡等弊端，成为企业现代化管理的重要体现。无论是出入管理、身份验证，还是考勤管理，二维码技术都能实现“即扫即识”“随到随读”，大幅提升工作效率与安全性，为证照管理带来全新变革。

（5）仓储与资产盘点

在物流中心、工厂仓储、企业固定资产管理等场景中，二维码凭借其在编码、入库、盘点和动态监控方面的技术优势，成为优化管理的利器。条码系统通过手持扫码设备与数据库系统协同，可以实现实时盘存，为管理者提供精准决策支持，显著提升资金利用效率。

条码仓库管理作为成熟的应用领域，广泛适用于商业商品及工厂产品、原料的库存管理。仓库管理电子化系统打破了传统管理局限，管理者可实时掌握货架与仓库内货品的数量及动态变化，还能基于数据定量分析库存、销售、生产情况，灵活调整进货与生产策略，维持最优库存量，改善库存结构。数据采集系统以条码自动识别技术为输入手段，在到货清点、入库、盘点等环节即时处理数据，无缝衔接后续财务管理、出库等操作，实现全流程无停顿高效运转。条码商场管理系统，同样借助商品条码与店内码，实现进货、销货、盘点的电子化管理，推动仓储管理全面升级。

（6）文件资料备份

当磁盘、光碟等电子媒介不便用于文件存储备份时，二维码为小型文件或表单提供了可靠的离线存储备份方案。二维码具有独特优势，不仅可通过影印、传真等方式轻松复制，还无惧物理折叠损坏，在长期保存过程中稳定性强。无论是在资料查阅还是传输环节，其便捷性都远超传统存储方式。凭借其携带方便、易于复制、保存持久等特性，二维码有效解决了特殊场景下文件资料的备份需求，成为电子存储的重要补充手段。

（7）邮电与快递管理

在邮政、快递行业，条码技术为邮件管理带来了革新。以往，挂号信、邮政快件等业务的交接依赖手工登录清单，不仅工作量大、效率低下，还易出现人为错误。如今，通过应用条码技术，邮件实现了自动登记、实时跟踪与精准责任划分。工作人员无须再进行烦琐的手工操作，有效避免了人为差错，极大提升了作业效率，为登单作业自动化奠定了基础，也为邮电业务管理提供了更高效、精准的解决方案。

（8）固定资产与设备管理

面对企业降本增效需求及固定资产数量增长，二维码技术成为高效管理利器。企业为固定资产粘贴二维码，配合移动数据采集器，可实现采购、领用、盘点等全生命周期管理。从资产分类编码、盘存建立数据库，到购入领用与数据库维护实时同步，再到定期盘存，各环节数据自动同步更新，显著提升管理透明度与信息化水平，帮助企业精准掌控资产动态，优化资源配置，降低管理成本。

（9）医疗信息管理

二维码在医疗信息管理领域应用广泛，覆盖药品监管、样品检测、患者身份识别等关键场景。以中药材流通监管为例，针对药材种类繁多、监管困难的问题，通过提取药材 DNA 特征序列，编码生成唯一二维码，实现来源追溯与防伪打假。这种技术同样适用于样品检测流程追踪和患者身份信息绑定，有效提升医疗数据管理的准确性与安全性，为医疗信息高效流转与精准监管提供可靠保障，助力医疗行业信息化与规范化发展。

（10）图书与文献管理

在图书与文献管理领域，二维码发挥着重要作用。图书馆将每本书的分类号生成二维码并粘贴，借还书时只需扫描二维码，即可实现书籍自动识别，取代手动输入长串索书号的烦琐操作，大幅降低失误率。借助管理系统，图书馆能实时掌握书籍流动情况，精准优化馆藏布局，提高资源利用率，让图书管理更高效、智能，为读者带来更便捷的借阅体验，也为图书馆信息化建设提供有力支持。

（11）移动终端与数字生活

二维码技术深度融入移动互联网时代，成为数字生活不可或缺的工具。在移动支付、网页导航、票务验证、社交分享等场景中，用户只需用智能终端扫描二维码，即可瞬间完成信息交互，极大提升了生活效率与便捷体验。无论是购物付款“一扫即付”，还是乘车出行“扫码进站”，或是社交平台“扫码加好友”，二维码都以快速识别、高效存储信息的优势，渗透至生活的各个角落。随着移动终端的普及，二维码技术的应用边界不断拓展，让数据获取与服务使用变得轻松自如，重塑现代生活方式。

第 3 章 RFID 技术

3.1 RFID 概述

RFID（Radio Frequency IDentification，射频识别）是一种在智能标签（如 RFID 标签）中使用编码数据的技术，读写器通过射频信号捕获这些数据，然后将其存储在计算机数据库中。

3.1.1 RFID 定义

RFID 是指通过询问设备（读写器）和对象（带有无线设备或“标签”的人或物体）之间的射频信号来自动识别和跟踪每个对象的物理位置的技术。作为一种非接触式的自动识别技术，RFID 的原理是：读写器与标签之间通过射频信号进行非接触式的目标自动识别及双向快速信息交换。RFID 的感知识别工作无须人工干预，可工作于各种恶劣环境下，可识别高速运动的物体并可同时识别多个标签，操作快捷方便。

RFID 系统是一种由读写器/询问器和标签/应答器两部分组成的无线系统，用于控制、检测和跟踪物体。在 RFID 系统中，通过射频信号实现标签的读写与通信，标签存储着物品的唯一 RFID 码（代表产品制造商和产品类别的一串数字）。读写器扫描和读取标签上的标识，识别单个物品的 RFID 码，发送给物联网中间件（Internet of Things Middle Ware，IoT-MW）服务器；IoT-MW 服务器借助 Internet 向物联网名字服务（Internet of Things Name Service，IoT-NS）服务器发出查询指令；IoT-NS 服务器查到与 RFID 码匹配的地址信息后，引导 IoT-MW 服务器访问存储该物品详细信息的物联网信息服务（Internet of Things Information Service，IoT-IS）服务器；IoT-IS 服务器将该物品的详细信息以网页等形式发送给中间件。

3.1.2 RFID 特点

RFID 独特的功能组合使 RFID 设备能够轻松地以电子方式识别物品。与条码不同，RFID 最大的优点是它不需要标签和读写器之间存在清晰的直接视线（Line of Sight，LoS）路径，这意味着它可以在各种环境条件下有效地运行。RFID 的主要特点如下。

唯一标识（Unique ID）：RFID 提供了一种准确识别各种对象（包括零售商品、建筑设备和仓库中的成批物品）的有效方法。它利用人工智能（Artificial Intelligence，AI）和自动化的组合，根据位置、日期、时间和温度等可用信息来识别和自动更新数据记录。

没有直接接触（No Direct Contact）：RFID 无须任何直接接触即可读取和写入信息。标签不需要在读写器的直接视线范围内，就像它的名字所暗示的那样，这项技术使用无线电波信号进行通信，唯一需要做的就是确保标签在读写器的传输范围内。

自动识别（Automatic Recognition）：带有特定信息的标签被贴在物品上，读写器自动识别并传输标签的 ID。通常，读写器必须放置在特定点和标签范围内才能自动扫描标签的 ID。此外，读写器可以集成到移动设备或平板电脑中，使得标签在靠近此类设备时能够被轻松扫描。

对多个射频标签的同时访问（Simultaneous Access to Multiple RF Tags）：如果读写器配备适当的功能以允许它同时读取多个标签中的信息，那么只要多个标签都在读写器的传输范围内，RFID 系统就可以同时访问存储在这些标签中的信息。

检测隐藏对象的能力（Capability of Detecting Hidden Objects）：RFID 系统具备同时读取多个标签的能力，因此能够检测到可能被遮挡或隐藏的对象。例如，多个物品堆放在货架上或在传送带上移动时，系统可以判断标签是否正确安装并位于有效传输范围内。标签的可读性通常取决于读写器的安装位置、标签与读写器之间的距离、标签类型、物品表面材料和环境条件等因素。

耐用且不受天气影响的标签（Durable and Weatherproof Tags）：与条码不同，标签具有坚固耐用的设计，因此适用于各种环境。需要注意的是，有多种旨在满足特定需求的标签，包括在水下或危险/污染环境中使用的标签。

没有电池供电的需求（No Need for Battery Power）：无源标签是最常见的，它们不需要电池，通常由读写器的电源来激活。这增加了标签的多功能性，因为它们可以具有微型尺寸并很容易嵌入到小物品中。除此之外，无源标签的使用寿命也很长，它们可以在极端环境条件下连续存活数年。

可靠灵活的系统（Reliable and Flexible Systems）：RFID 系统是可以将物品与其相关信息结合起来的灵活可靠的系统。RFID 使得轻松快速地配置分散的减少负载的信息系统成为可能。此外，如果有必要，计划可以灵活地更改。

可靠的通信（Reliable Communication）：RFID 是基于先进的创新技术设计的，并且与支持射频（Radio Frequency，RF）传输的专用协议集成。在传输信息时，RFID 会添加 16 位循环冗余校验（Cyclic Redundancy Check，CRC）码。此外，RFID 系统具有很低的突发错误率，从而具有较高的信息传输可靠率。

3.1.3 RFID 系统组成和工作过程

带有集成电路的 RFID 标签包含要存储的相关信息，这些信息必须传输到读写器，读写器将接收到的射频信号转换为有意义的数据。这个过程展示了信息是如何从标签传输到主机的数据库中的，这些存储在数据库中的信息可用于未来的分析。RFID 系统的主要组件如下。

标签：附着在物品上的标签负责存储和传输数据。标签使用射频信号将其身份和其他信息传输给附近的读写器，可以是被动的或主动的。无源标签不带电池，由读写器供电；

有源标签由电池供电。标签具有嵌入式微芯片，这些微芯片存储着可编程数据和标签 ID，通常通过天线传输到读写器的正是这些存储的数据。

天线：天线将数据从标签传输到读写器。RFID 系统可以具有独立或集成的天线，读写器可以使用这些天线正确接收和发送信号。

读写器：读写器是 RFID 系统的读写终端设备，通过天线与标签进行无线通信，实现对标签的 ID 和内存数据的读取或写入操作。单纯实现非接触读取标签信息的设备称为阅读器（Reader）、扫描器（Scanner）、无线询问器（Interrogator，因为它们接收和传输帮助通信的射频信号）、阅读设备（Reading Device）、便携式读出设备（Portable Readout Device）、自动设备识别装置（Automatic Equipment Identification Device）、读卡器等。单纯实现向标签内存中写入信息的设备称为编程器（Programmer）、写入器等。既能非接触读取标签内存信息，又能向标签内存中写入信息的设备称为读写器（Reader and Writer）、射频识别器、通信器（Communicator）等。

计算机数据库：将标签中的数据存储在计算机数据库中，以便于访问和检索。需要注意的是，这样的系统可以配置硬件、管理数据和设备，也便于远程监控。

实际上，RFID 系统主要由数据采集和后台数据库网络应用系统两大部分组成（见图 3.1）。数据采集部分主要由标签和读写器（含天线）两个组件组成，标签的传输被限制在距离读写器几米（m）的范围内，标签和读写器之间无须进行任何物理接触。

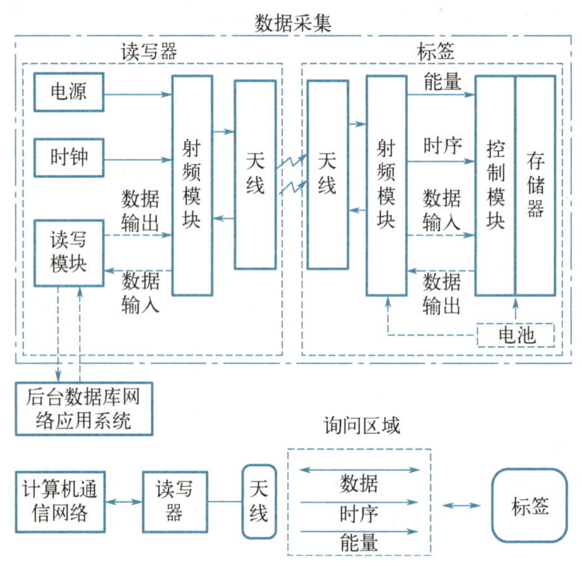

图 3.1　RFID 系统的组成

RFID 系统的工作过程：电磁能量是 RFID 存在的基础，读写器发射射频（RF）能量形成电磁场，工作距离和范围的大小取决于发射功率和天线；读写器与标签建立无线通信，并通过标准接口与计算机网络进行通信；标签通过该区域时被触发，发送存储在标签中的数据，或根据读写器的指令改写存储在标签中的数据。根据通信距离，读写器与标签间的通信可分为近场和远场两种方式，为此读写器和标签之间的数据交换也相应地被分为负载调制和反向散射调制两种方式。

读写器与标签之间的射频信号的耦合类型有两种（见表 3.1），针对这两种耦合类型而采用的两种调制方式就是上述的负载调制和反向散射调制。

表 3.1　读写器与标签之间的射频信号的两种耦合类型的比较

比较项目	电感耦合	电磁反向散射耦合
模型	变压器模型	雷达原理模型
原理	电磁感应定律	电磁波的空间传播规律
典型工作距离	10～20cm	3～10m
典型工作频率	125kHz，225kHz，13.56MHz	433MHz，915MHz，2.45GHz，5.8GHz
标签	具有环形天线的典型低频、高频标签	具有双极天线的超高频和微波标签

（1）电感耦合：变压器模型，通过空间高频交变磁场实现耦合，依据的是电磁感应定律。

（2）电磁反向散射耦合：雷达原理模型，发射出去的电磁波，碰到目标后反射，同时携带回目标信息，依据的是电磁波的空间传播规律。

在 RFID 系统中，空间传输通道的工作过程可归结为三种事件模型：数据交换是目的；时序是数据交换的实现方式；能量是实现时序的基础。

3.1.4　RFID 的优缺点

与其他技术相比，RFID 是最具有成本效益的解决方案，它不需要直接视线即可操作，易于扩展和实施，且 RFID 系统可以与其他现有系统集成。同时，相比条码而言，RFID 具有以下几个突出的优势。

扫描速度快：条码扫描器一次只能扫描一个条码；RFID 读写器可同时读取多个 RFID 标签，RFID 阅读器可以在几秒钟内同时读取数百个 RFID 标签。

体积小且形状多样：RFID 标签在读取上并不受尺寸大小与形状的限制，不需要为了读取精度而去配合纸张的固定尺寸和印刷品质。RFID 标签可向小型化和多种形态发展，以适用于不同的产品。

抗污染能力和耐久性（耐环境性）：传统条码的载体是纸张，易被污染而影响识读，但 RFID 标签对水、油、化学药品等物质具有极强的抵抗能力（抗污性）。另外，附着于塑料袋或外包装纸箱上的条码特别容易受到折损，而 RFID 标签的数据存储在芯片中，可以免受污损。

可重复使用：条码印好后就无法更改，而 RFID 标签具有读写功能，标签内存储的数据可以方便地进行更新，反复地新增、修改和删除。因此，RFID 标签可以回收、重写并重复使用。

可穿透性和无屏障阅读：RFID 能穿透纸张、木材和塑料等非金属的、透明或非透明的包裹材料，进行穿透性通信；而条码扫描器必须在近距离并且没有物体遮挡的情况下才可以识别条码。

数据的存储容量大：一维条码的容量是单字节，二维码的最大容量可存储 3000 个字符，而 RFID 标签可以存储更多信息（基本的产品信息之外的序列号、批号、生产日期、有效期和网站 URL 等），其最大容量可达数兆字节。

安全性：RFID 标签的数据可以加密以增强安全性。RFID 存储的是电子信息，可以借助密码来保护其数据不易被伪造和修改，并可以通过循环冗余校验（CRC）的方法来保证标签发送数据的准确性。

尽管 RFID 带来了许多好处，但其也存在一些局限性：来自 RFID 阅读器的信号可能会被金属表面、液体和厚材料阻挡；与条码扫描器相比，RFID 读写器实施成本更高，精度受信号质量影响（任何障碍都可能导致数据错误）；RFID 系统的实现比条码系统更复杂；还存在一些隐私和安全漏洞问题，例如，由于某些标签可以远距离读取，因此攻击者可以携带定制的读写器来扫描启用 RFID 的护照并从远处获取持有人信息。以下是 RFID 技术的一些威胁：①克隆。标签通常贴在超市、学校、医院等开放环境（或场所）的产品上，所以攻击者可以读取标签，然后通过将所有数据写入其他标签来克隆它。②拒绝服务。攻击者可以通过向系统发送大量消息使 RFID 系统崩溃，从而使资源对正常合法用户不可用。③重放攻击。当传输有效数据时，攻击者可以延迟和重复发送数据，从而欺骗阅读器或标签。④窃听。它是 RFID 阅读器的主要威胁。标签和阅读器通过很容易被窃听或嗅探的无线信号进行通信，因此攻击者很容易安静地监听通信的所有内容。⑤数据伪造。攻击者可以修改日期、项目和价格。如果标签存储有更多的数据，会给公司造成很大的损失。⑥前向安全性。标签可以被攻击者攻破，攻击者可以获取标签的驻留数据等信息，任何购物记录都可以被攻击者追溯。

3.2 RFID 标准化

标准化的重要意义在于改进产品、过程和服务的适用性，消除贸易壁垒，促进技术合作。RFID 技术主要应用于物流管理等行业，通过标签实现数据共享，因而需要规范 RFID 技术中的数据编码结构、数据的读取，以确保标签能够在全世界范围跨地区、跨行业、跨平台使用。

3.2.1 RFID 标准概述

1. 标准的作用和内容

标准的作用是确保协同工作的进行、规模经济的实现、工作实施的安全性及更高效地开展其他许多方面的工作。发布和实施标准应选择恰当的时机，过早可能会制约技术的发展和进步，过晚则可能会限制技术的应用范围。RFID 标准化的主要目的是通过制定、发布和实施标准，解决编码、通信、空（中接）口和数据共享等问题，最大限度地促进 RFID 技术与相关系统的应用。RFID 标准的主要内容包括以下几个方面。

（1）技术层面：包含很多技术，主要是接口和通信技术，如空口、防碰撞方法、中间件技术和通信协议等。

（2）一致性：主要指数据结构、编码格式和内存分配等相关内容。

（3）电池辅助及与传感器的融合：几乎所有带传感器的标签和有源标签都需要电池提供能量。目前 RFID 也融合了传感器，能进行温度和应变检测的标签已广泛用于物品追踪。

（4）RFID 应用：不同的应用涉及不同的行业，因而标准还需要涉及有关行业的规范。

2. RFID 标准的分类

RFID 标准主要分为国际标准、国家标准和行业标准三类：①国际标准化组织（International Organization for Standardization，ISO）和国际电工委员会（International Electrotechnical Commission，IEC）制定的多种重要的 RFID 国际标准；②各国有关部门根据自身国情制定的国家标准，中国国家标准制定的主管部门是工业和信息化部与国家标准化管理委员会；③行业标准的典型例子是由国际物品编码协会（European Article Number Association）和美国统一代码委员会（Uniform Code Council，UCC）制定的电子产品代码（Electronic Product Code，EPC）标准，主要用于物品识别。

RFID 系统主要由数据采集和后台数据库网络应用系统两大部分组成，RFID 标准主要都是与数据采集相关的，包括标签和读写器之间的空口、读写器和计算机之间的数据交换协议、标签和读写器的性能、一致性测试规范及标签的数据内容编码标准等。构建全球范围的商品流通管理系统需要研究和标准化各种规范和技术要求。

3. RFID 标准的作用

RFID 标准在构建高效、可靠的 RFID 系统中起着关键作用，它们不仅确保了设备间的互操作性和数据一致性，还对系统的性能和扩展性提供了规范指导。具体体现在以下几个方面。

（1）接口与通信协议规范：RFID 标准规定了标签与读写器之间的空口和数据传输协议，使不同厂商的设备能够无缝互联。例如，通过统一的物理层和数据链路层标准(如 ISO/IEC 18000 系列)，各设备可以按照预定格式交换数据，确保通信的稳定性与可靠性。

（2）数据编码与一致性：RFID 标准明确规定了数据编码格式和标签数据结构，如 EPCglobal 标准、DoD 标准等。这些规范通过确保标签数据的一致性、可追溯性和互换性，为全球供应链和资产管理提供了标准化支持。统一的编码规则使得各个系统能够准确解析和应用 RFID 数据。

（3）系统性能优化：RFID 标准中对数据结构、内存分配和通信速率等都有明确要求，帮助设计者在满足功能需求的同时，优化系统性能。通过标准化的设计，RFID 系统能在低功耗、低时延的同时实现高吞吐量，为大规模应用提供保障。

（4）与传感器及其他技术的融合：随着智能制造和物联网的发展，RFID 标准也在不断扩展，逐步与传感器及其他技术融合。例如，部分标准支持将温度和应变检测等传感功能集成到标签中，使得 RFID 系统不仅能识别物品，还能采集环境数据。这种扩展为智能监控、质量控制和资产管理等应用提供了更全面的信息支撑。

3.2.2 RFID 标准化组织

RFID 的应用涉及众多行业，RFID 标准化组织争夺的核心主要集中在标签数据内容的编码标准这一领域，五大 RFID 标准化组织分别代表了国际上不同团体或国家的利益（见图 3.2）。EPCglobal 在全球拥有上百家成员，得到了零售巨头沃尔玛、制造巨头强生、宝洁等跨国公司的支持；国际自动识别与移动技术协会（Association for Automatic Identification and Mobility，AIM Global）、国际标准化组织和国际电工委员会（ISO/IEC）、泛在识别中心（Ubiquitous ID Center，UID）代表了欧洲、美国和日本；IP-X的成员以非洲、大洋洲和亚洲等国家为主。比较而言，EPCglobal由于综合了美国和欧洲厂商，实力绝对占据上风。

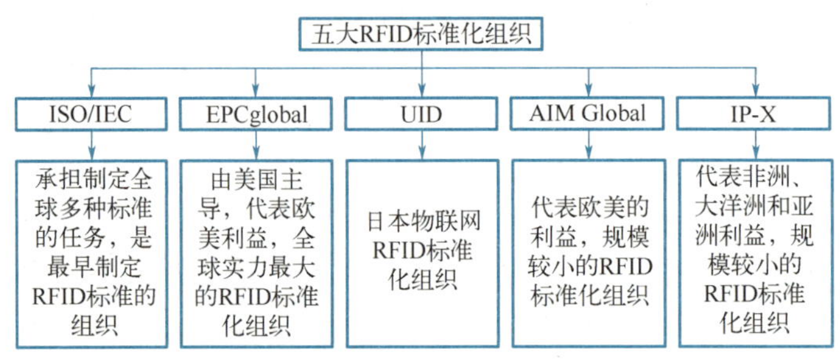

图3.2　五大RFID标准化组织

1. ISO/IEC

ISO/IEC是公认的全球非营利性工业标准化组织，和EPCglobal相比，ISO/IEC有着天然的公信力。与EPCglobal只专注于860～960MHz频段不同，ISO/IEC在每个频段都发布了标准。ISO/IEC有多个分技术委员会从事RFID标准的研究，大部分RFID标准都是由其技术委员会（TC）或分技术委员会（SC）制定的。

2. EPCglobal

EPCglobal是由美国统一代码协会（UCC）和国际物品编码协会（EAN）于2003年9月共同成立的非营利性组织，其前身是1999年10月在MIT成立的非营利性组织Auto-ID中心。EPCglobal以创建物联网为使命，与众多成员企业共同制定统一的开放技术标准，还负责EPC号码的注册管理。目前EPCglobal已经在加拿大、日本、中国等国家建立了分支机构，专门负责EPC码段在这些国家的分配与管理、EPC相关技术标准的制定、EPC相关技术在本国的宣传普及和推广应用等工作。

3. UID

主导日本RFID标准与应用的组织是T-Engine论坛，该论坛下的泛在识别中心（UID）成立于2002年12月，具体负责研究和推广自动识别核心技术，即在所有物品上植入微型芯片并组建网络进行通信。

4. AIM Global和IP-X

这两个组织的实力相对较弱。其中，国际自动识别与移动技术协会（AIMGlobal）的前身为自动识别制造商协会（Automatic Identification Manufacturers，AIM），最初主要负责制定全球通用的条码标准，由自动识别与数据采集（AIDC）领域的行业组织于1999年推动成立，2004年更名为AIM Global，扩展职能至移动计算与物联网标识技术，旨在从条码标准向 RFID 标准延伸。然而，由于条码技术的普及程度远低于 RFID 技术，AIM Global 未来是否能在 RFID 标准制定中发挥足够影响力仍存在不确定性。IP-X 作为一个区域性标准化组织，其成员主要来自非洲、大洋洲和亚洲等地区，工作重点是在南非等国家推广 RFID 技术。

3.2.3 RFID 标准体系结构

RFID 标准体系结构如图 3.3 所示，主要包括技术标准、数据内容标准、一致性标准和应用标准。其中，编码规则和空口、中间件接口是争夺比较激烈的部分，二者也构成了 RFID 标准的核心。

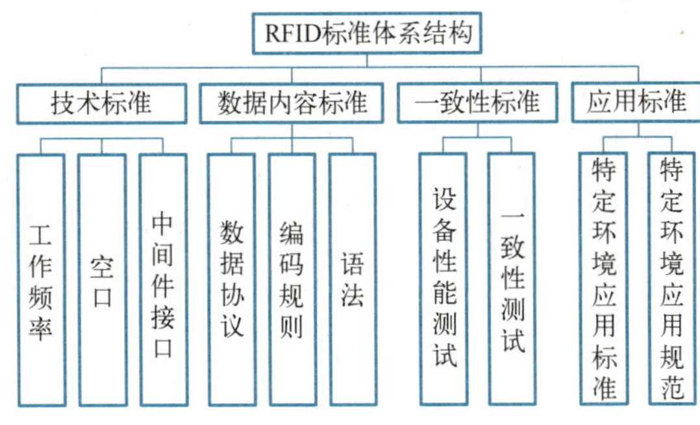

图 3.3 RFID 标准体系结构

1. 技术标准

技术标准涉及工作频率、空口和中间件接口，主要定义了不同频段的空口及相关参数，包括安全、测试及实验、数据、术语、物理参数、通信协议和相关设备等。RFID 的工作频率主要有低频、高频、超高频和微波。技术标准规定了不同频率下标签的数据传输方法和读写器的工作规范，还定义了中间件的应用接口（API）。中间件是标签与应用程序之间的中介，在应用程序端使用中间件所提供的一组 API 就能连接到读写器，读取标签的数据。

2. 数据内容标准

数据内容标准主要涉及数据协议、编码规则及语法，包括编码格式、语法标准、数据符号、数据对象、数据结构和数据安全等。数据内容标准能够支持多种编码格式。

3. 一致性标准

一致性标准也称性能标准，主要包括设备性能测试标准和一致性测试标准，尤其是数据结构和数据内容（即数据编码格式及其内存分配）的测试标准，主要涉及印刷质量、设计工艺、测试规范和实验流程等。

4. 应用标准

应用标准主要涉及特定环镜应用标准和应用规范，即在特定环境中的 RFID 规则，包括 RFID 在工业制造、物流配送、仓储管理、交通运输、信息管理、动物识别、休闲体育等领域的应用标准与应用规范。

3.3 RFID 读写器

读写器对于 RFID 系统的正常运行至关重要，因为它们接收射频信号并将其转换为存储在计算机数据库中的数据。标签是 RFID 技术的核心，读写器是根据标签设计的。读写器有两种类型，包括固定读写器和移动读写器。移动读写器大多是可灵活移动的手持设备。固定读写器安装在柱子或天花板上，也可以内置到橱柜、房间或建筑物的架构中，它们能够持续收集大量的准确数据，这类读写器通常设计有外部天线，可以轻松连接一根或多根附加天线，以发射射频信号和接收来自标签的信号。连接到读写器的天线数量取决于所需的覆盖区域，有些读写器可以在多路复用器的帮助下连接多达 32 根天线，对于小范围的应用，一根天线就可以很好地工作。

3.3.1 读写器工作原理

读写器的工作原理基于相关的物理理论，有了电磁波作为通信载体后，剩下的工作就是发射/接收电磁波信号及让电磁波信号带上协议规定的命令信息进行通信。

1. 读写器基本构成

在耦合方式（电感、电磁）、通信流程（FDX 全双工、HDX 半双工、SEQ 序列式）、标签到读写器的数据传输方法（负载调制、反向散射、高次谐波）及频率范围等方面，不同的非接触传输方法有着根本的区别。因此读写器的功能设计和设计方式也有较大区别，但是所有读写器在功能原理以及由此决定的设计构造上都很相似。一般而言，读写器在物理上可以分为软件和硬件两部分。如图 3.4 所示，所有读写器硬件都可简化为 4 个基本模块：天线、高频接口、控制单元和外围接口。

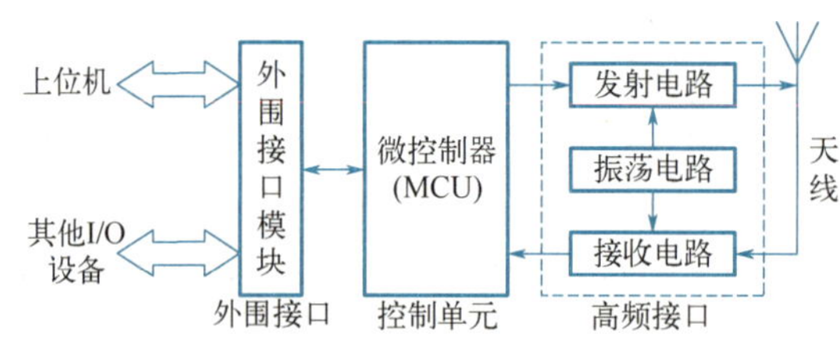

图 3.4 读写器的基本构成

高频接口（也称射频模块）是读写器的核心部件，负责产生、调制、放大和接收射频载波信号。其内部的振荡器产生射频载波信号，经过调制与放大后，通过天线向外辐射电磁波，实现对标签的激励。高频接口还负责接收从天线返回的信号，对标签反射/回传的调制信号进行解调和处理，再送往控制单元。

天线是发射和接收射频载波信号的设备，包括线圈和匹配电路，能够将收到的电磁波转换为电流信号（射频载波信号）或者将电流信号转换为电磁波，其发射的射频载波信号由高频接口产生。天线的作用是产生磁通量，为标签提供能量，在读写器和标签之间传送信息。天线的有效电磁场范围就是读写器的识别区域。

控制单元是读写器的“大脑”，也可称为基带模块或控制模块。为了完成复杂的任务，绝大多数情况下控制单元都使用微控制器（Micro Controller Unit，MCU）作为核心部件，其主要功能有：与应用系统软件通信并执行应用系统软件发来的命令；控制与标签的通信过程（主从原则）；编码/解码信号；执行防冲突算法；执行数据校验算法；加密/解密标签和读写器之间要传送的数据；验证标签和读写器之间的身份。

外围接口模块主要提供与上位机之间的通信接口（RS232、RS485、RJ45、无线网络接口等）。有的外围接口模块还包括一些数字信号 I/O 端口，用于连接键盘、控制开关等。

除了硬件，读写器还有一个很重要的组成部分——软件，通常都由生产厂家在产品出厂时固化在读写器模块中，主要负责对读写器收到的指令进行响应和对标签发出相应的动作指令。在读写器系统结构中，软件作为主动方向读写器发出各种指令，读写器则作为从动方对软件的各种指令做出响应，例如，作为主动方与标签建立通信联系、对标签发出动作指令。标签收到读写器的动作指令后则作为从动方对该指令进行响应。

2. 读写器工作流程

RFID 系统的数据采集模式一般有两种：以读写器为主的模式（多用于无源标签）和以有源标签为主的模式。

在以读写器为主的模式下，上位机软件启动之后连接读写器，并设置读写器工作模式，启动读写器进入正常工作状态，读写器的具体工作过程由微控制器（MCU）的监控软件决定，其简要工作过程如下：

（1）读写器将载波信号经天线向外发射，并判断有无标签应答，若未检测到响应标签，则继续发射载波信号。

（2）标签进入读写器的工作区域后，接收读写器发射的脉冲信号，将其转换成电能并开始发送应答信号。

（3）读写器解调标签应答信号并查错。若有错则表示通信出错或同时有多个标签进入读写器的识别区域，需要进行冲突仲裁。冲突仲裁实质上是读写器与标签多次通信，从中选出一个标签与读写器通信的过程。

（4）读写器与标签建立单独通信后，向标签发送命令。

（5）读写器接收标签对命令的应答信号，对其进行解调、校验等操作，然后执行其他操作，如写数据到存储器中，上传数据到上位机等。

（6）若标签的应答信号有错，则处理该错误。

3. 读写器的功能和分类

读写器的主要功能包括：在特定条件下与标签通信，通过 RS232、RJ45 等标准接口与计算机通信，在读写区域实现多标签的同时读取（具备防碰撞功能），识别固定标签和移动标签，校验读写过程中的错误，标识有源标签电池相关信息（如电量）。高性能读写器还具有以下特性：可外接多根 TNC（Threaded Neill Concelman，是 BNC 连接器的一个变种）型天线以扩大识别范围，可检测/感知接收信号强度指示（抗干扰能力强），支持 TCP/IP、UDP、DHCP、SSH、FTP、Telnet 等网络协议（网络适应性强），配备以太网、RS232 接口、光电隔离输入与继电器控制输出等，支持网络供电（Power over Ethernet，PoE）。

读写器的分类方法有多种，最简单的方法之一是依据它们移动的灵活性分为固定读写器和移动读写器，还可以依据其他分类标准进行分类，例如功能（蜂窝功能、USB、HDMI、GPS 和摄像头）、电源选项（USB、PoE、电源适配器）、天线端口（无外部端口或 1、2、4、8 和 16 端口）、连接性（USB、Wi-Fi、辅助端口、蓝牙）和处理能力（板载处理能力或无处理能力）等。

根据应用的对象和环境，读写器大致可以分为以下几种：小型读写器，其通信距离短，适合需要逐件读取商品标签的零售店等场合；手持式读写器，其可在内部记录所读取的标签信息，并在读取标签的同时通过 WLAN 等方式把收到的标签信息发送给上位机；平板型读写器，其天线大于小型读写器，通信距离长于小型读写器，多用于需要自动读取标签的运货托盘管理、工程管理等场合；隧道型读写器，其在通道内壁的不同方向设置多根天线，能正确读取通道内处于各种角度的标签，克服了标签与读写器成 90°时出现的读写困难；出入通道型读写器，其多用于考勤管理、防盗等；大型通道型读写器，其多用于自动读取贴有标签的车辆或货物的信息；以及原始设备制造商（Original Equipment Manufacturer，OEM）模块，使用者或中间商将其作为其他设备的一个组成单元，只包含标准读写器的前端射频单元，后端控制处理、I/O 模块可适当简化。

根据与标签的接触方式，读写器可以分为接触式读写器、非接触式读写器、单界面和双界面读写器及多卡座接触式读写器。

根据通信接口方式，读写器可以分为并行、串行、USB、PCMCIA（Personal Computer Memory Card International Association，个人计算机存储卡国际协会）卡、IEEE 1394、有线网络、无线网络接口读写器。目前市面上流行的读写器大多采用 USB、有线网络、无线网络接口。

根据工作频率，读写器可以分为低频（<135kHz）、高频（13.56MHz）、有源（433MHz）、超高频（860～960MHz，一般采用电磁反向散射原理来实现与标签之间的通信）、微波（>2.4GHz）读写器。

根据天线和读写器模块是否分离，读写器可以分为分离式读写器（也称分体式读写器，天线和读写器模块通过射频电缆/馈线连接）和集成式读写器（也称一体式读写器）。

4. 读写器协议

读写器协议一般分为两部分：与上位机的通信协议（设计时由软件定义，即接收上位机的命令串并按规定的协议将其解码成满足与标签的通信协议的基带信号，或将接收到的基带信号再按此协议解析成上位机软件可以识别的信息返回给上位机）和与标签的通信协议（通常应满足 ISO/IEC 18000 标准）。

3.3.2 读写器天线

无论哪种结构的读写器都必须至少包含一根天线以形成电磁场，从而对位于天线所形成的电磁场范围（可识读区域）内的标签进行识别。电感耦合 RFID 系统中的读写器天线用于产生磁通量，向标签提供电源，并在读写器和标签之间传递信息。平板天线仅在一个特定的方向上传播信号，全向天线没有角度限制，可以接收各个方向的信号，但接收距离小于平板天线。连接天线和读写器的馈线就是俗称的射频电缆。

天线的主要参数包括工作频率、频带宽度、方向性增益、极化方式和波瓣宽度。天线的工作频率和频带宽度应当符合 RFID 系统的频率范围要求。天线的方向性增益指在输入功率相等的条件下，实际天线与理想的辐射单元在空间同一点所产生的信号的功率密度之比，它定量地描述了天线集中辐射输入功率的程度，与天线方向有着密切的关系（天线方向图中主瓣越窄，副瓣越小，则增益越高）。与无方向性的理想辐射源相比，从最大辐射方向上的辐射效果来说，天线的方向性增益就是把输入功率放大的倍数。天线的极化方向就是天线向周围空间辐射的电磁波（由电场和磁场构成）中电场的方向，常见的极化方式有线极化（水平和垂直极化）和圆极化（左旋和右旋极化）两种，大多数应用场合中标签的位置是未知的，所以大部分 RFID 系统采用圆极化方式来降低系统对标签方位的敏感性。天线的波瓣宽度指天线方向图中低于主瓣峰值 3dB 处所形成的夹角宽度，波瓣宽度越窄，方向性越好，传播距离越远，抗干扰能力越强，但覆盖范围也越小。

3.3.3 读写器的发展趋势

读写器设计与制造的发展趋势是模块化、小型化、便携化、嵌入化。读写器技术的发展主要体现在以下几个方面。

多功能：为了应用方便，读写器将可能集成无线数据传输模块，具有更多的智能性；集成数据采集功能，具有一定的数据处理和管理功能；将应用系统的一些处理功能（如数据组织、查询、计算）下移到读写器中，使读写器可以脱离中央处理计算机工作，实现门禁开关、自动报警、信息显示等功能。也可能集成多种自动识别技术，如条码与 RFID 集成。

智能多天线接口：读写器将会具有智能的多天线接口。多天线读写器工作时，将按照一定的处理顺序，“智能地”打开和关闭不同的天线，使系统能感知不同天线覆盖区域的标签，增大系统覆盖范围。也可以采取特殊的设计手段使读写器能够判断目标的方位、速度和方向信息。也可能采用智能天线相位控制技术，使 RFID 系统具有空间定位、跟踪、感知能力。

多种数据通信接口：读写器将会具有适应不同应用系统需求的 RS232、RS422/485、USB、红外、以太网、韦根（Wiegand）、无线网络或其他自定义接口，接口之间可以相互转换。

多制式兼容（兼容读写多种标签类型）：目前没有统一的 RFID 系统标准，各厂家的系统互不兼容，但随着 RFID 技术的统一，以及市场竞争的需要，只要这些标签协议是公开的，或者是经过许可的，某些厂家的读写器将可以兼容多种不同制式的标签，以提高产品适应不同应用的能力及市场竞争能力。

小型化、便携化、嵌入化、模块化：读写器市场发展的一个必然趋势就是读写器模块可以方便地和其他设备集成，如与叉车设备集成。

标准化、集成化、多频段兼容：读写器射频模块与基带处理模块的标准化、模块化使得读写器的设计更加简单，功能更加完善。为了适应不同国家或地区的 RFID 产品工作于不同频率的情况，读写器将朝着兼容多个频段、输出功率数字可控等方向发展。

成本更低：随着 RFID 新技术的发展及市场的普及，RFID 系统的结构和性能会不断更新，读写器的价格会进一步降低，整个 RFID 系统的应用成本将会越来越低，最终实现所有需要识别和跟踪的物品都使用标签。

更多新技术的应用：为了适应频谱资源紧张的情况，读写器将会采用智能信道分配、扩频、码分多址等新技术手段。另外，更强的防冲撞能力将使得多标签读写更有效、更便捷。

3.4 RFID 标签

RFID 标签是 RFID 系统中存储可识别数据的电子装置，又称应答器（Transponder、Responder）、射频卡、数据载体等，简称标签（Tag），是条码技术的无线升级形式。标签存储并传输的信息容量范围从简单的序列号（64～128 位）到数千字节（通常可达 1～8KB，部分高容量或有源标签甚至可达数十 KB），读写器读取这些信息后能将其用于系统存储、日志记录或进一步的数据分析。大多数标签至少包含一个集成电路（IC）和一根天线。IC 微芯片存储信息并负责管理与读写器的射频通信。无源标签没有独立的电源，依靠读写器提供的外部电磁信号为其操作提供动力。有源标签包含独立的电源，例如电池，因此它们可能具有更强的处理能力、传输能力和更大的传输范围。

3.4.1 标签组成及工作原理

1. 标签组成

如图 3.5 所示，一个完整的标签由 IC 微芯片和通信天线（或线圈）组成，微芯片相当于一个具有存储和无线收发功能的片上系统（System on Chip，SoC），一般由编码/解码器、电源、解调器、存储器、控制器和负载调制电路组成。

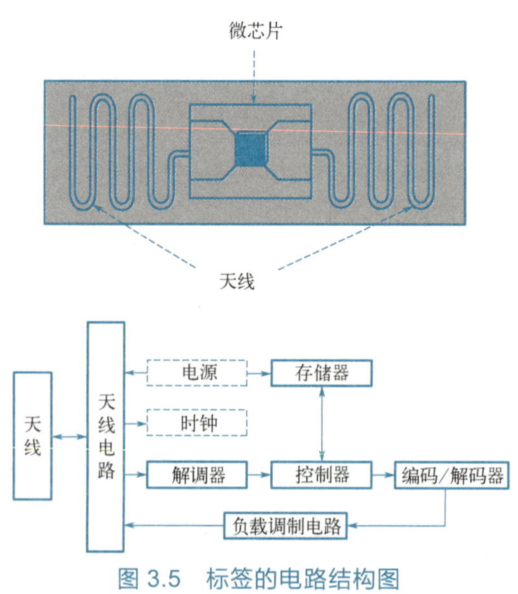

图 3.5 标签的电路结构图

时钟信号：天线电路获取的载波信号经过分频后得到的分频信号可以作为标签的控制器、存储器、编码/解码器等电路工作时所需的时钟信号。大多数无源标签由于功耗限制和结构简单，并不内置独立的时钟单元，而是依赖读写器提供能量和时序参考。不过，在一些有源或半有源标签中，为满足特定应用（如数据时间戳或同步控制）的需求，会集成时钟单元。

存储器：标签存储器的容量通常在几字节（B）到几千字节（KB）。简单的只读标签在芯片生产时写入，之后便不能改变，其存储容量不大，通常为序列码（如 UID、UPC 等）。可读写标签一般有三种常用的存储器：电可擦写可编程只读存储器（Electrically Erasable Programmable Read Only Memory，EEPROM）、静态随机存储器（Static RAM，SRAM）、铁电随机存储器（Ferroelectric RAM，FRAM）。

数据输入输出：从读写器发送来的命令或数据，经过解调器解调后送至控制器，控制器实现命令所规定的操作（如在控制器的管理下将数据写入存储器）。标签向读写器发送数据时，在控制器的管理下从存储器读出数据，经过编码和负载调制后输出。

2. 标签工作原理

标签进入磁场后，接收读写器发出的电磁波信号，凭借感应所获得的能量发送出芯片中的信息；有源标签主动发送信号，读写器读取信息并解码后，送到后台管理信息系统（MIS）处理。以应用较广泛的 Mifare 1 射频卡（简称 M1 卡）为例，其工作原理是读写器向 M1 卡发射一组固定频率（13.56MHz）的电磁波；卡片内有一个电感电容（LC）串联谐振电路，其频率与读写器发射的频率相同，在电磁波的激励下，LC 串联谐振电路产生共振，从而使电容内有了电荷；在该电容的另外一端，接有一个单向导通的电子泵，将电容内的电荷送到另一个电容内存储，当存储的电荷达到 2V 时，此电容可作为电源为其他电路提供工作电压，将卡片内数据发射出去或接收读写器的数据。

3.4.2 标签的分类

图 3.6 为标签的分类。

1. 根据标签的供电方式（能量获取方式）

标签的电能消耗非常低，一般是 0.01mW 级别，按照标签获取电能的方式不同，标签可以分为以下三种。

标签中不含电池的无源标签（Passive Tag）需要靠外界提供能量才能正常工作。典型的能量获取装置是天线与线圈，当标签进入系统的工作区域、天线接收到特定的电磁波后，线圈就会产生感应电流，感应电流经过整流后给电容充电，电容经过稳压处理后可为标签提供工作电压。无源标签具有极长的使用期，常用在标签信息需要每天读写或频繁读写的场合。无源标签的缺点主要有：工作时无源标签的识别距离（数据传输的距离）通常比同频段的有源标签要短一些；另外，无源标签依靠外部的电磁感应供电，电能较弱，数据传输的距离和信号强度受到限制，所以需要敏感性较高的信号接收器才能可靠识读。但无源标签凭借低价格、小体积、长寿命和易用性，成为 RFID 标签品类中的主流。

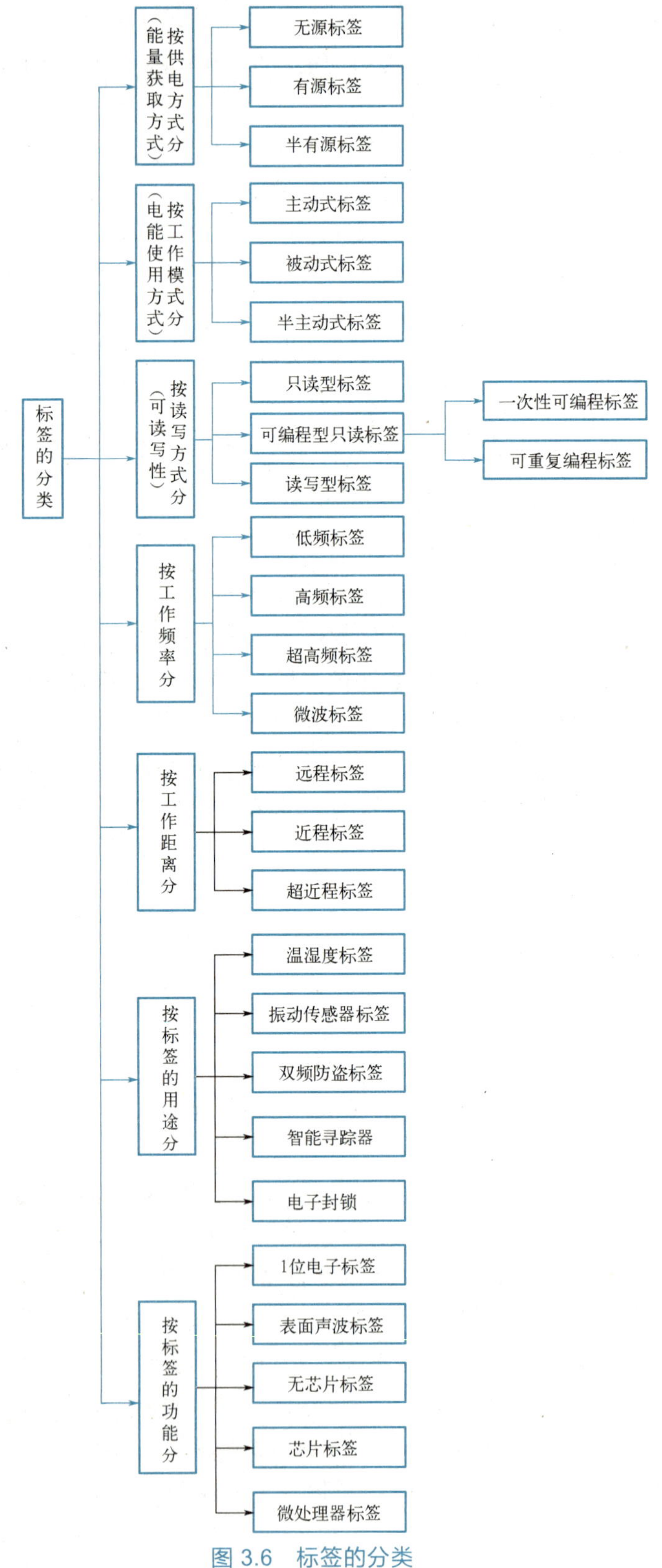
标签的分类
按供电方式分（能量获取方式）
无源标签
有源标签
半有源标签
按工作模式分（电能使用方式）
主动式标签
被动式标签
半主动式标签
按读写方式分（可读写性）
只读型标签
可编程型只读标签
一次性可编程标签
可重复编程标签
读写型标签
按工作频率分
低频标签
高频标签
超高频标签
微波标签
按工作距离分
远程标签
近程标签
超近程标签
按标签的用途分
温湿度标签
振动传感器标签
双频防盗标签
智能寻踪器
电子封锁
按标签的功能分
1位电子标签
表面声波标签
无芯片标签
芯片标签
微处理器标签

图 3.6　标签的分类

标签中含有电池的有源标签（Active Tag）通过标签自带的内部电池进行供电，电能充足、工作可靠性高、数据传输的距离长。有源标签可以通过设计电池的不同寿命对标签的使用时间或使用次数进行限制，用在需要限制数据传输量或使用数据有限制的地方。有源标签的缺点主要有：价格高、体积大、使用寿命受到限制；另外，随着标签内电池电力的消耗，数据传输的距离会越来越短，需定期更换电池。有源标签适用于远距离读写的应用场合。

半有源标签中的电源只为芯片的运转提供能量。

2. 根据标签的工作模式（电能使用方式）

主动式标签（Active Tag）是用自身的射频能量主动地发射数据给读写器的标签。一般来说，主动式 RFID 系统为有源系统，在有障碍物的情况下，射频能量只需穿透障碍物一次。

被动式标签（Passive Tag）是被读写器发出的信号触发后进入通信状态的标签，其通信能量来自读写器发射的电磁波。被动式标签必须利用读写器的电磁波来调制自身的信号，标签产生电能的装置是天线和线圈，当标签进入 RFID 系统的工作区域后，天线接收特定的电磁波，线圈产生感应电流供给标签工作，在有障碍物的情况下，读写器的能量必须来回穿过障碍物两次。读写器可以确保只激活一定范围内的被动式标签。

含有电源的被动式标签称为半主动式标签，这种标签并不通过自身能量主动发送数据给读写器，电池只对标签内要求供电维持数据的电路供电或只为标签芯片工作所需的电压提供辅助支持，即电池仅为本身耗电很少的标签电路供电。半主动式标签未进入工作状态前，一直处于休眠状态，相当于无源标签，标签内部电池能量消耗很少，因而电池寿命可维持几年，甚至长达 10 年。当标签进入读写器的读取区域，受到读写器发出的电磁波信号的激励而进入工作状态（激活）后，标签与读写器之间信息交换的能量支持以读写器提供的射频能量为主（反向散射调制方式），标签内部电池的作用主要在于弥补标签所处位置的射频场强不足，其能量并不转换为射频能量。

3. 根据标签的读写方式（可读写性）

只读型（Read Only）标签的内容在制造阶段写入，出厂后不可修改。其存储器采用掩膜 ROM（Mask ROM）或标准 ROM，为非易失性存储器，内容固定、不支持用户写入。

可编程型只读（Read Only Programmable）标签的内容可在出厂后由用户写入，但写入后即表现为只读。这类标签又可分为两类：①一次性可编程标签的芯片出厂为空白，用户可用编程器写入一次，写入后其内容固定不可修改。其存储器采用一次性可编程只读存储器（One Time Programmable Read Only Memory，OTP-ROM）或可编程只读存储器（Programmable Read Only Memory，PROM）。②可重复编程标签的存储器采用可擦可编程只读存储器（Erasable Programmable Read Only Memory，EPROM）或电可擦可编程只读存储器（Electrically Erasable Programmable Read Only Memory，EEPROM）。EPROM 须用紫外灯擦除内容（封装带透明窗口），不支持在线擦写，在现代 RFID 标签中已基本淘汰。EEPROM（含 Flash）支持在线电擦写，可按字节或块进行更新，支持多次写入，是现代

RFID 标签中的主流。

读写型（Read-Write）标签的内容在识别期间可动态、多次读写。其存储器采用 EEPROM/Flash、静态随机存储器（Static Random Access Memory，SRAM）或铁电 RAM（Ferroelectric RAM, FRAM）。EEPROM/Flash 作为非易失性主存，可实现数据的持久存储和多次更新。SRAM 作为高速临时缓冲，断电即失，不适合需要持久存储数据的场合。FRAM 非易失、写入快速、寿命高，近年来在高端 RFID 标签中开始应用。

4. 根据标签的工作频率

标签采用的工作频率可以分为低频（Low Frequency，LF）、高频（High Frequency，HF）、超高频（Ultra High Frequency，UHF）、微波（MicroWave，MW）四种，对应的代表性频率分别为低频<135kHz、高频 13.56MHz、超高频 860～960MHz、微波 2.4GHz 和 5.8GHz。

低频（LF）标签的工作频率在 500kHz 以下，其主要在 125～134kHz 的频率范围内工作。由于频率低，LF 标签的读取距离只有几英寸，而且 LF 标签通常只存储少量数据。与工作在其他频率的标签相比，LF 标签的数据传输速率最低。LF 标签主要用在动物识别、医疗保健、资产跟踪、行李识别、访问控制和钥匙扣等方面。

高频（HF）标签的工作频率范围为 500kHz～1GHz，代表性频率为 13.56MHz（世界上最常用的频率），其识别距离为 10cm～1m。在数据存储方面，HF 标签比 LF 标签大，可以有效处理多达 4K 的数据。此外，可以同时读取附加在多种类型对象（包括木材、水和金属）上的多个 HF 标签。HF 标签主要用于信用卡、电子门票、航空行李、门禁控制和个人身份证等。

超高频（UHF）标签有两种：UHF 有源标签和 UHF 无源标签。UHF 有源标签由电池供电并具有大的存储容量，其主要工作频率是 433MHz，识别距离大于 20m，数据传输率高，通常用在建筑和汽车制造业。UHF 无源标签通常使用 RFID 阅读器产生的能量，有多种尺寸可供选择，其主要工作频率范围为 860～960MHz，数据传输速率高，识别距离约为 25m，通常用于制造和供应链跟踪等。

微波（MW）标签的工作频率在 1GHz 以上，代表性频率为 2.4GHz 和 5.8GHz。MW 标签主要用于集装箱自动识别、高速公路不停车收费等。

5. 根据标签的工作距离

根据标签的工作距离可以分为三种：工作距离大于 100cm 的远程标签、工作距离在 10～100cm 的近程标签及工作距离在 0.2～10cm 的超近程标签。

6. 根据标签的用途

根据用途的不同，标签可以分为很多种。目前常用的一些特殊标签类别有以下几种。

温湿度标签带有温度和湿度传感器，广泛应用于农业、冷链物流、医疗行业、食品行业。附加在集装箱或目标物品（箱）上的电子温湿度标签可以持续采集物品所处环境的温度和湿度，并记录在标签内，供读写器读取。温湿度标签的工作模式一般有两种：在每个中间站点或目的地一次性上传温湿度曲线，物流管理平台整合所有上传数据，分环节监控物品质量；在运输工具上设置无线网络实时传输设备，使物流管理平台能够不断监测目标物品。同一集装箱内的不同包装单元还可以通过安装多个有源标签进行监测。

振动传感器标签通过感振装置探测并记录目标的连续或脉冲振动、冲击或加速度，即测量、显示并分析目标的线速度、位移和加速度。振动传感器可实时感知物品振动，并上传报警信号到控制中心，主要用于贵重物品防盗或安防 RFID 系统。

双频防盗标签的工作模式：平时处于休眠模式，当收到某激活器的激活信号时，标签的低频芯片将实时解析出该激活器编号，同时检测出该低频信号的 RSSI 值，然后唤醒并传入 MCU 单片机，接着打开板载超高频无线射频芯片进行一次强信号发射，发射的无线数据包中包含标签 ID、激活器编号及 RSSI 值；有效识别范围内的超高频读写器将收到该标签发射的数据包，解析出其中的标签 ID、激活器编号及 RSSI 值后，立即上传到上位计算机。已有的双频防盗标签的工作频率为 2.4GHz 和 125kHz（有源），最大识别距离超过 100m，数据传输速率可达 200km/h，平时工作功率为微瓦（μW）级，其采用防止链路侦测的加密算法与安全认证技术，内置实现声光警示的蜂鸣器与 LED 灯，还具有防拆报警功能。双频防盗标签不仅可以应用于通道和边界控制；通过判断该标签经过了什么位置（激活器所在的物理位置），也可以应用于门禁控制，门禁内外各安装一台激活器时，可以根据标签被激活的先后顺序做出精确的进出判断；还可以进行实时定位，在一台或多台激活器覆盖范围内，根据标签实时检测并上传的 RSSI 值可以实现精度达 10cm 级别的精确位置判定。

智能寻踪器是集基站辅助定位、移动通信及信息存储为一体的标签，可以用于任何需要导航和定位的目标（野生动物、特殊人群、汽车、大地测量等）。与智能寻踪器配套的寻踪管理系统可以将收到的基站辅助定位信息显示在地图上，通过地图直观了解佩戴智能寻踪器的人或物的大概位置、运动轨迹及温度等信息。如果配备太阳能充电功能，则可以大大增强智能寻踪器的续航能力。

电子封锁将独有的微电控制技术与 RFID 技术相结合，为集装箱等货物的途中运输提供全程安全保障。电子封锁可以通过卡口自动联动控制、人工手持机控制及全球导航卫星系统（Global Navigation Satellite System，GNSS）车载终端远程遥控等多种方式实现实时控制和报警，方便不同应用环境下的部署和现有系统的集成。

7. 根据标签的功能

1 位电子标签不需要芯片，通过天线开关状态的改变实现数据的传送，只能表示 1 和 0 两个状态，相当于只有 1 位数据，其主要用在早期的商品电子防窃系统（Electronic Article Surveillance，EAS）中。1 位电子标签可以采用射频法、微波法、分频法、电磁法和声磁法等进行工作。

声表面波（Surface Acoustic Wave，SAW）标签以声表面波器件为核心，不需要芯片，克服了 IC 芯片工作时要求直流电源供电的缺陷。声表面波标签应用了电子学、声学、雷达、半导体平面技术及信号处理技术，可以在有金属物体、液体、强电磁干扰的环境及高温恶劣环境中正常工作，具有纯无源、识别距离长（数米至数十米）、批量成本低、工作温度范围宽（–100 ℃～300 ℃）和抗电磁干扰能力强等特点。

无芯片标签是不含 IC 芯片的标签，其特点为超薄、成本低、存储数据量小。无芯片标签的主要潜在优势在于其能直接印在产品和包装上，可灵活可靠地取代条形码，其最适宜使用的场合有物品管理（工厂名册、图书馆、洗衣店、药品、消费品、档案、邮件），大容量安全文档、空运包裹等。

芯片标签以 IC 芯片为基础，是目前使用最广泛的一类标签，主要由天线、射频电路和控制电路三部分组成，具有存储功能。根据实际要求，芯片标签可以设计为只读、可读写、加密标签。

微处理器标签指拥有独立微处理器和芯片操作系统的标签，可以实现更加复杂的功能，具有更高的安全性。微处理器标签可以集成各类传感检测功能、无线通信功能，支持更大的存储容量。例如，典型的车载标签，由微处理器、存储单元、射频模块、天线单元、高能电池、IC 卡等构成，能精确记录车辆行驶路径；路侧天线设备与车载标签之间的无线通信接收灵敏度高达–109dBm，通信距离为 0～300m，当车辆以 0～200km/h 的速度行驶时，路侧天线设备与车载标签之间的通信稳定可靠，非常适合高速公路使用。

3.4.3 双频标签和双频系统

RFID 系统的工作频率对系统的工作性能具有很强的支配作用，从识别距离和穿透能力等特性来看，不同工作频率的表现存在较大的差异，特别是在低频和高频两个频段上。低频具有较强的穿透能力，能够穿透水、金属、动物/人的躯体等导体材料，但在同样功率下，其识别距离很短，可以利用的频带窄，数据传输速率较低，而且信噪比低，容易受到干扰。而在相同传输效果的情况下，相对低频系统而言，高频系统的发射功率较小，设备较简单，成本较低。高频具有较远的识别距离，数据传输速率较高，不存在低频的信噪比限制，但是其绕射和穿透能力较差，很容易被水等导体媒介吸收，对于可导媒介物很敏感。

通过采用混频或双频（Dual Frequency，DF）技术，可以利用高频和低频各自的优点，设计出既具有高频较远识别距离又具有低频较强穿透能力的产品，能够广泛地应用于动物识别、有导体材料干扰和潮湿的环境中的物品识别等场合。

1. 有源双频系统

有源双频系统一般由地面发射天线、接收天线、读写器和有源双频标签组成，上行（标签向读写器发送数据）和下行（标签接收读写器发来的数据）分别采用不同的工作频率，其原理结构如图 3.7 所示。

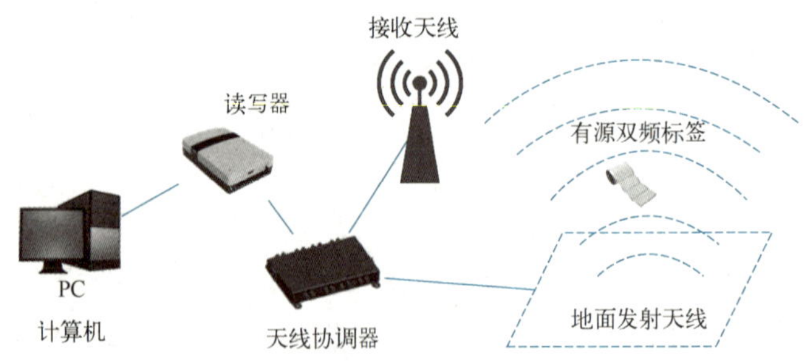

图 3.7 有源双频系统的原理结构

地面发射天线（俗称路标）发射低频电磁波信号；接收天线接收来自双频标签的高频载波信号；读写器生成低频编码电磁波信号，同时把接收到的高频载波信号放大，经过解调、解码后获取有效的数字信号（即数据），并将数据做进一步的处理或上传到计算机应用系统中。

有源双频标签由嵌入式处理器和软件、卡内发射和接收天线、收发电路及高能电池组成。工作在两个频率上的标签平时处于休眠状态，当进入系统工作区域后，被地面发射天线发出的低频电磁波信号激活，发射出载有唯一识别码的高频加密载波信号。

有源双频系统的工作原理：读写器不断产生低频编码电磁波信号并经地面发射天线发射出去；当双频标签进入系统工作区域后被激活，同时将加密的载有目标识别码的高频加密载波信号经双频标签内的高频发射模块发射出去；接收天线接收到双频标签发来的高频载波信号，经读写器处理后，提取出目标识别码送至计算机，完成预设的系统功能和自动识别，实现目标的自动化管理。

2. 无源双频系统

相较于有源双频标签，无源双频标签内部少了电池和相关电路，其体积可以制造得很小，可广泛应用于人员管理、运动计时、动物识别、矿井、有干扰的环境中的物品识别（如金属物品识别）等场合。与有源双频系统相比，无源双频系统具有体积小、系统紧凑、成本低廉等特点。

无源双频技术与系统的主要特性包括：从读写器到标签的能量传递采用的是低频电感耦合方式；从标签到读写器传输识别码和数据一般采用高频电感耦合方式；系统防碰撞采用和超高频系统相同的防碰撞协议，每秒可识别 200 个标签，具有良好的多卡识别能力和较高的识别速度；识别距离取决于读写器的输出功率和设置，并与标签的封装形式有关，通常为 20cm～2.5m。

3.4.4 标签的发展趋势

随着科技的进步和 RFID 技术的不断应用和推广，标签将使用新的生产工艺，呈现出体积更小、价格更便宜、所需的功耗越来越低的发展趋势，无源标签、半无源标签等相关技术将会更加成熟。具体而言，标签呈现出以下一些发展趋势。

标签芯片功耗更低、识别距离更大：标签资源受限，最大限度地降低其功耗是一个永恒的发展趋势；低功耗集成电路设计技术的发展使标签的工作电压进一步降低，使无源系统的识别距离进一步加大。

无线可读写性能更完善：不同数据管理系统对标签的读写性能和识别距离的要求不同，为了适应需要多次改写标签数据的场合，需要研究和发展适合标签芯片的新型存储技术，使误码率和抗干扰性能达到可以接受的程度。

适合高速移动物品的识别：高铁、地铁、高速公路上的汽车等高速移动物体需要快速准确地识别，所以要进一步提高标签和读写器之间的通信速度。目前，单标签识别速度已达到每秒 500 次以上。

快速多标签读写：物流领域涉及大量物品同时识别的问题，所以必须研究性能更优的防冲突算法及电路实现技术，实现快速的多标签读写功能。目前，多标签读取率已达每秒数百张。

一致性更好：随着基于低温热压的封装工艺、精密机构设计优化、多物理量检测与控制、高速高精运动控制、装备故障自诊断与修复、在线检测技术及标签天线匹配技术的发展，标签的加工工艺将进一步完善和提高，从而提高标签制造的成品率和一致性。

强场强下的自保护功能更完善：标签距离读写器天线很近时，会接收到很强的电磁能量，在标签上产生很高的电压，必须加强标签在这种情况下的自保护功能。

智能性更强、加密特性更完善：对安全性要求较高的应用需要对标签的数据和通信过程进行严格地加密，只有智能性更强、加密特性更完善的标签才能在入侵者出现时更好地隐藏自己不被发现，并且保护数据不会未经授权而被获取。

带有传感器功能：将传感器技术集成到标签中，以扩展其功能和应用领域。

带有其他附属功能：要求标签具有蜂鸣器、指示灯等附属功能，以便在给特定的标签发送指令时，标签能够发出声光指示，在大量目标中快速找到特定的标签。

具有杀死功能：为了保护隐私，当标签的设计寿命到期或需要终止标签的使用时，通过读写器发送杀死指令可以将标签销毁，或标签自行销毁。

新的生产工艺：需要研制新的天线印制技术，研制能以接近于零的成本把标签天线印制到产品包装上的导电墨水，以降低标签天线的生产成本。通过导电墨水在包装盒上印制天线，比传统的金属天线成本低、印制速度快、节省空间且利于环保。

体积更小：实际应用一般要求标签的体积小于被标识的物品，体积非常小的物品和一些特殊的应用场合要求标签更小巧、更易于使用。已有公司制造出带有内置天线的最小标签芯片，其厚度只有 0.1mm 左右，可以嵌入纸币中。

成本更低：低成本始终是标签（特别是高频远距离标签）的发展方向。

另外，新型防损、防窃标签，可以在生产过程中将其隐藏或嵌入到物品或包装中，用来解决超市中物品的防窃问题。

3.5 RFID 与其他技术的融合

3.5.1 RFID 与智能传感器技术

RFID 技术抗干扰性较差，而且有效距离一般小于 10m，这对 RFID 技术的应用是个限制。将基于 ZigBee 的无线传感器网络（Wireless Sensor Network，WSN）同 RFID 技术结合起来，利用 ZigBee 高达 100m 的有效半径，形成无线传感器识别（Wireless Sensor ID，WSID）网络，将具有更光明的应用前景。ZigBee 无线传感器识别可以看成是主动式标签，利用了更多的传感器和更少的网关，可以大大降低 RFID 系统的成本。

当标签具有感知能力时，RFID 系统和 WSN 的界限就变得模糊不清了。很多主动式和半主动式标签结合传感器进行设计，使得传感器可以发送数据给读写器。这些标签并不完全是 WSN 节点，因为它们之间缺乏通过相互协同构成的自组织（Ad-Hoc）网络进行的通信，但是它们超越了一般的标签。另外，一些传感器节点正使用 RFID

读写器作为它们感知能力的一部分。温度传感器、振动传感器、化学传感器等能大大提高 RFID 系统的功能。这些智能传感器将在数据获取方面开创另一种机制，智能传感器与时间和位置感应标签结合在一起，就能记录给定物体的状态及其被处理的情况。例如，由 RFID 传感器标签构成的系统最终将可以跟踪和监测所有的食品供应，防止污染和生物恐怖主义。

结合了 RFID 技术和温度传感器的智能机架（Rack），利用温度传感器和高频 RFID 读写器来识别和监控大型金属服务器柜子中的服务器的温度，用于实时显示这些柜子的详细目录和每个柜子的温度情况。

3.5.2　RFID 与近场通信技术

近场通信（Near Field Communication，NFC）工作在 13.56MHz，其数据传输速率取决于通信距离，可为 106kb/s、212kb/s 或 424kb/s，其最长通信距离为 20cm，在大多数应用中，实际通信距离不会超过 10cm。NFC 结合了 ISO 18902 和 ECMA 340 定义的标准，并兼容 ISO 14443 标准。NFC 技术在很大程度上改变了人们使用某些电子设备的方式，甚至改变了信用卡、现金和钥匙的使用方式，它可以应用在便携设备上，提供安全的移动支付和交易、简便的端对端通信、在移动中轻松访问信息等功能。

NFC 与 RFID 技术所针对的行业不同，NFC 技术针对的是消费类电子产品，而 RFID 技术针对的是所有行业。从某种意义上讲，NFC 技术也是 RFID 技术的一种应用，也可以把 NFC 技术看成是 RFID 技术的升级。RFID 技术与 NFC 技术是相互促进的：一方面，RFID 应用的普及需要无处不在的读写器；另一方面，NFC 是与手机紧密结合的技术，NFC 技术的普及将解决 RFID 技术读写器缺乏的难题，为 RFID 技术的进一步发展助力。此外，RFID 市场的存在和扩大，也给 NFC 的推广普及提供了基础环境。从通信角度来看，近距离内工作的 RFID 技术也是近距离无线通信技术的一种。RFID 技术的一个热点应用的表现形式就是基于 NFC 等技术的非接触式移动支付，如以手机取代和统一电子钱包、信用卡、积分卡、银行卡、交通卡等。

NFC 手机与 SIM（Subscriber Identity Module，用户识别模块）卡整合，让手机拥有了小额付费功能，并同时可以兼容 MasterCard Paypass 及 VISA Wave 等多张非接触式感应信用卡，用手机就可乘坐地铁、巴士，还能当作电子钱包。空中下载（Over The Air，OTA）技术是通过移动通信的空口对 SIM 卡数据及应用进行远程管理的技术，借由它可以简单便捷地配置 NFC 手机的多元化服务。NFC 手机会内建密钥以增加安全性，也可以通过设定让每笔交易都必须经过使用者以密码或其他生物特征确认，在系统支持下还能记录每笔交易信息，而客户也可以随时通过手机查询每次充值或交易的记录。如果主要路牌上也有带内建感应线圈的标签，手机就能接收道路、旅游、环境、消费与公共服务等相关信息，使 NFC 的应用更加多元化。

3.5.3　RFID 与移动通信技术

从“标记”“地址号码”和“传感功能”这三个最本质的特点来看，RFID 技术在移动通信（如 4G/5G）产业中的应用前景非常广阔。移动通信技术发展到 3G 的直接结果是一个结构更加复杂和功能更加强大的通信系统，除了传统的人与人通信，机器到机器（Machine to Machine，M2M）的通信业务也得到了迅速发展，而 RFID 技术在其中扮演着关键的角色，因为 RFID 所具有的上述三个本质特点能够解决 M2M 通信中很多实际的问题。虽然设备或物品本身并不具备感知的功能，但可以利用支持 RFID 技术的 4G/5G 终端了解设备或物品所处的外界环境，从而更好地实现对设备或物品的数据读取、状态监测和远程控制等诸多业务。

4G/5G 手机加上 RFID 技术可以实时传递信息及上传或下载多媒体影音档案，提供数据的读取与更新、存储用于对象识别的信息和获取信息的功能。未来日常生活中的各项物品均有可能内嵌标签，经手机上的读写器读取之后，物品的具体信息和服务将显示于手机屏幕，从而达到服务数字化，并且无所不在，无所不用，为人类未来的生活带来极大便利。

3.6 RFID 应用

RFID 应用按作用距离可分为近距离应用和远距离应用；按识别的类别可分为身份识别、动物识别和物品识别。在识别的基础上可以完成收费、显示、控制、信息传输、数据整合、存储和挖掘等功能。Wi-Fi、微波接入全球互通（Worldwide Interoperability for Microwave Access，WiMAX）、蓝牙、ZigBee、专用短程通信（Dedicated Short Range Communication，DSRC）及其他短程无线通信协议正用于 RFID 系统或融入 RFID 设备中，使得 RFID 标准所包含的范围不断扩大，RFID 应用也变得更加复杂。针对 RFID 技术的广阔应用前景，应当尽早了解 RFID 应用的领域和现状，研究 RFID 应用标准体系，阐明符合重点行业特点的 RFID 应用模式，从而提高 RFID 技术的应用水平，促进物流、电子商务等信息技术的发展。

3.6.1 供应链和零售业

RFID 技术的典型应用之一就是供应链应用，RFID 技术正在彻底改变整个供应链的运营效率。许多零售商也已经采用了 RFID 技术，借由它客户可以访问有关特定产品的信息或自助结账。RFID 技术有助于有效地管理库存，加快结账速度，减少支持人员的数量，帮助零售商实现商店的现代化并提高客户满意度。RFID 阅读器还能检测到任何通过出口而未完成付款的物品，实现零售店中的防盗控制。

1. 供应链

商业供应链是 RFID 技术应用最广泛的舞台。应用 RFID 技术可以实现对商品设计、原材料采购、半成品和成品的生产、运输、仓储和配送，一直到销售，甚至退货处理和售后服务等供应链上所有环节的实时监控，准确地获取各种产品相关信息，如种类、生产商、生产时间、地点、颜色、尺寸、数量、到达地和接收者等。

应用 RFID 技术能够自动识别容器，使得容器在供应链中的位置具有更好的可见性。这将提高生产效率，大大有益于制造商。RFID 技术的应用有助于在所有供应链实现电子封条，而电子封条的使用有助于防止容器未经授权被打开。

生产制造环节：应用 RFID 技术可以完成自动化生产线的运作，准确找到规格复杂的零部件，及时将其运送到生产线上，实现在整个生产线上对原材料、零部件、半成品和成品的识别与跟踪，降低人工识别成本和出错率，提高效率和效益。RFID 技术还能帮助管理人员及时根据生产进度发出补货信息，实现存货管理的自动化和流水线的均衡、稳步生产，同时也加强了对质量的控制与追踪。

仓储环节：物流仓储是 RFID 技术最有前景的应用之一，RFID 技术在仓库里最广泛的应用是存取货物与库存盘点。对于来自仓库、制造和存储区域的大量货物，手动记录库存移动是不可行的。RFID 阅读器可以在几秒内轻松准确地读取数百个标签，一旦货物搬出仓库，数据将被更新到数据库中，无须手动操作。RFID 门用于大型仓库存储区域的库存管理，安装在门上的 RFID 阅读器将记录进出仓库位置的库存移动。RFID 系统可以解决货物在仓库中装卸、处理和跟踪的问题，提高效率，并保证有关信息的准确可靠，同时可以降低由于货物误置、偷窃、损坏和出货错误等造成的损耗。很多国际物流巨头都在积极测试 RFID 技术，以期增强其在未来的物流能力。RFID 技术适用流程包括物流过程中的货物跟踪、自动信息采集、仓库管理应用、港口应用、邮政包裹、快递等。

配送、分销环节：货物贴上标签，在进入中央配送分销中心时，门读写器读取通过门的托盘、货箱上的标签内容。系统将这些信息与发货记录进行核对，以检测出可能的错误，然后将标签内容更新为最新的货物存放地点和状态。在智能仓库货物管理中使用 RFID 系统，可以有效管理仓库内货流相关信息，监控货物状态，实时了解库存情况，自动识别货物并确定其位置。

运输环节：通过便携式数据终端和射频通信能够及时掌握在途物资和实时跟踪运输工具。开发标签主要是为了提高物流和运输的效率。

零售环节：标签体积小，容易植入商品或者外包装中，很难被小偷发现或剪除，可以有效地防止商品被盗。RFID 技术还能用在付款台实现自动扫描和计费，取代人工收款方式。

售后服务环节：厂商在大型产品（如汽车等）上植入标签，不仅记录制造过程中的数据，而且记录顾客和车辆保修的有关信息。每次顾客驾车去服务门店接受服务或者进行车辆保养时，门店系统就会自动读取标签中的数据，顾客本人和车辆的服务记录一目了然，而顾客不需要携带任何证明和维护记录等资料。

2. 零售业

库存管理：零售店中可用商品的实时可见性增强了库存的有效管理。如果每件商品都贴有 UHF 无源标签，那么当想要清点库存时，只需使用手持式 UHF RFID 扫描仪扫描商品即可。数据在后端自动更新，最终用户可以在前端（定制的业务应用程序）中看到商品的可获得性。

电子物品监控（Electronic Article Surveillance，EAS）：配备支持 RFID 的 EAS 系统的优势在于它能发现顾客携带的未计费商品，携带该商品的顾客走出零售店大门时会响起警报，从而实现物品防盗。

自助结账终端：有时结账必须排长队，原因可能是技术故障、训练有素的员工不足、柜台不足。支持 RFID 的自助结账终端可以实现自动扫描和计费，让顾客可以快速完成结账流程，为顾客和零售店主节省大量时间。

沃尔玛和麦德龙等大型超市推广的 RFID 应用带来了降低劳动力成本、提高商品可见性、减少缺货造成的损失及减少商品盗窃等好处。RFID 技术适用流程包括商品销售数据的实时统计、补货、防盗等。

3. 货物的跟踪管理与监控

RFID 技术为货物的跟踪管理和监控提供了方便、快捷、准确的自动化技术。以 RFID 技术为核心的集装箱自动识别已成为全球最大的货物跟踪管理应用。集装箱上贴有记录集装箱位置、货物类型、数量等数据的标签，通过 RFID 技术可以确定集装箱在堆场的准确位置，还可以识别非授权的容器移动以进行管理和安全保障。

在货物的跟踪管理和监控方面，英国的希思罗（Heathrow）机场将 RFID 技术应用于旅客行李管理，大大提高了分拣效率，降低了出错率。欧盟要求 1997 年之后生产的新车型要有基于 RFID 技术的防盗系统。目前，整合 RFID 技术的中国铁路网络货运物流平台（即 95306 铁路货运电子商务平台）及“国铁物联”App 已经实现了货物的全程可视化追踪、智能派单和运价监控。

4. 邮件和邮政包裹的自动分拣

基于 RFID 技术的邮政自动分拣系统具有非接触、非视距数据传输的特点，因此无论包裹的朝向如何，都可以正常分拣。当多个目标同时进入识别区域时，可以同时识别，大大提高了货物的分拣能力和处理速度。此外，由于标签可以记录包裹的所有特征数据，所以更有利于提高包裹分拣的准确性。

3.6.2 医疗保健和医院

在医疗保健和医院管理中，RFID 技术因其高精度、实时性和自动化数据采集的优势，被广泛应用于多个方面。RFID 解决方案不仅能有效减少用药错误，满足新标准要求，缓解人员短缺，还能大幅降低运营成本，优化供应链管理。以下详细介绍 RFID 技术在医疗保健和医院管理各个方面的具体应用及其带来的效益。

1. 药品与医疗器械管理

RFID 技术在药品和医疗器械管理中发挥着重要作用。医院和制药企业通过在药品包装及器械上贴附标签，实现对库存、出入库和流转状态的实时监控。

（1）库存管理与追踪：标签能够存储详细的产品信息，如生产日期、批次和有效期等，使用固定或手持的 RFID 阅读器实时记录药品与医疗器械的存储和流转情况，可以提高库存管理的准确性，避免物资积压或短缺。

（2）防伪与防假冒：标签内嵌的唯一识别码有助于确保药品和器械的真实性，减少假冒伪劣产品的流通，提高患者和医疗机构的安全性。

2. 患者身份识别与安全管理

患者安全是医疗保健领域的核心问题之一。通过在患者腕带中嵌入标签，医院可以实现自动化的身份识别和信息读取。

（1）身份验证与信息检索：医护人员通过 RFID 阅读器可以快速获取患者的基本信息、病史及用药记录，确保在紧急情况下能够迅速准确地处理患者情况。

（2）定位与监控：医院利用 RFID 技术实时跟踪患者在院内的移动，监控患者的活动区域，避免患者误入危险区域，同时为急救和手术等提供位置参考，提升整体安全管理水平。

3. 手术室和诊室资源管理

在医院管理中，手术室与诊室的高效利用直接关系到医疗服务质量。

（1）手术室资源调度：RFID 技术可用于监控手术室的使用情况，当患者完成手术离开手术室后，系统自动更新手术室状态，并及时通知后续手术团队进行准备，缩短等待时间，提高资源利用率。

（2）诊室使用监控：在患者进出诊室时，通过读取其携带的标签，医院可以实时掌握患者在诊室内的停留时间，从而优化诊室调度和预约管理，减少患者等待时间，并提高就诊效率。

4. 医疗设备与资产管理

医院内部拥有大量高价值的医疗设备和日常消耗品，RFID 技术能帮助医院实现对这些资产的实时追踪和管理。

（1）设备定位与状态监控：将标签贴附于医疗设备上，可以记录设备的使用情况、维护记录和位置，方便医院进行设备调度与故障预警。

（2）一次性用品管理：通过标签管理，可以确保实时更新注射器、手套、口罩、氧气瓶等一次性医疗用品物资的消耗情况，确保库存信息准确，有助于防止短缺和浪费。

5. 放射检查与影像管理

在放射检查与影像管理方面，RFID 技术也逐步得到了应用。

（1）防护服定位：部分医院将标签缝入 X 射线防护服中，以便在进行放射检查时快速定位防护服的位置，缩短检查准备时间。

（2）影像设备管理：医院内的各类影像设备，如计算机断层扫描（Computed Tomography，CT）机器、磁共振成像（Magnetic Resonance Imaging，MRI）机器等，可以通过标签进行设备状态监控和维护记录管理，提高设备利用率和安全。

6. 文件与文档管理

医疗保健行业的文件和文档往往涉及大量纸质资料，RFID 技术可以为每份文件分配唯一编码，通过固定或手持的 RFID 阅读器实时跟踪文件位置，大大简化文档管理流程，提升管理效率。

7. 感染控制与人员接触追踪

在传染性疾病防控中，RFID 技术发挥着重要作用。

（1）接触追踪：当疑似传染性疾病患者进入医院时，RFID 系统可以记录与该患者接触过的所有人员信息，为疫情防控提供依据。

（2）区域管理：通过仅允许经过授权的人员进入某些区域，RFID 技术有助于防止交叉感染和疫情扩散。

RFID 技术在医疗保健和医院管理中的应用不仅提高了管理效率，还改善了患者体验。通过实时、自动化的数据采集和管理，医院能够更科学地分配资源、调度人员和安排手术，降低了医疗成本，同时为患者提供更安全、快捷的医疗服务。此外，RFID 系统在供应链管理中的应用，也确保了药品和医疗器械的可追溯性和防伪性，为整个医疗生态提供了保障。

3.6.3　交通运输

在交通运输领域，RFID 技术的应用潜力很大。无论是电子车辆登记（Electronic Vehicle Registration，EVR）、自动车辆识别（Automated Vehicle Identification，AVI）、电子收费（Electronic Toll Collection，ETC），还是智能交通系统（Intelligent Transportation System，ITS），每个应用都需要以最快速度进行准确的识别。阅读器和应答器（RFID 标签的另一个名称）之间，以及阅读器和后端系统之间的通信需要高级别的安全性。已经有高速禁止停车管理、出租车管理、公交枢纽管理、铁路车辆识别等很多成功的案例。

电子收费站和电子道路收费（Electronic Road Pricing，ERP）系统使用 RFID 技术来允许车辆进入某个区域并收取费用，它们大多使用开启了支付功能的活动标签，RFID 阅读器可以从车辆上方 6～9m 处读取这些标签。应用基于 RFID 技术的收费系统的基本理念是使用安装在车辆上的标签使收费过程自动化，从而减少人工操作和收费亭处的排队现象。高速公路收费系统是 RFID 技术最成功的应用之一。目前，高速公路的发展速度非常快，区域经济发展的前提是交通便利。但是高速公路收费也存在一些问题，例如，因为车辆不得不在收费站停车排队缴费，使收费站成了交通瓶颈；少数不法收费者私藏收取的过路费，使国家蒙受了经济损失。RFID 技术在高速公路自动收费中的应用可以充分展示该技术的优势：当车辆高速通过收费站时，自动完成缴费，解决了交通瓶颈问题，避免了拥堵，提高了计费效率。ETC 通行证是使用 RFID 标签的高速公路通行费支付系统之一，它旨在以电子方式从过往车辆中收取通行费，当车辆通过专用车道时，通行费会自动从通勤者的预付卡中扣除，这有助于减少高速公路上的交通拥堵，因为汽车不需要在收费站停车。

无论是私人、住宅、公司或公共停车场，使用 UHF RFID 阅读器和 UHF RFID 无源标签都是有益的，在车辆的标签已经注册时它可以自动打开拦车杆，并激活集成了拦车杆的通用输入输出（General Purpose Input Output，GPIO）连接。这样，在识别成功后，可以自动打开道闸并发出问候信息，改善封闭社区居民的进出体验。

基于 RFID 技术的铁路车辆识别（Railway Vehicle Identification，RVI）系统可以在没有连续信号的情况下有效工作，使车辆定位成为可能。安装在轨道枕木上的标签传输对应的位置标识，然后被安装在列车底部的 RFID 阅读器接收，并通过有线或无线的通信方式把采集到的地理位置、路段等信息发送给后台系统，后台系统通过这些信息判断车辆目前所处的位置，并结合其他传感器数据判断当前位置的安全性，方便后台人员追踪及调度车辆。

大量乘客的行李处理是一项繁重的任务，行李处理不当每年都会给航空公司造成数百万美元的损失，RFID 技术的有效使用有助于航空公司解决这一问题。例如，如果行李被放置在错误的位置或移动到不同的位置，运营商将收到行李追踪系统的通知。RFID 标签不需要从视线角度来读取信息，与条码扫描相比这是一个优势，可用于飞机制造、飞机零部件的维修和质量跟踪、检票、快速登机、旅客跟踪、行李追踪。

RFID 技术还可用于实时监控、统计和调度道路交通流量、车辆闯红灯记录报警、被盗（可疑）车辆报警与跟踪、特种车辆跟踪、意外逃逸车辆故障排除等。据报道，英国计划在汽车上安装射频芯片，超速行驶时会自动“上报”。

3.6.4 制造业

RFID 技术适用于监控成百上千个产品并实时记录产品状态信息的大规模生产现场。手动更新这些信息非常耗时，而且在输入数据时会产生错误。RFID 技术是智能工厂概念的重要推动力之一，可帮助实现制造过程中不同阶段的自动化。在制造的每个阶段，RFID 阅读器将记录产品的移动并更新到数据库中，而无须操作员采取额外的行动。

与其他垂直行业不同，制造业在其运营中往往涉及复杂且重复的过程。将 RFID 技术引入制造过程有助于解决各种挑战，实现生产过程中使用的生产数据的实时监控、质量跟踪、自动化生产、个性化生产等。

无源标签有多种形式，可以承受极端温度、湿度和其他特定于生产环境的参数。使用无源标签标记物品将方便区分在制品和成品，减少手动过程，并提高库存可见性和生产力。

RFID 技术提供了一种管理庞大且复杂的制造流程的简化方法。它使得在大规模生产过程中能够实现类似于小批量生产时对零件精细管理的优势，从而帮助企业更有效地分析并消除生产瓶颈，缩短定位零件、资产和产品所需的时间。此外，借助 RFID 技术，生产过程中可以集成传感器来实时监控并预警任何异常情况。航空航天业和国防部门通过将 RFID 系统集成到生产和工艺流程中，获得了显著的效率提升。例如，波音和空中客车公司已根据美国联邦航空管理局的要求，强制建立了跟踪机制，以便对飞机部件进行实时监控和管理。

由于标签对恶劣环境的强抵抗力和非接触式识别，RFID 技术在生产过程控制中有很多应用。在大型工厂的自动化流水线上使用 RFID 技术，可以进行物料跟踪和生产过程的自动控制和监控，提高生产效率，改进生产方式，降低成本。在生产线的自动化和过程控制方面，德国宝马将 RFID 技术应用于汽车装配线，以确保准确地完成装配线各个位置的装配任务。摩托罗拉公司采用基于 RFID 技术的自动识别过程控制系统，以满足半导体生产的特殊环境要求，提高生产效率。

航空航天业是 RFID 系统广泛应用的顶级行业之一。在这一领域，许多飞机部件由专注于飞机设计与制造的公司利用 RFID 技术进行实时监控，实现对部件状态和流转信息的精准管理。此外，RFID 技术也是改进供应链管理流程的理想手段，它有助于跟踪航空航天及国防领域中的设备，避免手动签入和签出。

3.6.5 跟踪管理

动物跟踪与管理：将封装在小块玻璃中的标签放置在动物皮下，可以识别动物的重要信息，监测动物的健康状况，为牧场的现代化管理提供了可靠的技术手段。在规模化养殖场，利用 RFID 技术建立养殖档案、疫苗接种档案等，实现牲畜的高效自动化管理，同时保障食品安全。在牲畜身上放置标签有助于识别、更新牲畜信息和更轻松地跟踪牲畜。手动更新大量数据并不是一件容易的事，尤其是在远程位置，使用手持式阅读器，可以在几秒内轻松访问牲畜的年龄、体重、疫苗接种数据等信息。在动物跟踪和管理方面，许多发达国家利用 RFID 技术对个体动物进行识别，确保在大规模疾病暴发期间能有效追踪感染动物，隔离和控制未感染动物。

资产追踪：静态或动态资产（如医疗机构的轮椅或静脉输液泵、公司的笔记本电脑和数据中心的服务器）的跟踪和定位并不是一件容易的事，借助 RFID 技术，用户可以立即确定设施内任何地方的带有标签的资产的大致位置。位于整个设施战略位置的控制点检测区域允许用户定义逻辑区域并监控高流量区域，移动带有标签的资产通过这些控制点检测区域便可提供即时位置数据。资产跟踪应用在未来几年将呈现几乎垂直的增长曲线，该领域的增长速度将远高于一般 RFID 市场的增长速度。

人员跟踪：医院和监狱是最需要进行人员跟踪的地方，可以像资产跟踪系统那样部署人员跟踪系统。医院使用标签来跟踪特殊患者，医院还可以使用标签来定位和跟踪新生婴儿的所有活动。人员跟踪系统在精神病院非常有用，医生可以跟踪患者的每一个活动。监狱也是人员跟踪系统的最佳应用场所。密歇根、加利福尼亚和亚利桑那等美国不同州的许多监狱都已经在使用 RFID 跟踪系统来密切关注囚犯了。

文件追踪：大量数据和文档的可用性给文档管理系统带来了很多问题，RFID 文档跟踪系统可以显著减少寻找丢失文件所花费的时间及与丢失文件相关的财务和法律影响。

各行各业都需要对资产进行有效的跟踪和管理，这对任何组织尤其是大型机构都极为重要。资产数据中的缺陷可能会引发诸多问题，例如，在审计、资产定位、所有权确认、不良资产管理及超额订购过程中产生误差或不合规情况。一旦对资产进行 RFID 标识，就可以实时追踪其移动和进行物理验证，并以此为基础构建智能资产管理系统，实现自动化监控、资产调度和故障预警。提高信息的可见性和准确性将进一步提升合规管理水平。此外，各个行业和组织还可以利用 RFID 技术监控和管理各类工具和设备，实现对资源的全程追踪和智能化管理。

3.6.6 其他应用

RFID 技术在所有行业中几乎都是必不可少的，它提供了一种无论是在简单环境还是在复杂环境都可实施的可靠识别系统的有效方法。RFID 的无线技术并不直接依赖于阅读器的视线（LoS）来接收信号，根据频率的不同，这项技术还可以覆盖更大的区域，存储更多的信息，并同时读取多个标签。所有这些功能对于提高不同行业的效率和可靠性都很重要。

1. 自动识别

RFID 技术因其固有的快速读取和难以伪造的特点而被广泛用于个人身份证明文件，比如中国的二代身份证等各类电子证件。目前，很多国家/地区将标签集成到护照中，以存储有关护照持有人的定制信息。此外，通过护照上的标签信息还可以追踪护照持有人的行程轨迹。

RFID 技术可以用在野生动物、畜禽、宠物等的识别管理，动物疾病追踪，畜禽个体化繁育等方面，国际上已有很多成功的案例。

2. 安全

门禁安全：访问控制和安全是RFID技术的常见应用之一。雇主可以为办公环境、制造工厂、医院、机场和商店等场合的每个工作组人员分配不同级别的访问权限。使用现代RFID技术，可以远程实施和监控高度安全的访问控制系统。在未来的门禁安全系统中，也可以应用标签，人员进出时系统自动识别身份，非法进入时报警。一卡多用，比如工作证、通行证、停车证、酒店住宿证甚至旅游护照。使用标签可以高效识别人员，进行安全管理和高效收费，简化出入境手续，提高工作效率，有效保护人员。在安全级别较高的地方，指纹、掌纹或面部特征可以结合其他识别方法存储在标签中。

防伪：伪造问题是全世界都头疼的问题，现在应用的全息防伪等防伪技术仍可以被不法分子伪造。RFID技术在防伪领域的应用有其自身的技术优势，具有成本低、不易伪造等优点。标签本身带有存储器，可以存储与产品相关的数据，方便鉴别真伪。使用RFID技术不需要改变现有的数据管理系统，只需产品标识码就可以完全兼容已使用的数据管理系统。RFID技术具有难以伪造的特点，但如何将其应用于防伪领域，还需要政府和企业的积极推动，可以应用的领域包括：贵重物品（烟、酒、药）的防伪、门票的防伪等。

3. 汽车工业

自动车辆跟踪解决方案（Automatic Vehicle Tracking Solution，AVTS）通过自动读取标签来识别和捕获车辆信息，无须人工干预。自动车辆识别系统（Automatic Vehicle Identification System，AVIS）使以前就像一个黑匣子的车间变成由RFID技术使能的定义明确的射频区，以跟踪连续流水车间内的实时车辆状态。RFID技术（标签、阅读器、天线）的使用可捕获各阶段所花费的时间等重要信息，这有助于纠正流程和资源利用，从而提高效率和客户体验。RFID技术可应用于汽车自动化生产、汽车防盗、汽车定位，并可作为安全钥匙使用，已经有成功的案例。基于RFID的车辆自动识别与防盗技术通过建立采用RFID技术的车号自动识别系统，可以随时了解车辆的运行情况，不仅实现了车辆的自动跟踪管理，有效防止了车辆被盗，还大大降低了发生事故的可能性。还可以使用RFID技术识别车主。

4. 图书馆

在图书馆领域，RFID技术结合微芯片与射频通信，正在逐步取代传统的机电（EM）防盗磁条、射频（RF）防盗标签及条码系统，为图书馆管理带来显著的效率提升。首先，RFID读写器可同时读取多本图书上的标签，并在秒级内完成识别，无需逐一扫描条码，这大幅缩短了借还流程，提升用户体验并减轻工作人员负担。其次，RFID系统不仅能防盗，还能实现全馆图书的定位与追踪，能够融合安全监控与库存盘点系统，实时监测图书状态并及时报警，减少人工操作、提高数据准确性。最后，通过借阅归还自动化和全馆库存盘点，RFID极大提升了库存管理和运营效率，使图书馆、书店和出版社能够有效降低成本、优化资源配置并实现流程数字化与实时监管。

5. 比赛计时

RFID 技术广泛应用于马拉松等计时比赛，当携带有标签的比赛参与者跨越计时地点（起跑线和终点线）时标签被 RFID 阅读器激活，将标签 ID 中的信息传输到比赛计时软件。

3.6.7 双频 RFID 系统的应用

双频 RFID 系统兼顾低频和高频的系统特征，同时具有低频系统的穿透特性和高频系统的远距离特性，扬长避短，所以其应用范围得到了很大的扩展。特别是无源双频 RFID 系统的问世，使得双频 RFID 系统的应用无论是在技术上还是在范围上都提高了一个层次。双频 RFID 系统主要应用在有可导媒介物、远距离识别、多卡识别及高速识别的场合。

供应链管理：具有吸水性的木质托盘、金属集装箱箱体、具有较好可导性的水果（箱）等都属于可导媒介物，超高频 RFID 系统在供应链管理领域的应用受到了很大的制约，而双频 RFID 系统（特别是无源双频 RFID 系统）在该领域的应用则不会受到这类环境的制约。

自由流动人员跟踪与个性化身份认证：人体本身就是导体，将超高频用于身份识别会带来诸多不便，尤其是多标签同时识别的场合。而目前普遍采用的低频门禁系统的识别距离很近，要求被识别者近距离刷卡，给使用者带来了很多限制。无论是低频还是高频门禁系统，都要求被识别者采取相应的动作来确保系统能够准确识别，而双频 RFID 系统则无须被识别者采取任何动作，即可实现多标签无遗漏的准确识别。

动物跟踪与识别：与人员的跟踪和管理一样，双频 RFID 系统在动物识别领域具有非常广泛的应用前景。由于羊、牛、猪、马以及野生动物的不自觉性，更加限制了低频和超高频系统的应用，而双频 RFID 系统是最适用于该领域的无线识别系统。

采矿作业与地下路网管理：在这些领域，包括大地这个最大的可导媒介物制约了其他系统的应用，而双频 RFID 系统则可以穿透土壤完成自动识别的功能。

运动计时：体育竞技的最高原则就是公平、公正，对于运动计时来说，RFID 技术是最值得信赖的技术之一，特别是无源双频 RFID 技术更是运动计时的最佳选择。

第 4 章 传感检测技术

传感检测技术是物联网感知层的基础技术之一。作为构成物联网的基础单元，传感器及其组成的传感器网络在数据采集前端发挥着重要的作用。传感检测技术与现代化生产和科学技术的紧密关联，使传感检测成为了一门十分活跃的技术学科。目前，传感检测技术已经渗透到了科学和国民经济的各个领域，在工农业生产、科学研究及改善人民生活等方面发挥着越来越重要的作用。本章简要介绍传感器的基本概念和一般特性，着重介绍各类传感器的工作原理、作用等。

4.1 传感器基础知识

4.1.1 传感器的定义和组成

传感器的概念源自“感觉（sensor）”一词。人类是通过视觉、嗅觉、听觉、味觉及触觉等感觉来感知外界信息的，但是通过人的眼、鼻、耳、舌、皮肤等感官感知的外界信息非常有限，这就需要电子设备的帮助。于是，人类就发明了能代替或补充人体感官功能的电子仪器——传感器。

传感器又称变换器、探测器或检测器，是获取信息的工具。根据国家标准《传感器通用术语》（GB/T 7665-2005），传感器的定义为：能感受被测量并按照一定的规律转换成可用输出信号的器件或装置。传感器通常由直接响应于被测量的敏感元件和产生可用输出的转换元件及相应的基本转换电路所组成（见图 4.1）。

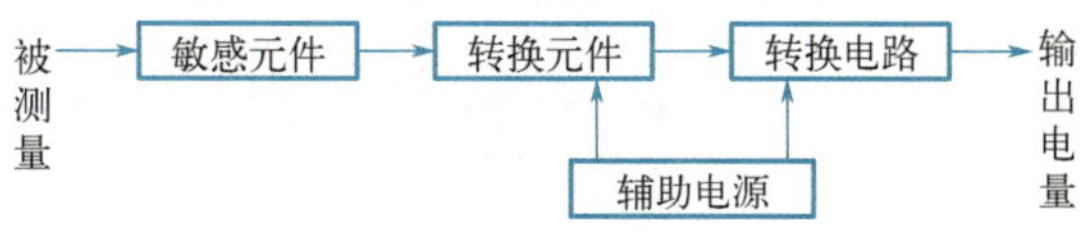

图 4.1 传感器组成框图

（1）敏感元件是感受被测量并输出与被测量成确定关系输出量的元件，如膜片和波纹管，可以把被测压力变换为位移量。应该指出的是，并不是所有的传感器都包括敏感元件，有一部分传感器不需要起预变换作用的敏感元件，如热敏电阻、光敏器件等。

（2）转换元件是将敏感元件输出的非电量（如位移、应变、光强等）转换为电量的元件，如应变计、压电晶体、热电偶等。转换元件是传感器的核心部分，是利用各种物理、化学、生物效应等原理制成的。

（3）转换电路能把转换元件输出的电量转换为便于测量的电量。

传感器的输出信号一般都很微弱，需要有信号调节与转换电路将其放大或变换为容易传输、处理、记录和显示的形式。随着半导体器件与集成技术在传感器中的应用，传感器的信号调节与转换电路可以安装在传感器的壳体里或者与敏感元件一起集成在同一芯片上。因此，信号调节与转换电路及所需辅助电源都应作为传感器的组成部分。

4.1.2 传感器分类

传感器种类繁多，按照不同的划分标准，具有不同的分类方式。若将传感器的功能与人类 5 大感官相比拟，则压敏/温敏/流体传感器、气敏传感器、光敏传感器、声敏传感器和化学传感器可以分别对应触觉、嗅觉、视觉、听觉和味觉。目前采用较多的传感器分类方法有下列几种。

1. 按被测量分类

如表 4.1 所示，按被测量分类，传感器可以分为物理量传感器、化学量传感器和生物量传感器三大类。其中，物理量传感器又可分为温度传感器、压力传感器、位移传感器等。这种分类方法给使用者提供了方便，容易根据被测量来选择所需的传感器。

表 4.1 基于被测量的传感器分类

<table>
<tr><td rowspan="11">按被测量分类</td><td rowspan="7">物理量传感器</td><td>力学量</td><td>压力传感器、测力传感器、力矩传感器、速度传感器、加速度传感器、流量传感器、位移传感器、位置传感器、尺度传感器、密度传感器、黏度传感器、硬度传感器、浊度传感器</td></tr>
<tr><td>热学量</td><td>温度传感器、热流传感器、热导率传感器</td></tr>
<tr><td>光学量</td><td>可见光传感器、红外光传感器、紫外光传感器、照度传感器、色度传感器、图像传感器、亮度传感器</td></tr>
<tr><td>磁学量</td><td>磁场强度传感器、磁通传感器</td></tr>
<tr><td>电学量</td><td>电流传感器、电压传感器、电场强度传感器</td></tr>
<tr><td>声学量</td><td>声压传感器、噪声传感器、超声波传感器、声表面波传感器</td></tr>
<tr><td>射线</td><td>X 射线传感器、β 射线传感器、γ 射线传感器、辐射剂量传感器</td></tr>
<tr><td>化学量传感器</td><td colspan="2">离子传感器、气敏传感器、湿度传感器</td></tr>
<tr><td rowspan="2">生物量传感器</td><td>生物量</td><td>体压传感器、脉搏传感器、心音传感器、体温传感器、血流传感器、呼吸传感器、血容量传感器、体电图传感器</td></tr>
<tr><td>生化量</td><td>酶式传感器、免疫传感器、微生物型传感器、血气传感器、血液电解质传感器</td></tr>
</table>

2. 按基本效应分类

根据传感技术所应用的基本效应（基本原理），可将传感器分为物理型传感器、化学型传感器、生物型传感器三类。

物理型传感器是指依靠传感器的敏感元件材料本身的物理特性来实现信号变换的传感器。例如，水银温度计利用水银的热胀冷缩，把温度变化转换为水银柱的变化，实现温度的测量。

化学型传感器是指依靠传感器的敏感元件材料本身的电化学反应来实现信号变换的传

感器，如气敏传感器、湿度传感器。

生物型传感器是指利用生物活性物质的选择性识别特性来实现测量，即依靠传感器的敏感元件材料本身的生物效应来实现信号变换的传感器，如免疫传感器、酶式传感器。

3. 按工作原理分类

传感器也可按其工作原理命名，如应变式传感器、电容式传感器、电感式传感器、热电式传感器等。这种分类方法便于从原理上认识输入与输出之间的变换关系，有利于传感器从业者从原理与设计上进行归纳性分析和研究。

4. 按能量转换关系分类

根据能量转换关系，传感器可分为能量变换型传感器和能量控制型传感器两类。

能量变换型传感器，又称为发电型或有源型传感器，其输出端的能量是从被测量取出的能量转换而来的。这类传感器包括热电偶传感器、光电池传感器、压电式传感器、固体电解质气敏传感器等。

能量控制型传感器，又称为参量型或无源型传感器，其本身不能进行能量转换，输出的能量必须由外加电源供给，而不是由被测量提供。这类传感器包括电阻式传感器、电感式传感器、电容式传感器、霍尔式传感器、谐振式传感器和某些光电传感器等。

4.1.3　传感器的基本特性

传感器的输入输出关系特性是传感器的基本特性，也是传感器的内部参数作用关系的外部特性表现，不同的传感器内部参数决定了其不同的外部特性。

传感器所测量的被测量一般有两种形式：一种是静态的（稳态或准静态），即信号不随时间的变化而变化或变化很缓慢；另一种是动态的，即信号随时间的变化而变化。由于输入量状态不同，传感器所表现出来的输入输出关系特性也不同，存在静态特性和动态特性。

由于不同的传感器有不同的内部参数，所以它们的静态特性和动态特性也具有不同的特点，对测量结果的影响也各不相同。一个高精度的传感器必须具有良好的静态特性和动态特性，这样传感器的输出量才能不失真地复现输入量的变化。

1. 静态特性

传感器的静态特性是指被测量的值处于稳定状态时输出和输入的关系。只考虑传感器的静态特性时，输入量与输出量之间的关系式中不含时间变量。衡量静态特性的重要指标是线性度、灵敏度、迟滞、重复性、稳定性、分辨力和漂移等。

（1）线性度：传感器的线性度是指传感器的实际输入输出特性曲线偏离理论直线的程度，又称为非线性误差，可用式（4.1）表示。

$$\delta_L = \pm \frac{\Delta L_{\max}}{y_{\mathrm{FS}}} \times 100\% \tag{4.1}$$

其中，δ_L 为线性度；$\Delta L_{\max}$ 为实际输出与理论直线之间的最大偏差值；y_{FS} 为满量程输出值。

（2）灵敏度：传感器的灵敏度是指传感器在稳态下输出量变化值Δy 与输入量变化值Δx

的比值，如式（4.2）所示，常用 S 表示。

$$S = \frac{\Delta y}{\Delta x} \tag{4.2}$$

非线性传感器的灵敏度是一个变量，而对于线性传感器，灵敏度就是其静态特性的斜率，为常数。

（3）迟滞：传感器的迟滞特性是指传感器在正向（输入量增大）行程和反向（输入量减小）行程期间，输入输出特性曲线不重合的程度。迟滞误差 δ_H 一般以正、反向行程中输出量的最大偏差值 $\Delta H_{\max}$ 与满量程输出值 $y_{\rm FS}$ 之比的百分数表示，如式（4.3）所示。

$$\delta_H = \frac{\Delta H_{\max}}{y_{\rm FS}} \times 100\% \tag{4.3}$$

产生迟滞现象的主要原因是传感器的机械部分不可避免地存在着间隙、摩擦及松动等。

（4）重复性：传感器的重复性是指传感器在同一方向做全量程内连续重复测量所得的输入输出特性曲线不一致的程度。多次按相同输入条件测量的输出特性曲线越重合，表明重复性越好，误差越小。产生不一致的原因与产生迟滞现象的原因是相同的。

（5）稳定性：稳定性表示传感器在一段较长的时间内保持其性能参数的能力。理想的情况是：不管什么时候传感器的灵敏度等特性参数都不随时间的推移而发生变化。但实际上，随着时间的推移大多数传感器的特性参数都会发生变化，这是因为敏感元件和构成传感器的部件的特性随时间的推移发生了变化。

（6）分辨力：分辨力是指传感器在规定测量范围内所能检测出的输入量的最小变化值，通常以最小量程的单位值来表示。当输入量的变化值小于分辨力时，传感器对输入量的变化无任何反应。分辨力与满量程输入值之比的百分数称为分辨率。

（7）漂移：漂移是指在一定时间间隔内，传感器的输出量发生的与输入量无关的、不需要的变化，常包括零点漂移和灵敏度漂移。零点漂移或灵敏度漂移又可分为时间漂移和温度漂移，分别简称为时漂和温漂。时漂是指在规定的条件下，零点或灵敏度随时间的变化而发生的缓慢变化；温漂是指由周围温度变化所引起的零点或灵敏度的变化。

2. 动态特性

传感器的动态特性是指其输出量对随时间的变化而变化的输入量的响应特性。一个动态特性好的传感器，其输出量将再现输入量的变化规律，即具有相同的时间函数。实际上，除非具有理想的比例特性，否则输出量将不会与输入量具有相同的时间函数。这种输出量与输入量之间的差异就是所谓的动态误差。

在实际工作中，传感器的动态特性常用它对某些标准输入信号的响应来表示。为了便于比较、评价或动态定标，最常用的输入信号为阶跃信号和正弦信号，因此传感器的动态特性也常用阶跃响应和频率响应来表示。

（1）阶跃响应：当给静止的传感器输入一个单位阶跃信号时，其输出特性称为阶跃响应特性。

（2）频率响应：传感器对输入的正弦信号的响应特性称为频率响应特性。频率响应法是从传感器的频率响应特性出发研究传感器的动态特性的方法。

4.2 传感器的误差及分析

像其他设备一样传感器也会出现误差，传感器设计和制造的过程中产生的误差要控制在规定范围内。为了维持一致性，传感器的误差定义为传感器的实际输出值与理论输出值之差。

传感器的误差有很多种，其中以系统误差最为复杂。系统误差是指在同一测量条件下多次测量时，绝对值和符号保持不变的误差；或者在条件改变时，按特定的规律（如线性、多项式、周期性等函数规律）变化的误差。前者称为恒值系统误差，后者称为变值系统误差。

系统误差主要可以分为仪器误差、方法误差、人员操作误差与环境影响误差等。仪器误差又有以下几种：①由于仪器本身的缺陷而引起的误差，如仪器零点不准、标尺刻度不准、天平臂不等长等；②没有在规定条件下使用造成的误差，如在20℃标定的标准电阻、标准电池在较高或较低的温度下使用等。方法误差就是由于测量方法不当、采用理论公式的近似值、非主要因素的忽略等带来的误差。人员操作误差指由于测量者个人的生理特点造成的习惯性偏向而引起的误差，如启用、停止仪表时因操之过急而导致读数偏小等。环境误差就是由外界环境因素造成的误差，如温度、湿度、气压、振动、电磁场、重力等干扰造成的误差。

系统误差的发现一般比较困难，通常原始数据本身并不能揭示系统误差的存在，故只能通过一些分析途径来发现系统误差。

对于恒值系统误差，一般采用均值与标准差比较的方法，即同一测量值在测量条件不同且测量次数也不同的条件下，进行两组（或多组）测量。设测量次数分别为 n_1 和 n_2，则两组的平均值分别如式（4.4）所示。

$$\begin{aligned}\overline{x}_1 &= \frac{1}{n_1}\sum_{i=1}^{n_1} x_{1,i} \\ \overline{x}_2 &= \frac{1}{n_2}\sum_{i=1}^{n_2} x_{2,i}\end{aligned} \tag{4.4}$$

$\overline{x}_1-\overline{x}_2$ 服从正态分布，我们希望 $\overline{x}_1-\overline{x}_2$ 的值尽可能地接近于零，以期减少系统误差。

对于变值系统误差，可通过对随机误差分布规律假设的检验来揭示其存在性，一般采用观察随机误差的方法。这种方法是根据测量值的随机误差的大小和符号的变化规律，通过误差数据和误差曲线图形来判断有无系统误差，把随机误差按照测量值的先后顺序作图来判断系统误差是线性的、周期性的或者是规律变化复杂的误差，然后采用一定的数学模型加以校正和修改。

造成系统误差的原因有多种，一般情况下可以采用以下几种措施来减小系统误差。

（1）消除系统误差的根源：在测量之前，仔细检查仪表，正确调整和安装；防止外界干扰；选好观测位置消除视差；选择环境条件比较稳定时进行读数等。

（2）实时反馈修正：由于自动化测量技术和计算机的广泛应用，可采用实时反馈修正的方法来消除规律变化复杂的系统误差。

（3）在测量结果中进行修正：对于已知的恒值系统误差，可以用修正值对测量结果进行修正；对于变值系统误差，设法找出误差的变化规律，用修正公式或修正曲线对测量结果进行修正；对未知系统误差，则按随机误差进行处理。

4.3 常用传感器介绍

4.3.1 电阻式、电感式和电容式传感器

1. 电阻式传感器

电阻式传感器的基本原理是将被测量的变化转换为电阻值的变化，再经过相应的转换电路变为电量信号输出。电阻式传感器具有结构简单、性能稳定、灵敏度较高等优点，在几何量和机械量的测量领域中被广泛应用。目前，电阻式传感器已成为生产过程检测及实现生产自动化不可缺少的手段之一。

电阻式传感器的种类繁多，应用广泛，根据其敏感元件的不同，可分为应变式、热敏式、电位器式等。

应变式电阻传感器是基于金属的电阻应变效应工作的。金属丝的电阻值随着它所受的机械形变（拉伸或压缩）的大小而发生相应变化的现象称为金属的电阻应变效应。设金属丝的长度为 L，截面积为 S，电阻率为 ρ，则其未受力时的电阻值 R 如式（4.5）所示。

$$R=\rho\frac{L}{S} \tag{4.5}$$

假设金属丝沿轴向方向受拉力而变形，其长度 L 变化 $\mathrm{d}L$，截面积 S 变化 $\mathrm{d}S$，电阻率 ρ 变化 $\mathrm{d}\rho$，从而引起电阻值 R 变化 $\mathrm{d}R$。将式（4.5）微分，整理可得式（4.6）。

$$\frac{\mathrm{d}R}{R}=\frac{\mathrm{d}\rho}{\rho}+\frac{\mathrm{d}L}{L}-\frac{\mathrm{d}S}{S} \tag{4.6}$$

对于圆形截面，$S=\pi r^2$，所以 $\mathrm{d}S/S=2\mathrm{d}r/r$，其中 r 为圆形截面的半径。$\mathrm{d}L/L=\varepsilon$ 为金属丝轴向相对伸长，即轴向应变；而 $\mathrm{d}r/r$ 则为金属丝径向相对伸长，即径向应变；两者之比即为金属丝材料的泊松系数 μ，负号表示符号相反，有式（4.7）。

$$\frac{\mathrm{d}r}{r}=-\mu\frac{\mathrm{d}L}{L}=-\mu\varepsilon \tag{4.7}$$

将式（4.7）代入式（4.6）并整理得到式（4.8）或式（4.9）。

$$\frac{\mathrm{d}R}{R}=(1+2\mu)\varepsilon+\frac{\mathrm{d}\rho}{\rho} \tag{4.8}$$

$$K_0=\frac{\mathrm{d}R/R}{\varepsilon}=(1+2\mu)+\frac{\mathrm{d}\rho/\rho}{\varepsilon} \tag{4.9}$$

其中，K_0 称为金属丝的灵敏系数，指单位应变所引起的电阻值的相对变化。当 ρ 不变时，

$K_0=1+2\mu$，为金属应变计；当ρ变化时，$K_0=\dfrac{\mathrm{d}\rho/\rho}{\varepsilon}$，为半导体应变计。大量实验表明：在金属丝拉伸比例极限范围内，电阻值的相对变化与其所受的轴向应变是成正比的，即$K_0=1+2\mu$为常数，通常金属丝的K_0为1.7～3.6。

金属应变计分为丝式、箔式和薄膜式三种。各种应变计的基本结构大体相同，图4.2所示为金属丝式应变计。金属箔式应变计，其敏感栅是用栅状金属箔片代替栅状金属丝制成的，目前使用的多为金属箔式应变计。金属薄膜式应变计，采用真空蒸发或真空沉淀等方法在薄的绝缘基片上形成厚度在0.1μm以下的金属电阻材料薄膜敏感栅。金属应变计具有稳定性和温度特性好的优点，缺点就是灵敏系数小。

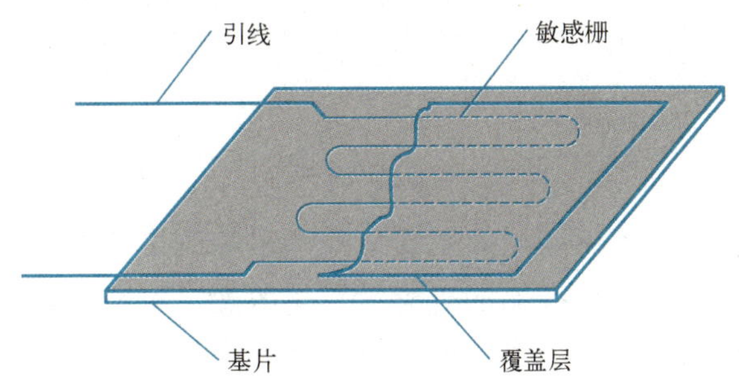

图4.2　金属丝式应变计结构

半导体应变计是使用半导体材料，通过与金属丝式应变计相同的方法制成的。半导体应变计应用较普遍的有体型、薄膜型、扩散型、外延型等，其结构如图4.3所示。半导体应变计的优点是灵敏系数大，体积小，能制成具有一定应变电阻的元件；缺点是温度稳定性和可重复性不如金属应变计。

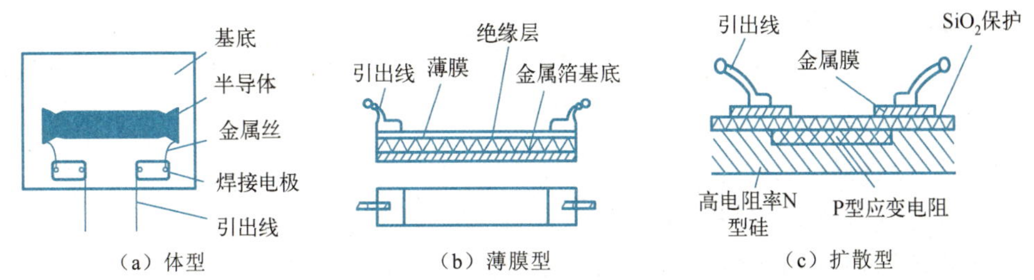

图4.3　半导体应变计结构

金属应变计和半导体应变计，虽然两者的材料、原理和性能差异显著，但两者均通过电阻变化检测应变，所以可以统称为电阻应变计。电阻应变计有两方面的应用：一方面是作为敏感元件，直接用于被测体的应变测量；另一方面是作为转换元件，与弹性元件一起构成传感器，用于对任何能转换成弹性元件应变的其他物理量作间接测量。对用作传感器的电阻应变计有更高的要求：力学性能参数受环境温度影响小，并与弹性元件匹配；尤其非线性误差要小（0.05%～0.1%FS）。

应变式电阻传感器有如下应用特点。

（1）应用和测量范围广：用应变计可制成各种机械量传感器，如测力传感器可测10^{-2}～

10^7N，压力传感器可测 10^3～10^8Pa，加速度传感器可测至 10^3m/s^2。

（2）分辨率和灵敏度高，尤其是半导体应变计，灵敏度可达几十 mV/V；精度较高，一般可达 1%～3%FS，高精度可达 0.01%～0.1%FS。

（3）结构轻巧，对被测体影响小；对复杂环境的适应性强，易于实施对环境干扰的隔离或补偿，可以在高低温、高压、高速、强磁场、核辐射等特殊环境中使用；频率响应好。

（4）商品化、选用和使用都方便，也便于实现远距离、自动化测量。

目前，虽然传感器的种类繁多，但作为高精度的传感器仍以应变式电阻传感器的应用最普遍。应变式电阻传感器被广泛用于机械、冶金、石油、建筑、交通、水利和航空等领域的自动测量与控制或科学实验中，近年来在生物、医学、体育和商业等领域亦得到了开发应用。

2. 电感式传感器

电感式传感器是利用电磁感应原理来实现非电量的测量的，它把被测量转换成线圈的自感或互感系数的变化，从而使线圈的电感量发生改变，再经测量电路转换为电压或电流的变化量进行输出。电感式传感器常用来检测位移、振动、力、加速度、应变、流量等物理量，也是应用较为广泛的一类传感器。

电感式传感器具有以下特点。

（1）结构简单、可靠，对被测体施力小。

（2）灵敏度和分辨率高：能测出 0.1μm 甚至更小的位移变化；传感器的电压灵敏度一般可达每毫米数百毫伏。

（3）重复性好，线性度优良：在几十微米到数百毫米的位移范围内，非线性误差可达 0.05%～0.1%；输出特性的线性度较好，且比较稳定。

（4）能实现远距离传输、记录、显示和控制，但响应频率低，不适合高频动态测量。

电感式传感器的种类很多，根据转换原理的不同，可以分为自感式和互感式两大类。

1）自感式传感器

自感式传感器由线圈、铁芯和衔铁三部分组成，结构如图 4.4 所示。铁芯和衔铁由导磁材料制成，在铁芯和衔铁之间有气隙，厚度为 δ。传感器的运动部分与衔铁相连，当衔铁移动时，气隙厚度 δ 发生改变，引起磁路中磁阻的变化，从而使电感线圈的电感量发生变化，因此只要能测出这种电感量的变化，就能确定衔铁位移量的大小和方向。

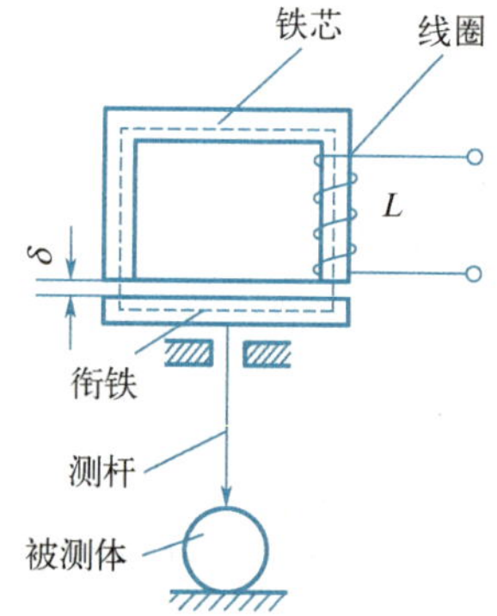

图 4.4 自感式传感器

根据电磁感应定律，线圈的电感量可由式（4.10）确定。

$$L=\frac{N^2}{R_m} \tag{4.10}$$

其中，N 为线圈匝数；L 为线圈电感（简称自感）；R_m 为磁路的总磁阻。

由此可知，要将被测非电量的变化转换为自感的变化，在线圈形状不变的情况下可以通过改变线圈的匝数 N，或者改变磁路磁阻的方法来改变自感系数。要将被测量的变化转化为线圈匝数的变化是很不方便的，实际中极少使用。因此，常用改变磁路磁阻的方法来改变自感系数，这类传感器又称为可变磁阻型自感式传感器。根据结构形式不同，可变磁阻型自感式传感器又分为变气隙厚度传感器、变气隙面积传感器和螺管型传感器。其中，应用最广泛的是变气隙厚度传感器。

变气隙厚度传感器工作时，衔铁与被测体连接，当被测体按照图 4.4 中测杆的箭头方向产生位移时，衔铁与其同步移动，引起磁路中气隙的磁阻变化，从而使线圈的电感量发生变化。因此，只要测出电感量的变化，就能确定衔铁（被测体）位移的大小和方向。变气隙厚度传感器的优点是灵敏度高，缺点是非线性严重、装配困难，只能用于小位移（$<\delta/5$）的测量。

变气隙面积传感器工作时，保持气隙厚度 δ 不变，使气隙导磁面积随被测非电量而变化（衔铁水平方向移动），通过气隙导磁面积的变化来改变线圈的电感量。与变气隙厚度传感器相比，变气隙面积传感器灵敏度较低，欲提高灵敏度必须减小 δ，但同样受到工艺和结构的限制。

螺管型传感器是在螺管线圈中插入一个活动衔铁，通过活动衔铁在线圈中的运动引起磁阻变化，从而使自感 L 发生变化。

2）互感式传感器

互感式传感器利用互感系数 M 的变化来反映被测量的变化。这种传感器实质上是一个输出电压可变的变压器，当变压器初级线圈输入稳定交流电压后，次级线圈便产生感应电压进行输出，该感应电压随被测量的变化而变化。由于变压器的次级线圈常接成差动形式，故互感式传感器又被称为差动变压器式传感器。

差动变压器式传感器的结构形式较多，有变隙式、变面积式和螺管型等，但其工作原理基本一样。在非电量的测量中，以螺管型差动变压器式传感器的应用较为普遍，它可以测量 1～100mm 范围内的机械位移，并具有测量精度高、灵敏度高、结构简单、性能可靠等优点。

螺管型差动变压器式传感器主要由线圈绕组、可移动衔铁和导磁外壳三个部分组成，其结构如图 4.5 所示。线圈绕组包括一个初级线圈和两个反接的次级线圈，当初级线圈输入交流激励电压时，次级线圈将产生感应电动势 E_1 和 E_2。由于两个次级线圈极性反接，因此传感器的输出电压为两者之差，即 $E_{out}=E_1-E_2$。可移动衔铁能改变线圈间的耦合程度，输出电压 E_{out} 的大小随可移动衔铁的位置而变化。若工艺上能保证变压器结构完全对称，则当可移动衔铁处于初始平衡位置时，必然会使两个次级线圈的互感系数 $M_1=M_2$，根据电磁感应原理，则有 $E_1=E_2$，于是 $E_{out}=0$；当可移动衔铁向上移动时，有 $E_1>E_2$，$E_{out}>0$；当可移动衔铁向下移动时，有 $E_1<E_2$，$E_{out}<0$。可移动衔铁的位置往复变化，传感器的输出电压也随之变化。

差动变压器式传感器的应用非常广泛，可以直接用于位移测量，也可以测量与位移有关的任何机械量，如振动、加速度、应变、比重、张力和厚度等。例如，图 4.6 所示的差动变压器式加速度传感器，它由悬臂梁和差动变压器构成。测量时，将悬臂梁底座及差动变压器的线圈骨架固定，将衔铁的 A 端与被测体相连，当被测体带动衔铁以 $\Delta x(t)$ 幅度上下振动时，差动变压器的输出电压也按相同规律变化。

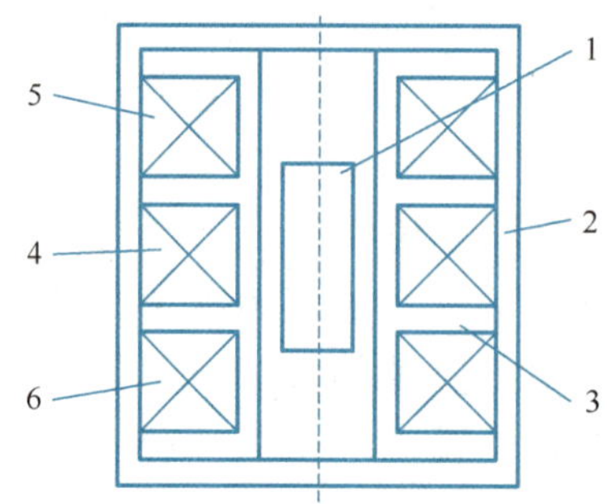

1—可移动衔铁；2—导磁外壳；3—骨架；4—初级线圈；5—次级线圈1；6—次级线圈2。

图 4.5　螺管型差动变压器式传感器的结构

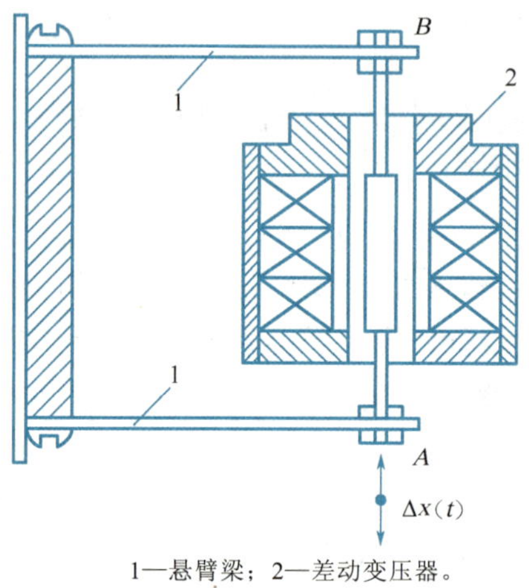

1—悬臂梁；2—差动变压器。

图 4.6　差动变压器式加速度传感器

3. 电容式传感器

电容式传感器是以不同类型的电容器作为传感元件，通过传感元件将被测量（如尺寸、压力等）的变化转换成电容量的变化的一种传感器。电容式传感器具有一系列突出的优点，如结构简单、体积小、适应性强、温度稳定性好、动态响应特性好、可实现非接触测量等。但电容式传感器也存在一定的不足，主要是寄生电容影响较大，变极距型电容式传感器的输出与输入呈非线性关系等。随着材料、工艺、测量电路及集成电路技术的提高，电容式传感器的缺点将不断被克服，使其优点得以充分发挥。

电容式传感器在非电量测量和自动检测中得到了广泛的应用，不但应用于位移、振动、角度、加速度等机械量的精密测量，而且还逐步应用于压力、差压、液面、料面、成分含量等方面的测量。电容式传感器作为频响宽、应用广、非接触测量的一种传感器，是很有发展前途的。

下面以最简单的平行极板电容器为例说明电容式传感器的工作原理。在忽略边缘效应的情况下，平行极板电容器的电容量 C 如式（4.11）所示。

$$C=\frac{\varepsilon_0\varepsilon S}{\delta} \tag{4.11}$$

其中，ε_0 为真空的介电常数，$\varepsilon_0=8.854\times10^{-12}\mathrm{F/m}$；$S$ 为电容器两极板的遮盖面积（$\mathrm{m^2}$）；ε 为极板间介质的相对介电常数，在空气中 $\varepsilon=1$；δ 为两平行极板间的距离（m），简称极距。

式（4.11）表明，当被测量 δ、S 或 ε 发生变化时，都会引起电容量的变化。如果保持其中的两个参数不变，而仅改变另一个参数，就可把该单一参数的变化转换为电容量的变化，再通过相应的测量电路，将电容量的变化转换为电量进行输出。根据这个原理，电容式传感器可分为变极距型、变面积型和变介电常数型三种，其中变极距型电容式传感器和变面积型电容式传感器的应用较广泛。

1）变极距型电容式传感器

变极距型电容式传感器的极板面积和介电常数不变，当电容器两极板在被测体作用下发生位移改变极距时，引起的电容量 C 的变化如式（4.12）所示。

$$\mathrm{d}C=-\frac{\varepsilon_0\varepsilon S}{\delta^2}\mathrm{d}\delta \tag{4.12}$$

由式（4.12）可得传感器的灵敏度 K 如式（4.13）所示。

$$K=\frac{\mathrm{d}C}{\mathrm{d}\delta}=-\frac{\varepsilon_0\varepsilon S}{\delta^2}=-\frac{C}{\delta} \tag{4.13}$$

从式（4.13）可以看出，灵敏度 K 是极距 δ 的函数，极距愈小，灵敏度愈高，一般可通过减小初始极距来提高灵敏度。电容量 C 与极距 δ 呈非线性关系，这将引起非线性误差，为了减小这一误差，通常规定极距的最大变化量应小于初始极距的 1/10。

变极距型电容式传感器适用于微小位移的测量，其典型量程为 0.1μm～500μm，测量精度可达 0.01μm（10 纳米），分辨率可达 0.001μm（1 纳米）。

2）变面积型电容式传感器

变面积型电容式传感器的极距和介电常数不变，通过改变两极板间的覆盖面积使电容量发生变化，常用的有线位移型和角位移型两种，结构如图 4.7 所示。

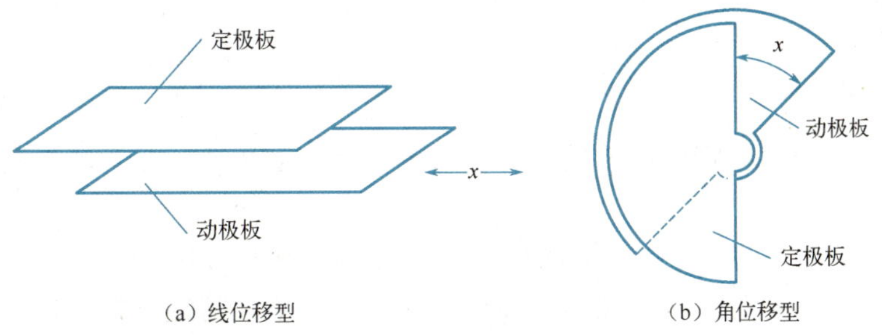

图 4.7　变面积型电容式传感器的结构

变面积型电容式传感器的优点是输出与输入呈线性关系，但与变极距型电容式传感器相比，其灵敏度较低，适用于测量较大的线位移或角位移。线位移型传感器的量程为零点几毫米至数百毫米，线性优于 0.5%，分辨率为 0.01～0.001m。角位移型传感器的量程为 0.1″至几十度，分辨率约为 0.1″，零位稳定性可达角秒级，广泛用于精密测角，如高精度陀螺和摆式加速度计。

3）变介电常数型电容式传感器

变介电常数型电容式传感器大多用于测量介质的厚度（图 4.8（a））、位移（图 4.8（b））、液位（图 4.8（c）），还可根据两极板间介质的介电常数随温度、湿度、容量等的改变而改变的性质来测量介质的温度、湿度、容量（图 4.8（d））等。

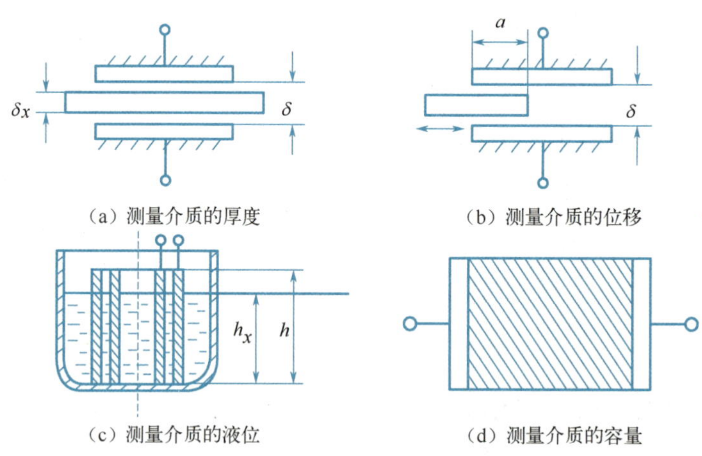

（a）测量介质的厚度　（b）测量介质的位移　（c）测量介质的液位　（d）测量介质的容量

图 4.8　变介电常数型电容式传感器的测量功能

随着电子技术的发展，许多传统电容式传感器的技术难题得以解决，使其在现代测量与控制领域中得到了广泛应用。电容式传感器不仅适用于位移、厚度、角度、振动等物理量的高精度测量，还可用于测量力、差压、流量、成分、液位等多种参数，在自动检测与控制系统中常被用作位置信号输出装置。与电感式传感器相比，电容式传感器具有可测量非金属目标的优势，适用于涂层和油膜厚度，电介质的湿度、容量及厚度等的检测。它还能够对塑料、木材、纸张、液体等电介质材料的相关参数进行非接触式测量，具有良好的适应性和应用前景。

4.3.2　热电式传感器和光电式传感器

1．热电式传感器

热电式传感器是一种将温度的变化转换为电量变化的装置，是实现温度检测和控制的重要器件。

在各种热电式传感器中，把温度的变化转换为电势或电阻变化的方法最为普遍。其中，将温度的变化转换为电势变化的热电式传感器称为热电偶，将温度的变化转换为金属或半导体材料的电阻变化的热电式传感器称为热电阻或热敏电阻。另外，还有利用半导体 PN 结与温度的关系制成的 PN 结型温度传感器，利用热辐射原理制成的辐射高温计等。目前，热电偶和热电阻在工业生产中已得到了广泛应用。

1）热电偶

热电偶是工业上使用最普遍的传感元件之一，具有结构简单，测量精度高，热惯性小，使用方便等优点。热电偶常被用于测量炉子或管道内的气体或液体的温度及固体的表面温度等，在工业生产的自动控制系统中占有重要的地位。

（1）热电偶原理

两种不同导体A和B串接成一闭合回路，如果两结合点出现温差，一端（称为工作端或热端）温度为T，另一端（称为自由端，也称参考端或冷端）温度为T_0，则在回路中就会有电流产生，从而产生电动势，这种现象称为热电效应。两种不同导体组成的回路称为热电偶，其工作原理如图4.9所示，两种导体A和B称为热电极。

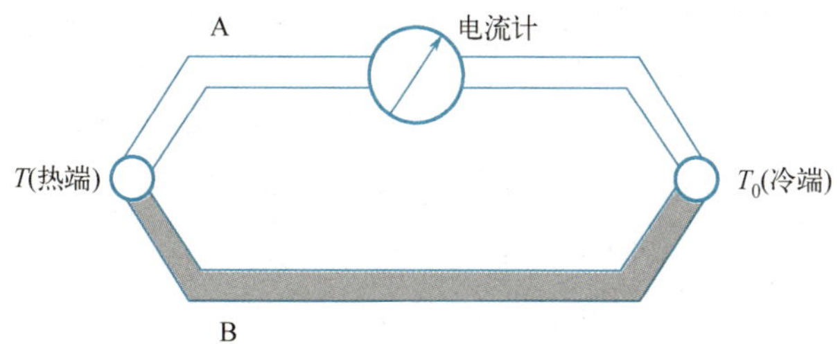

图4.9　热电偶工作原理图

回路中产生的热电动势$E_{AB}(T,T_0)$由两部分组成：一部分是两种导体的接触电动势；另一部分是单一导体的温差电动势。接触电动势是由于两种导体的自由电子浓度不同而在接触点形成的电子扩散，当扩散达到平衡时产生的稳定电动势。接触电动势$E_{AB}(T)$、$E_{AB}(T_0)$的数值取决于两种导体的性质和接触点的温度，与导体的形状和尺寸无关。温差电动势是在单一导体中，由于两端温度不同而使导体内的自由电子从高温端向低温端扩散，当扩散达到平衡时所产生的电动势。温差电动势$E_A(T,T_0)$、$E_B(T,T_0)$的数值是导体两端温度的函数。

综上所述，在导体A和B组成的闭合回路中，如果导体A的自由电子浓度大于导体B的自由电子浓度，且两结合点的温度不相等（$T>T_0$），则在热电偶回路中存在着四个电动势——两个接触电动势和两个温差电动势，所以闭合回路总的热电动势$E_{AB}(T,T_0)$应为接触电动势和温差电动势的代数和，如式（4.14）所示。

$$E_{AB}(T,T_0)=E_{AB}(T)-E_{AB}(T_0)+E_B(T,T_0)-E_A(T,T_0) \tag{4.14}$$

式（4.14）表明，当热电偶回路的冷端温度T_0不变时，热电偶回路总的热电动势$E_{AB}(T,T_0)$只随热端温度T的变化而变化。这样，热电偶回路总的热电动势就可以看作T的函数。

（2）热电偶材料

根据前面所述，似乎任何两种不同的导体都可以组成热电偶，但是在实际应用中，为了应用可靠且具有足够的测量准确度，并不是所有材料都可以用来组成热电偶的。国际上目前得到应用的热电偶材料有300多种，广泛应用的有40～50种。国际电工委员会（IEC）对已被公认为性能较好的七种热电偶制定了统一的标准。在我国被广泛使用的热电偶有以下几种：铂铑 10-铂热电偶、镍铬-镍硅热电偶、钨铼 5-钨铼 20 热电偶。

（3）热电偶结构

工程上实际使用的热电偶大多数是由热电极、绝缘套管、保护套管和接线盒等几部分构成的。

热电极：热电极的直径由材料的价格、机械强度、电导率及热电偶的用途和测量范围决定，贵金属热电极的直径一般为 0.35～0.65mm，普通金属热电极的直径一般为 0.5～3.2mm。热电极的长度由安装条件决定，通常为 350～2000mm，最长可达 3500mm。热电极的工作端牢固地焊接在一起。

绝缘套管：又叫绝缘子，用来防止热电偶的两个电极之间短路。绝缘套管的材料主要根据测温范围和对绝缘性能的要求来选择，常用的有石英、耐火陶瓷等。套管一般做成圆形或椭圆形，中间有孔。

保护套管：用于将热电极与被测介质隔离，防止其受到化学腐蚀或机械损伤。通常，热电极在套上绝缘套管后再装入保护套管中。对保护套管的要求包括：具有良好的耐腐蚀性、抗热冲击性能和足够的机械强度，能够在恶劣环境下长期使用；具备较好的热导率，以提高热电偶对温度变化的响应速度。常用的保护套管材料包括不锈钢、铠装合金、石英、氧化铝等金属或陶瓷类材料，具体选用哪种取决于热电偶类型、测温范围以及被测介质的物理化学特性。

接线盒：供热电偶和测量仪表之间连接用，多采用铝合金制成。接线盒出线孔和接线盒都具有密闭用的垫片和垫圈，以防止灰尘和有害气体进入。

（4）热电偶种类

不同种类的热电偶主要是针对不同的检测对象和应用场合的特征设计的，常见的不同种类的热电偶包括普通热电偶、薄膜热电偶、铠装热电偶、表面热电偶等。普通热电偶主要用于气体、蒸汽、液体等介质的温度检测；薄膜热电偶结构较薄，产品有片状和针状，其特点是热容量小、速度快，可直接贴附于被测体表面，常用于火箭、飞机喷嘴的温度测量；铠装热电偶结构细长、可弯曲，用以测量狭小对象；表面热电偶专门用于各种固体表面的测温。

2）热电阻和热敏电阻

热电阻和热敏电阻是利用金属导体和半导体材料的电阻值随温度变化的特性，对温度和与温度有关的参数进行检测的装置，有金属热电阻传感器和半导体热电阻传感器两类，通常将前者简称为热电阻，后者简称为热敏电阻。

热电阻和热敏电阻的优点是测量准确度高，尤其在低温方面，有较大的测量范围，较易使用在自动测量和远距离测量中。热电阻和热敏电阻常用于–200～850℃的温度检测，少数情况下，低温可至 1K，高温可达 1000℃。

（1）热电阻

热电阻的电阻值随温度 t 变化的特性可由式（4.15）表示。

$$R_t = R_0[1+\alpha(t+t_0)] \tag{4.15}$$

其中，R_t 是温度为 t℃时的电阻值；R_0 是温度为 t_0℃（通常是 0℃）时的电阻值；α 为电阻温度系数（1/℃）。

式（4.15）表明，温度的变化会使金属导体的电阻值也发生相应的变化，因此通过测量该电阻值的大小即可检测温度，且温度和电阻值之间是一一对应的关系，这就是热电阻的测温原理。

作为测量温度用的热电阻材料必须具有以下特点：较高且稳定的电阻温度系数和大的电阻率，以便提高灵敏度和保证测量准确度；良好的输出特性，即电阻值的变化与温度的变化接近线性关系；在使用范围内，其化学、物理性能应保持稳定；良好的工艺性，以便于批量生产，降低成本。根据上述要求，纯金属成为制造热电阻的主要材料。目前广泛应用的热电阻材料有铂、铜、镍、铁等，其中铂和铜应用最广泛，已成为定型的热电阻材料。

铂的物理化学性能十分稳定，并具有良好的工艺性，将铂作为测温元件具有示值稳定、测量准确度高等优点。铂热电阻的测温范围是–200℃～850℃，除作为温度标准外，还广泛用于高准确度的工业测量。目前我国规定工业用铂热电阻有 R_0 =50Ω 和 R_0 =100Ω 两种，它们的分度号分别为 Pt50 和 Pt100，其中以 Pt100 最为常用。铂热电阻不同分度号亦有相应的分度表，这样在实际测量中，只要测得热电阻的电阻值 R_t，便可从分度表中查出对应的温度值。

铜热电阻具有电阻温度系数大、价格便宜、互换性好等优点，但其固有电阻较小，另外铜在 250℃以上易被氧化。铜热电阻的测温范围是–50～180℃。铜热电阻常用于介质温度不高、腐蚀性不强、测温元件体积不受限制的场合。铜热电阻的两种分度号分别为 Cu50（R_0=50Ω）和 Cu100（R_0=100Ω）。

工业用热电阻由电阻体、绝缘套管、保护套管、引线和接线盒等部分组成。电阻体由电阻丝和支架组成，电阻丝采用双线无感绕法绕制在具有一定形状的云母、石英或陶瓷塑料支架上，支架起支撑和绝缘作用。引线通常采用直径为 1mm 的银丝或镀银铜丝，它与接线盒柱相接，以便与外接线路相连测量、显示温度。用热电阻进行测温时，测量电路经常采用电桥电路，而热电阻与检测仪表相隔一段距离，因此引线对测量结果有较大的影响。

（2）热敏电阻

热敏电阻是一种新型的半导体测温元件，其电阻值随温度的变化呈指数变化。热敏电阻广泛应用于家电、汽车、测量仪器等领域。热敏电阻的电阻温度系数大、灵敏度高、结构简单、电阻率高、热惯性小，不需要参考端补偿，适用于动态和远距离的测量与控制。热敏电阻的缺点是电阻值与温度的关系为非线性关系，测温元件的稳定性和互换性较差。

热敏电阻是由两种以上的过渡金属（如锰、钴、铁、镍等复合氧化物）构成的烧结体，根据组成的不同，可以调整它的常温电阻及温度特性。多数热敏电阻具有负温度系数（NTC），即当温度升高时电阻值下降，同时灵敏度也下降。此外，还有正温度系数（PTC）热敏电阻和临界温度系数（CTR）热敏电阻。除高温热敏电阻外，热敏电阻不能用于 350℃以上高温的测量。

热敏电阻由热敏探头、引线、壳体等组成，如图 4.10 所示。

由于热敏电阻具有许多优点，所以应用范围很广。热敏电阻主要用于检测电路中的温度补偿，如偏置线圈温度补偿、仪表温度补偿、热电偶温度补偿、晶体管温度补偿等。热敏电阻作为测温元件使用时，主要用于各种小型的温度检测探头，如点温计。热敏电阻还可用于温度控制、自动增益调整、气体和液体分析、火灾报警、过荷保护等。

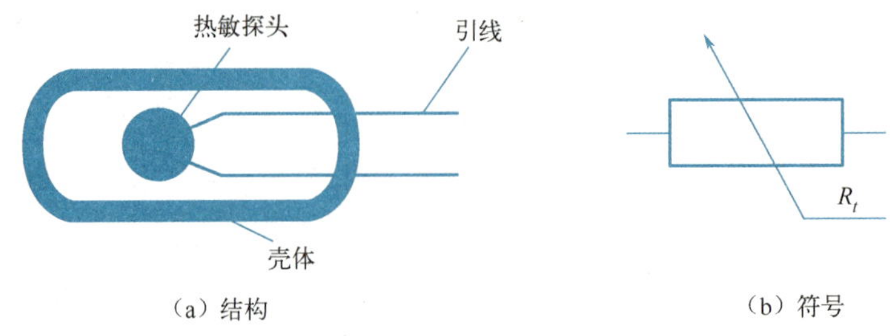

图 4.10　热敏电阻的结构和符号

2. 光电式传感器

光电式传感器是将光信号转换成电信号的光敏器件。它以结构简单、使用方便、响应快速、性能可靠、能进行非接触测量等优点得到了广泛应用。光电式传感器的物理基础是光电效应。

1）光电效应

光电效应是指物体中的电子吸收光子能量而产生相应电效应的物理现象。光电效应通常分为外光电效应和内光电效应两类。

（1）外光电效应

在光线作用下，物体内的电子逸出物体表面向外发射的现象称为外光电效应，向外发射的电子叫作光电子。基于外光电效应的光电器件有光电管、光电倍增管等。

（2）内光电效应

当光线照射在物体上，使物体的电导率发生变化或产生光生电动势的现象称为内光电效应，它多发生于半导体内。根据工作原理的不同，内光电效应又分为光电导效应和光生伏特效应两类。

光电导效应：在光线作用下，电子吸收光子能量从稳定状态过渡到自由状态，从而使物体的导电性能发生改变的现象称为光电导效应，如光敏电阻就是根据光电导效应制成的光电器件。

光生伏特效应：在光线作用下，物体内产生一定方向电动势的现象称为光生伏特效应，如光电池、光敏二极管和光敏三极管就是根据光生伏特效应制成的光电器件。

2）光电器件

光电器件是将光能转换为电能的一种传感器件，它是构成光电式传感器的最主要部件。

（1）光敏电阻

用得最多的光电器件当属光敏电阻。光敏电阻又称光导管，是基于光电导效应工作的，其工作原理如图 4.11 所示。光敏电阻在无光照时，电阻值（暗电阻）比较高，电路中电流（暗电流）很小；当它受到光线照射时，电阻值（亮电阻）急剧减小，电路中电流（亮电流）迅速增大，导电性能明显加强；光照停止后，自由电子与空穴复合，电阻值恢复。

光敏电阻的主要参数有暗电阻、暗电流，与之对应的是亮电阻、亮电流。它们分别是在无光照和有光照条件下所测的数值。一般希望暗电阻越大越好，亮电阻越小越好，此时光敏电阻的灵敏度高。实际上，光敏电阻的暗电阻值一般在兆欧级，亮电阻在几千欧以下。

（2）光敏二极管

光敏二极管的结构与一般二极管相似，都有一个 PN 结，并且都是单向导电的非线性元件。光敏二极管装在透明玻璃外壳中，其 PN 结装在管的顶部，可以直接受到光线照射。光敏二极管是基于光生伏特效应工作的，其工作原理如图 4.12 所示。光敏二极管在电路中一般处于反向工作状态，在无光照时，反向电阻很大，反向电流（暗电流）很小；当它受到光线照射时，PN 结处产生光生电子空穴对，在电场作用下形成与反向电流一致的光电流，并且光照越强光电流越大。

光敏二极管具有响应速度快、频率响应好、灵敏度高、可靠性高等优点，广泛应用于可见光和远红外探测，以及自动控制、自动报警、自动计数等领域和装置。

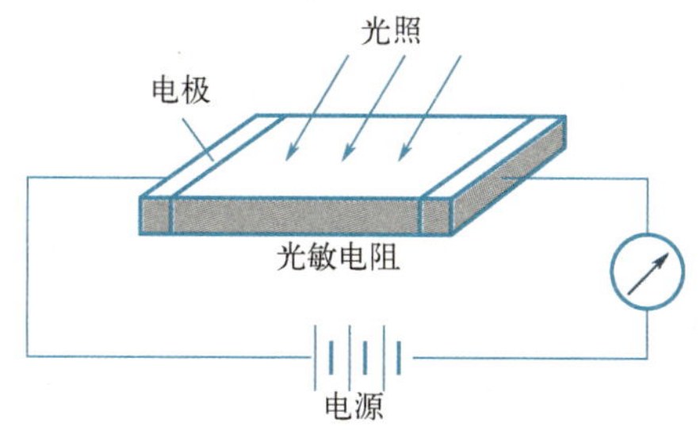

图 4.11　光敏电阻的工作原理

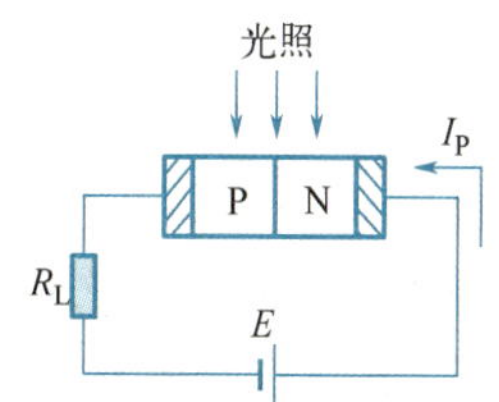

图 4.12　光敏二极管的工作原理

（3）光敏三极管

光敏三极管跟普通三极管的结构相似，区别在于发射极的尺寸做得比较小。在无光照时，无基极电流产生，光敏三极管截止，回路中无光生电流；当基区有光照时，则有基极电流产生，并且回路电流是光生电流的 β 倍。可见光敏三极管在把光信号转换为电信号的同时，还能够放大电流信号，因而比光敏二极管的灵敏度更高。

（4）光电池

光电池是具有一个 PN 结的半导体元件，能够把光能直接转化为电能，其与普通半导体二极管的最大区别是光电池的 PN 结的结面积远大于普通半导体二极管的 PN 结的结面积。光电池的一个重要特性是短路时的电流与光照基本呈线性关系，所以在运用中一般选择负载电阻小的，负载电阻越小，线性度越好。

光电池的种类众多，有硅、硒、锗、砷化镓等，实际当中用得比较多的光电池是硅光电池。硅光电池具有转换效率高、稳定性好、光谱范围广等优点，因而获得了广泛的应用。

（5）光电管

光电管一般分为真空光电管和充气光电管。充气光电管一般充氩气或氩氖混合气体，它们都属于惰性气体且原子量比较小。充气光电管不足的地方在于其灵敏度衰减较快。

光电管由涂有光电材料的阴极 K 和阳极 A 构成，并密封在一只真空玻璃管内。当光线照射到阴极上时，便有电子逸出，这些电子被具有正电位的阳极所吸引，在光电管内形成空间电子流，从而在外电路产生电流。光电管的工作原理如图 4.13 所示。

（6）光电倍增管

光照很弱时，光电管产生的电流很小，为提高灵敏度常常使用光电倍增管。光电倍增管是利用二次电子释放效应，通过高速电子撞击固体表面发出二次电子，将光电流在管内进行放大。

光电倍增管的阴极和阳极之间被加了许多倍增极（结构如图 4.14 所示），每对倍增极间有 100～200V 的高压，因此在阳极和阴极之间加有几百到上千伏的高压，电流增益在 10^5 数量级。同时，外加电压的变化会引起光电倍增管增益的变化，因此对供给光电倍增管的工作电源的电压要求较高，必须有极好的稳定性。

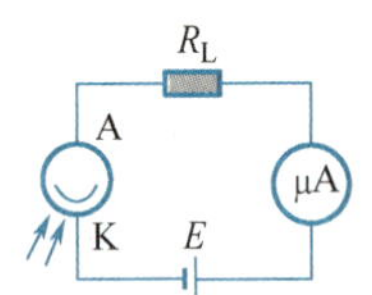

图 4.13　光电管的工作原理

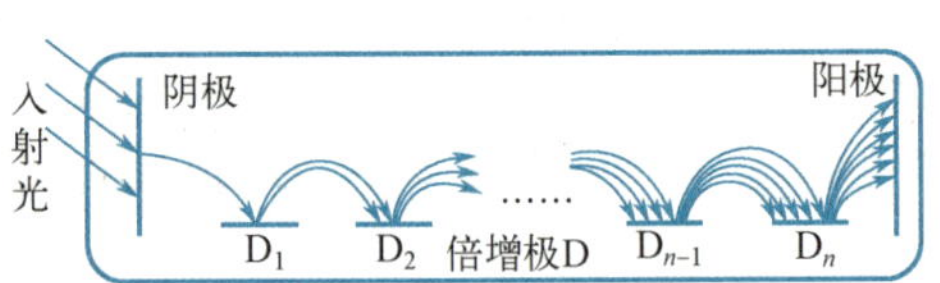

图 4.14　光电倍增管的结构

（7）光电耦合器件

光电耦合器件是将发光元件和光电接收元件封装为一体，以光作为媒介传递信号的电-光-电转换器件。根据结构和用途的不同，光电耦合器件又可分为用于实现电隔离的光电耦合器和用于检测有无物体的光电开关。

光电耦合器是将发光二极管和光敏晶体管封装在同一个管壳内组成的，在输入端加上电信号后，发光元件发光，受到光线照射的光电接收元件输出光电流，以实现电信号的传递与耦合，进而实现了输入电路和输出电路的电气隔离。光电耦合器实际上是一个电隔离转换器，它具有抗干扰性能和单向信号传输功能，广泛应用在电路隔离、电平转换、噪声抑制、无触点开关及固态继电器等场合。

光电开关是一种利用感光元件接收变化的入射光并进行光电转换，同时加以某种形式的放大和控制，从而获得最终的控制输出“开”“关”信号的器件。光电开关的特点是小型、高速、非接触，而且与 TTL、MOS 等电路容易结合。光电开关用作光控制和光探测装置，被广泛应用于工业控制、自动化包装线及安全领域，也可在自控系统中用作物体检测、产品计数、料位检测、尺寸控制、安全报警装置等。

3）光电式传感器的应用

光电式传感器可用于测量多种非电量，根据光通量对光电元件的作用原理不同制成的光学装置多种多样，按其输出量的性质可分为模拟光电式传感器和数字光电式传感器两大类。

模拟光电式传感器把被测量转换为与之成单值对应关系的连续变化的光电流，它的形式有吸收式、反射式、遮光式和辐射式。

数字光电式传感器把被测量转换为断续变化的光电流，系统输出为“开”“关”的电信号，常用器件包括光电开关、光电继电器等。这类传感器大多用在光电继电器式的检测装置中，如电子计算机的光电输入机及转速表的光电传感器等。

4.3.3 压电式传感器和磁电式传感器

1. 压电式传感器

压电式传感器是一种可逆型的有源传感器，是基于某些物质的压电效应工作的，在外力作用下，这些物质的表面会产生电荷，从而实现非电量到电量的转换。因此，压电式传感器是力敏元件，它能测量那些最终能变换为力的物理量，如压力、应力、加速度等。

压电式传感器具有体积小、质量轻、频带宽、信噪比高、灵敏度高等优点。近年来，随着电子技术的迅速发展，压电式传感器在声学、医学、力学等领域的应用越来越广泛。

1）压电效应

某些物质，在沿着一定方向受到外力作用时，其内部会产生极化现象，在这种物质的两个表面同时产生符号相反的电荷；当外力去掉后，又重新恢复到不带电的状态，这种现象被称为压电效应。当作用力方向改变时，电荷极性也随之改变；晶体受力所产生的电荷量与外力的大小成正比。这种机械能转化为电能的现象被称为“正压电效应”。反之，在某些物质的极化方向上施加电场时，这些物质在某一方向上将产生机械变形，外电场撤离，变形也随之消失。这种电能转化为机械能的现象被称为“逆压电效应”。因此，利用压电效应的可逆性，可以实现机电能量的相互转换。

具有压电效应的物质被称为压电材料。在自然界中大多数晶体都具有压电效应，但大多数晶体的压电效应都十分微弱。研究发现，石英晶体和钛酸钡等人造压电陶瓷是性能优良的压电材料（或称为压电元件）。

2）压电材料

常见的压电材料可分为两类：压电单晶体和多晶体压电陶瓷。压电单晶体有石英晶体（包括天然石英晶体和人造石英晶体）；多晶体压电陶瓷有钛酸钡压电陶瓷、锆钛酸铅系压电陶瓷和铌镁酸铅压电陶瓷等。它们都具有优良的转换性能和机械性能，有很好的时间稳定性和温度稳定性。

（1）石英晶体

石英晶体是最早被使用的压电材料，至今石英晶体仍是振荡器、谐振器和窄带滤波器等元件中最重要的也是用量最大的压电材料。

天然石英晶体和人工石英晶体都属于单晶体，化学式为 SiO_2，其结构如图 4.15（a）所示，为六角形晶柱，两端为六棱锥。在晶体学中，可以将石英晶体用三根相互垂直的轴表示，如图 4.15（b）所示。其中，纵轴 z 称为光轴，通过六棱线垂直于光轴 z 的 x 轴称为电轴，与 x 轴和 z 轴垂直的 y 轴（垂直于六棱柱体的棱面）称为机械轴。从石英晶体中切下一个平行六面体并使其晶面分别平行于 x 轴、y 轴、z 轴，如图 4.15（c）所示，通常把沿 x 轴方向的作用力产生的压电效应称为“纵向压电效应”；把沿 y 轴方向的作用力产生的压电效应称为“横向压电效应”；在 z 轴方向的作用力不产生压电效应。压电式传感器主要是利用纵向压电效应。

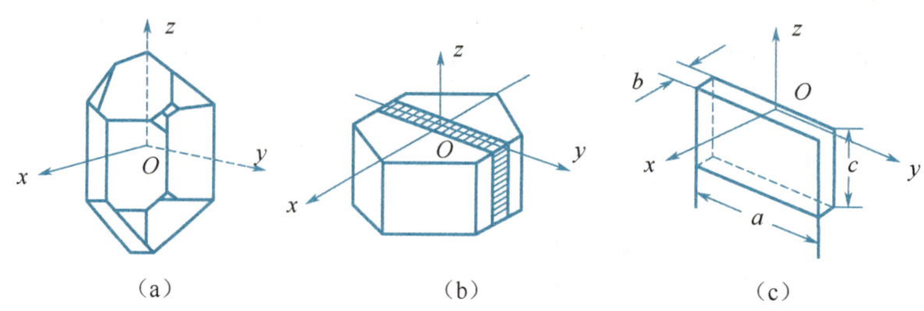

图 4.15　石英晶体结构

由纵向压电效应产生的表面电荷 Q 与外作用力 F 的关系为：

$$Q = d_{11}F \tag{4.16}$$

其中，d_{11} 是纵向压电系数。

压电系数下标中的第一位表示晶体的极化方向，即在垂直于 x 轴（y 轴或 z 轴）的晶体上产生电荷，分别对应 1（2 或 3）；第二位表示晶体的受力方向，用 1 或 2、3 分别表示沿 x 轴或 y 轴、z 轴方向的作用力。由于石英晶体的对称性和它只能在电轴（x 轴）方向上产生电荷，有实际意义的压电系数只有 d_{11} 和 d_{12}，且 $d_{11} = -d_{12}$。

（2）压电陶瓷

压电陶瓷是人工制造的多晶体压电材料，其压电机理与单晶体不同。多晶体压电材料内部的晶粒有许多自发极化的电畴，且有一定的极化方向。无电场作用时，电畴在晶体中杂乱分布，极化互相抵消，呈中性。压电陶瓷极化后才具有压电特性，极化后的压电陶瓷可以当作压电单晶体来处理。

压电陶瓷的压电系数比石英晶体的大得多，用压电陶瓷制作的压电式传感器的灵敏度要比用石英晶体制作的高。另外，压电陶瓷还有制作工艺简单、耐湿、耐高温等优点，因而发展迅速，应用极为广泛。目前，常用的压电陶瓷是钛酸钡（$BaTiO_3$）压电陶瓷和锆钛酸铅系（PZT）压电陶瓷。

钛酸钡是由碳酸钡（$BaCO_3$）和二氧化钛（TiO_2）按 1:1 的分子比例在高温下合成的。钛酸钡压电陶瓷具有很高的介电常数和较大的压电系数（约为石英晶体的 50 倍），其不足之处是居里点温度低（120℃），温度稳定性和机械强度不如石英晶体。

锆钛酸铅是由 $PbTiO_3$ 和 $PbZrO_3$ 组成的固溶体 Pb（Zr、Ti）O_3。与钛酸钡压电陶瓷相比，锆钛酸铅系压电陶瓷的压电系数更大，居里点温度在 300℃以上，各项机电参数受温度影响小，时间稳定性好。此外，还可在锆钛酸铅中添加一种或两种其他微量元素（如铌、锑、锡、锰、钨等），以获得不同性能的锆钛酸铅系压电材料。因此锆钛酸铅系压电陶瓷是目前压电式传感器中应用最广泛的压电材料。

3）压电式传感器的应用

压电式传感器已被广泛应用于工业、军事和民用等领域。压电式传感器可直接用来测量力、压力、加速度、位移等物理量。压电式传感器在轮廓仪上应用时，可以测量工件表面的粗糙度；可以测量发动机里面的燃烧压力；可以测量枪炮子弹在击发那一刻的膛压改变量及炮口所受到的冲击波压力；还可以作为武器弹药中的引信单元引爆战斗部。由于压电式传感器的使用寿命很长、重量较轻、体积较小、结构较简单，因此它所涉及的领域远远不止这些。在对建筑物、桥梁、汽车和飞机等的冲击和振动的测量中，压电式传感器的应用也非常广泛。特别是在宇航和航空领域里，压电式传感器的地位是很特殊的。

2. 磁电式传感器

磁电式传感器是通过磁电作用将被测量（如振动、位移、转速等）转换成电信号的一种传感器。

磁电式传感器也称为电动式传感器，是典型的有源传感器。磁电式传感器把被测量的变化转换为感应电动势，是一种机-电能量变换型传感器。磁电式传感器不需要外接电源，电路简单，性能稳定，输出阻抗小（通常为几十欧至几千欧），对后置电路要求低，干扰小，又具有一定的频率响应范围（一般为 10～1000Hz），适用于机械振动、转速、扭矩等的测量。但这种传感器的尺寸和重量都较大，频率响应低。

1）工作原理

磁电式传感器是利用导体和磁场发生相对运动时会在导体两端输出感应电动势的原理工作的。根据法拉第电磁感应定律，N 匝线圈在磁场中运动切割磁力线或线圈所在磁场的磁通发生变化时，线圈中产生的感应电动势 e 的大小取决于穿过线圈的磁通量 Φ 的变化率，即

$$e=-N\frac{\mathrm{d}\Phi}{\mathrm{d}t} \tag{4.17}$$

磁通变化率与磁场强度、磁路磁阻、线圈的运动速度有关，改变其中任何一个因素，都会改变线圈的感应电动势。因此，按工作原理不同，磁电式传感器可分为恒磁通式和变磁通式。

（1）恒磁通式磁电传感器

恒磁通式磁电传感器由永久磁铁、线圈、弹簧、金属骨架等组成，磁路系统产生恒定的磁场，工作间隙的磁通也恒定不变，感应电动势是由线圈相对永久磁铁运动时切割磁力线而产生的。恒磁通式磁电传感器的运动部件可以是线圈也可以是磁铁，因此从结构上又可分为动圈式和动钢式两种。图 4.16 为恒磁通式磁电传感器的结构示意图，在图 4.16（a）中，永久磁铁与金属骨架固定，线圈相对于金属骨架运动，称为动圈式；在图 4.16（b）中，线圈组件与金属骨架固定，永久磁铁相对于金属骨架运动，称为动钢式。

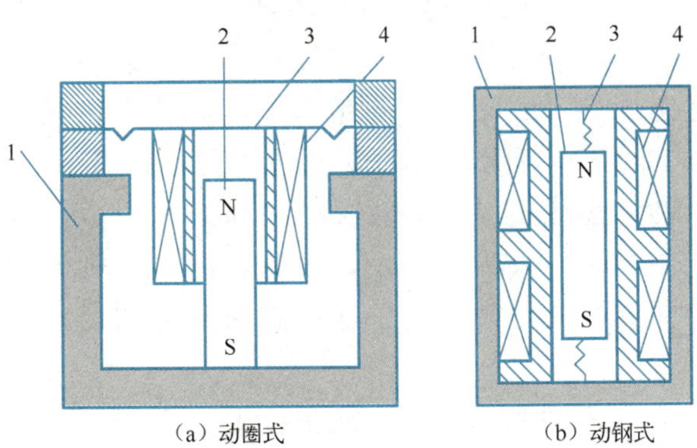

（a）动圈式　　（b）动钢式

1—金属骨架；2—永久磁铁；3—弹簧；4—线圈。

图 4.16　恒磁通式磁电传感器的结构示意图

动圈式和动钢式的工作原理相同，感应电动势大小与磁场强度、线圈匝数及相对运动速度有关。当线圈和磁铁有相对运动时，若以线圈相对磁铁运动的速度 v 或角速度 ω 表示，则所产生的感应电动势 e 为：

$$\begin{cases} e = -NBlv \\ e = -NBS\omega \end{cases} \tag{4.18}$$

其中，l 为每匝线圈的平均长度；B 为线圈所在磁场的磁感应强度；S 为每匝线圈的平均截面积。

在传感器中，当结构参数确定后，B、l、N、S 均为定值，感应电动势 e 与线圈相对磁铁运动的速度（v 或 ω）成正比，所以这类传感器的基本形式是速度传感器，能直接测量线速度或角速度。如果在其测量电路中接入积分电路或微分电路，那么还可以用来测量位移或加速度。由上述工作原理可知，磁电式传感器只适用于动态测量。

（2）变磁通式磁电传感器

变磁通式磁电传感器又称为磁阻式磁电传感器或变气隙式磁电传感器，常用来测量旋转物体的角速度，其结构示意图如图 4.17 所示。线圈和磁铁都静止不动，感应电动势是由变化的磁通产生的。由导磁材料制成的被测体在运动时，如转动被测体引起磁阻变化，使穿过线圈的磁通量发生变化，从而在线圈中产生感应电动势。根据磁路系统的结构不同，变磁通式磁电传感器又可分为开磁路和闭磁路两种。

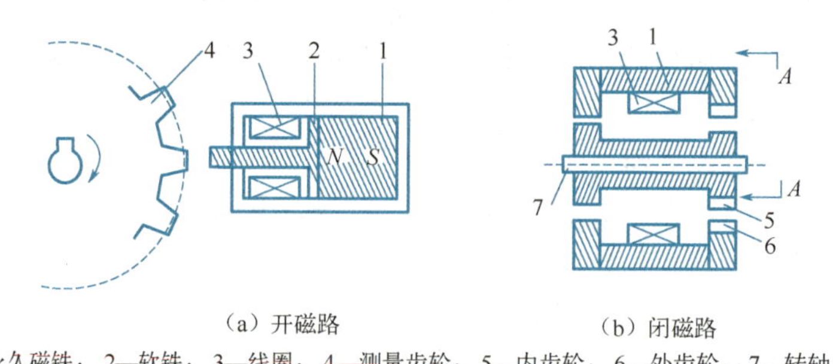

（a）开磁路　　（b）闭磁路

1—永久磁铁；2—软铁；3—线圈；4—测量齿轮；5—内齿轮；6—外齿轮；7—转轴。

图 4.17　变磁通式磁电传感器的结构示意图

图 4.17（a）为开磁路的变磁通式磁电传感器，线圈 3 和永久磁铁 1 静止不动，测量齿轮 4（导磁材料制成）被安装在被测旋转体上，随之一起转动，每转过一个齿，传感器的磁路磁阻变化一次，线圈产生的感应电动势的变化频率等于测量齿轮的齿数和转速的乘积。图 4.17（b）为闭磁路的变磁通式磁电传感器，由装在转轴 7 上的内齿轮 5 和装在外壳上的外齿轮 6、永久磁铁 1 和线圈 3 组成，内外齿轮的齿数相同。当转轴被连接到被测轴上时，外齿轮不动，内齿轮随被测轴转动，内、外齿轮的相对转动使气隙磁阻产生周期性变化，从而引起磁路中磁通的变化，使线圈内产生周期性变化的感应电动势。

变磁通式传感器对环境条件要求不高，能在−150～90℃的温度下工作，温度高低不影响测量精度，也能在油、水雾、灰尘等条件下工作；但它的工作频率下限较高，约为 50Hz，上限可达 100Hz。

2）磁电式传感器的应用

磁电式传感器主要用于振动测量，其中基于磁电转换原理的绝对振动传感器，通过内部惯性系统直接测量振动体的运动，无须依赖外部静止参考点。磁电式传感器因安装便捷、适应性强，成为了工业振动监测（如航空、能源、机械等领域）的核心设备。航空发动机、大型电机、空气压缩机、机床、车辆、轨枕振动台、化工设备、水或气管道、桥梁、高层建筑等的振动监测与研究都可以使用磁电式传感器。

磁电式传感器具有双向转换特性，其逆向功能同样可以利用。如果给速度传感器的线圈输入电量，那么其输出便为机械量。在惯性仪器（陀螺仪与加速度计）中广泛应用的动圈式或动钢式直流力矩器，就是上述速度传感器的逆向应用。直流力矩器在机械结构的动态实验中是非常重要的设备，用以获取机械结构的动态参数，如共振频率、刚度、阻尼、振动部件的振型等。

除上述应用外，磁电式传感器还常用于扭矩、转速等的测量。

4.3.4 霍尔式传感器和超声波传感器

1. 霍尔式传感器

霍尔式传感器属于磁敏传感器，它是利用霍尔元件基于霍尔效应将被测量转换为电动势输出的一种传感器。由于霍尔元件在静止状态下具有感受磁场的独特能力，并且具有结构简单、体积小、噪声小、频率范围宽、动态范围大、使用寿命长等特点，因此霍尔式传感器在自动控制、信息传递、电磁测量、生物医学等领域获得了广泛应用。随着半导体技术的发展，磁敏传感器正向薄膜化，微型化和集成化的方向发展。

1）霍尔效应

将金属或半导体薄片置于磁场中，在薄片左右两端通以控制电流 I，当有电流流过时，在垂直于电流和磁场的方向上将产生电动势 U_H，这种物理现象被称为霍尔效应。

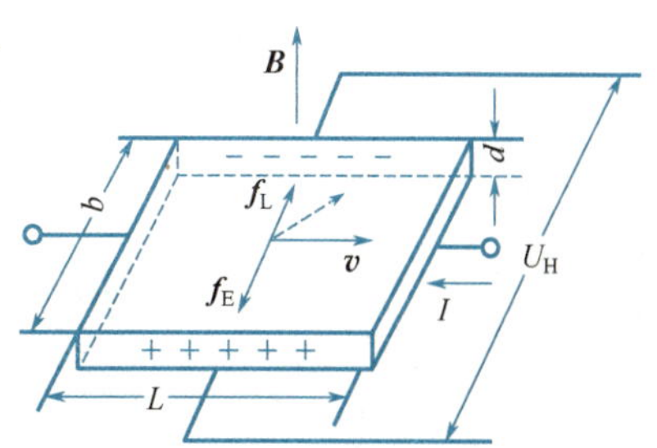

图 4.18 霍尔效应原理图

霍尔效应原理图如图 4.18 所示，假设薄片为 N 型半导体，磁场的磁感应强度为 $\boldsymbol{B}$ 且其方向垂直于薄片，当薄片通以电流 I 时，半导体中的载流子——电子将沿着与电流 I 相反的方向运动。由于外磁场的作用，电子受到洛仑兹力 f_L 的作用向一侧发生偏转，使该侧形成电子积累，而另一侧形成正电荷积累，于是在两侧面之间形成电场；该电场产生的电场力 f_E 阻止电子继续偏转；当 f_E 和 f_L 相等时，电子积累达到动态平衡。这种在半导体两侧面之间建立的电场被称为霍尔电场，相应的电势被称为霍尔电势。霍尔电势 U_H 可用式（4.19）表示。

$$U_H = R_H \frac{IB}{d} = k_H IB \tag{4.19}$$

其中，R_H 为霍尔系数，由材料的物理性质决定；k_H 为霍尔元件的灵敏度系数，表示在单位磁感应强度和单位控制电流的作用下霍尔电势的大小，与材料的物理性质和几何尺寸有关；

d 为薄片厚度。

由式（4.19）可见，半导体薄片的厚度 d 越小，霍尔元件的灵敏度系数 k_H 越大，所以霍尔元件通常做得比较薄，其厚度一般在 1μm 左右。

2）霍尔元件

基于霍尔效应工作的半导体器件称为霍尔元件，霍尔元件多采用 N 型半导体材料。霍尔元件由霍尔片、四根引线和壳体组成，如图 4.19 所示。霍尔片是一块半导体单晶薄片，在它的长度方向两端面上焊有 1、1′两根引线，称为控制电流端引线，通常用红色导线，其焊接处称为控制电极；在它的另两侧端面的中间以点的形式对称地焊有 2、2′两根霍尔输出引线，通常用绿色导线，其焊接处称为霍尔电极。霍尔元件的壳体通常用非导磁金属、陶瓷或环氧树脂封装。目前最常用的霍尔元件材料有锗（Ge）、硅（Si）、锑化铟（InSb）、砷化铟（InAs）等半导体材料。

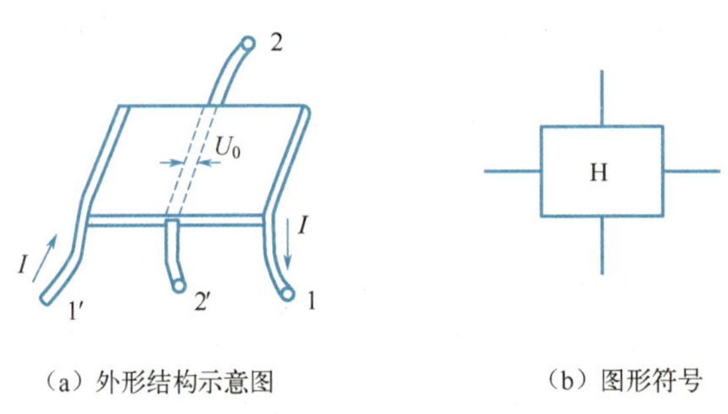

（a）外形结构示意图　　（b）图形符号

图 4.19　霍尔元件

表 4.2 为几种常用霍尔元件的型号及其特性参数。

表 4.2　常用霍尔元件的型号及其特性参数

型号	材料	控制电流/mA	霍尔电压/mV（B=0.1T）	输入电阻/Ω	输出电阻/Ω	灵敏度/(mV/mA·T)	不等位电势/mV	霍尔电压温度系数/(%/℃)
EA218	InAs	100	＞8.5	3	1.5	＞0.35	<0.5	0.1
FA24	InAsP	100	＞13	6.5	2.4	>0.75	<1	0.07
VHG-110	GaAs	5	5 -10	200～800	200～800	30～220	<霍尔电压的 20%	−0.05
AG1	Ge	≤20	＞5	40	30	>2.5	–	−0.02
MF07FZZ	InSb	10	40～290	8～60	8～65	–	±10	−2
MF19FZZ	InSb	10	80～600	8～60	8～65	–	±10	−2
MH07FZZ	InSb	4	80～120	80～400	80～430	–	±10	−0.3
MH19FZZ	InSb	4	150～250	80～400	80～430	–	±10	−0.3
KH-400A	InSb	5	250～550	240～550	50～110	50～1100	10	<−0.3

3）霍尔式传感器的应用

由前述可知，霍尔元件的灵敏度为定值，只需控制 U_H、I、B 三个变量的其中一个就可以通过测量电压、电流、磁感应强度来检测压力、应变、振动、加速度等非电量。

检测磁场是霍尔式传感器最典型的应用之一。将霍尔元件做成各种形式的探头，放在被测磁场中，使磁力线和元件表面垂直，通电后便可输出与被测磁场的磁感应强度成线性正比的电压。常用的霍尔磁场传感器，在 $U_H = k_H IB$ 关系中，通过控制不同的变量形成了不同的应用。

若维持控制电流 I 不变，则元件的输出正比于磁感应强度，这方面的应用有：测量磁场强度的高斯计、测量转速的霍尔转速表、磁性产品计数器、霍尔角编码器及基于微小位移测量原理的霍尔加速度计和微压力计等。

若维持磁感应强度 $\boldsymbol{B}$ 不变，则元件的输出与控制电流成正比，这方面的应用有：测量交流、直流的霍尔电流传感器和霍尔电压传感器等。

若控制电流 I 和磁感应强度 $\boldsymbol{B}$ 都变化，则元件的输出与控制电流和磁感应强度的乘积成正比，这方面的应用有模拟乘法器、霍尔功率计、电能表等。

2. 超声波传感器

频率在 16～2×10^4Hz 之间，能为人耳所闻的机械波称为声波；低于 16Hz 的机械波称为次声波；高于 2×10^4Hz 的机械波称为超声波。

超声波传感器是利用超声波特性研制的传感器，是实现声–电能量转换的装置，又称为超声波换能器或超声波探头。超声波技术是通过超声波的产生、传输及接收的物理过程完成的，是一门以物理、电子、机械及材料学为基础的通用技术。超声波技术在国民经济中的应用，对提高产品质量、保障生产和设备安全运作、降低生产成本、提高生产效率具有潜在能力。因此，我国对超声波技术和超声波传感器的研究十分活跃。

1）超声波传感器的结构原理

按作用原理不同，超声波传感器可分为压电式、磁致伸缩式、电磁式等数种，在实际应用中以压电式最为常用。

压电式超声波传感器主要利用压电材料的压电效应进行工作。其中，超声波发射器利用逆压电效应制成发射元件，将高频电振动转换为机械振动从而产生超声波；超声波接收器利用正压电效应制成接收元件，将超声波机械振动转换为电信号。

压电式超声波传感器主要由压电晶片、吸收块（阻尼）、保护膜、接线片、导电螺杆、金属外壳等组成，其结构示意图如图 4.20 所示。压电晶片多为圆形薄片，两面镀银，超声波频率与晶片厚度成反比。阻尼的作用是吸收声能降低机械品质，避免无阻尼时电脉冲停止后晶片继续振荡，导致脉冲宽度加长从而使分辨力变差。

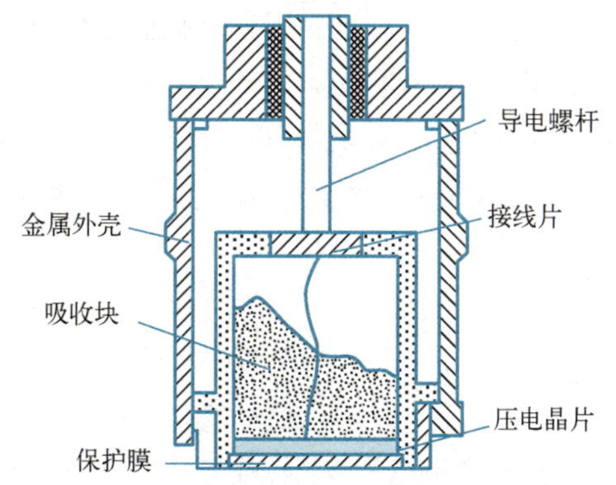

图 4.20　压电式超声波传感器的结构示意图

2）超声波传感器的工作方式

超声波传感器的主要功能是产生超声波信号和接收超声波信号。目前市场销售的简单超声波传感器有专用型和兼用型两种，其工作方式如图 4.21 所示。兼用型超声波传感器将发射（TX）和接收（RX）元件制作在一起，如图 4.21（a）所示，元件可同时完成超声波的发射与接收；专用型超声波传感器的发射和接收元件各自独立，如图 4.21（b）、图 4.21（c）所示。

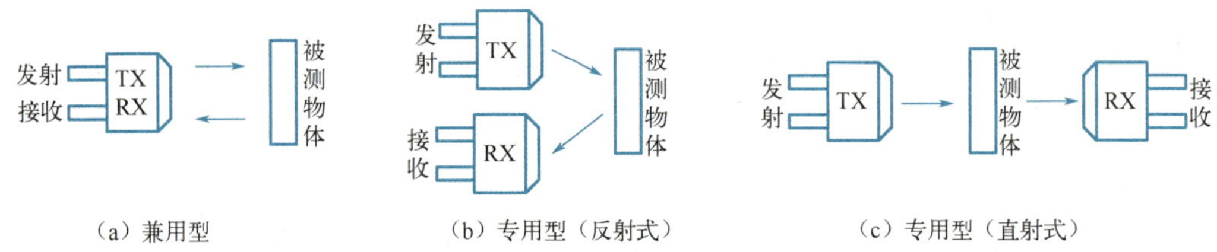

图 4.21　超声波传感器的工作方式

利用超声波传感器进行检测时也有两种方式：反射式和直射式。反射式是将发送的超声波通过被测物体反射后由探头接收，在这种工作方式时发送元件和接收元件被放置在被测物体的同一侧，如图 4.21（a）、图 4.21（b）所示。在直射式工作方式时，发射元件与接收元件被分别置于被测物体的两侧，如图 4.21（c）所示。

3）超声波传感器的应用

超声波传感器是应用最广泛的无损探测器件之一。超声波传感器通常利用进入被检材料的超声波对材料的内部缺陷进行检测；利用超声波进行材料厚度的测量也是常规超声波检测的一个重要方面；另外，超声波传感器也被用于物位测量、液体流量检测及测距等。

（1）超声波测量厚度

在工业应用中，对金属零件、钢管等的厚度在非破坏的情况下进行精确测量是极为重要的。测量厚度的专业仪器有很多，相比之下，超声波测厚仪具有测量精度高、测试仪器轻便、操作安全简单、读数方便和能实现连续自动检测等一系列优点。

（2）超声波物位测量

物位在过程控制中泛指物料表面的相对位置。物位测量是超声波技术应用最成功的领域之一，国内外已将超声波物位传感器广泛应用于料仓或容器内固体或液体的物位测量，输出信号能响应特定的物位或连续指示物位。

超声波物位传感器具有下列特点：无机械可动部分，安装维修方便，使用寿命长；能实现非接触测量，适用于有毒、高黏度及密封容器内的物位测量；能实现安全火化型防爆。

（3）超声波测距

与其他测距方法（雷达测距、红外测距、激光测距）相比，超声波测距具有以下优点：超声波对色彩和光照度不敏感，可用于识别透明或漫反射性差的物体；超声波对外界光线和电磁场不敏感，可在黑暗、有灰尘或烟雾、电磁干扰强等恶劣环境中使用；超声波传感器结构简单、体积小、费用低、技术难度小、信息处理简单可靠、易于小型化

和集成化。

（4）超声波液体流量检测

与经典的流量计相比，超声波流量传感器具有下述特点：超声波流量传感器能制成非接触式，可对不易接触和观察的液体进行检测；超声波流量传感器不受液体物理性质和化学性质的影响，如液体的黏性、导电性、混浊性及腐蚀性等均不妨碍超声波流量传感器的应用；超声波流量传感器的指示读数与所测液体的流量呈线性关系，便于流量的直接读数、记录和累积。

4.3.5 红外传感器和光纤传感器

1. 红外传感器

红外传感器是将红外辐射能转换成电能的光敏器件。红外辐射也称为红外线，是位于可见光中红光以外的人眼看不见的光线。任何物体，只要它的温度高于绝对温度就会辐射红外线，其波长在 0.76～1000μm 之间。红外辐射的物理本质是热辐射，物体温度越高，辐射出的红外能量越强。

红外传感器可用于红外热成像遥感技术、红外搜索（跟踪目标、确定位置）、红外制导、红外无损检测和红外测温等，在科学研究、军事工程和医学方面都有着广泛的应用。

1）红外传感器的构成与类型

红外传感器主要由红外辐射源和红外探测器两部分构成，能产生红外辐射的物体就可视为红外辐射源；红外探测器指能将红外辐射能转换为电能的器件或装置，是红外传感器的核心。红外探测器按探测机理不同可分为热探测器和光子探测器。

（1）热探测器

热探测器利用红外辐射的热释电效应，根据温度的变化测定所吸收的红外辐射能。其优点是响应波段宽、可在常温下工作，缺点是响应时间长。热探测器通常有热电偶型、热敏电阻型、热释电型等，其中热释电型在热探测器中应用最广泛。

某些介质当表面温度发生变化时，会在其表面产生电荷，这种现象称为热释电效应，用具有这种效应的介质制成的元件称为热释电元件。

热释电元件基于材料的热释电效应，首先将红外辐射能转换为材料自身的温度，然后利用材料的温度敏感特性将温度变化转换为电信号，这一过程包括了光-热和热-电的两次能量转换过程，而对波长频率没有选择，这一点与光电器件不同。整个转换过程中，光-热阶段，材料吸收光能，温度升高；热-电阶段，利用某种效应将热能转换为电信号。

（2）光子探测器

光子探测器是利用半导体材料的光子效应进行工作的一种探测器。所谓光子效应是指当有红外线入射到某些半导体材料上时，红外辐射中的光子流与半导体材料中的电子相互作用改变了电子的能量状态，从而引起的各种电学现象。通过测量半导体材料中电子性质的变化，可以知道红外辐射的强弱。

光子探测器主要有内光电探测器和外光电探测器两种，外光电探测器又分为光电导型、光生伏特型和光磁电型三种。

光电导型：利用光敏电阻受光照后引起电阻变化的特性。

光生伏特型：由于光照产生光生电子-空穴对，从而形成光生电动势。

光磁电型：在同时施加电场和磁场的条件下，器件受光照激发产生感应电荷，感应电荷的大小与光照强度成正比。

光子探测器的优点是灵敏度高、响应速度快，缺点是探测波段窄，需要在低温下工作。光子探测器和热探测器的主要区别：光子探测器在吸收红外辐射能后，直接产生电效应；热探测器在吸收红外辐射能后，首先产生温度变化，然后由温度变化再产生电效应，温度变化引起的电效应与材料特性有关。

2）红外传感器的应用

目前，红外传感器普遍用于红外测温、遥控器、红外摄像机、夜视镜等，红外摄像管成像和电荷耦合器件（CCD）成像是目前较为成熟的红外成像技术。另外，工业上的红外无损检测通过测量热流或热量来检测金属或非金属材料的质量和内部缺陷。许多环境下人们不仅需要知道物体表面的平均温度，更需要了解物体的温度分布情况，以便分析研究物体的结构和内部缺陷，红外成像技术就可以将物体的温度分布以图像的形式直观地显示出来。

2. 光纤传感器

光导纤维（Optical Fiber）简称光纤，是 20 世纪后半叶人类的重大发明之一。它与激光器、半导体光电探测器一起构成了新的光电技术。光纤最早用于通信，随着光纤技术的发展，光纤传感器得到了进一步发展。

光纤传感器是光纤和光通信技术的产物，以光作为敏感信息的载体，以光纤作为传递信息的媒介。光纤传感器同时具有光纤和光学测量的一些突出优点：灵敏度高、响应速度快、动态范围大、防电磁干扰、超高电绝缘、耐腐蚀、防燃、防爆、体积小、材料资源丰富和成本低等。因此，光纤传感器的应用领域十分广阔，可用于位移、振动、转动、压力、弯曲、应变、速度、加速度、电流、磁场、湿度、温度、声场、浓度、pH 值等的测量。

1）光纤传感器的构成

光纤是用光透射率较高的电介质（如石英、玻璃、塑料等）制成的，每一根光纤都由一个圆柱形纤芯和包层组成。纤芯位于光纤的中心部位，直径为 5～75μm，光主要在这里进行传输；纤芯外面的包层可以是一层或多层结构，总直径为 100～200μm。纤芯的折射率 n_1 略大于包层的折射率 n_2，它们的相对折射率差用 Δ 表示，$\Delta=1-n_2/n_1$（通常 Δ 为 0.0005～0.14）。

光纤传感器是一种把被测量转换为可测的光信号的装置。它由光源、敏感元件（光纤或非光纤）、光电探测器、信号处理系统及光纤组成。光源发出的光束经光纤引导至敏感元件，这时光的某一性质（如光强、偏振态、频率和相位等）受到被测量的调制，调制后的光经接收光纤耦合到光电探测器，使光信号变为电信号，最后经信号处理系统处理得到所检测的被测量。

光源分为相干光源（各种激光器）和非相干光源（白炽光、发光二极管）。实际应用中，一般要求光源的尺寸小、发光面积大、波长合适、足够亮、稳定性好、噪声小、使用寿命长、安装方便等。

光电探测器包括光敏二极管、光敏三极管、光电倍增管、光电池等。光电探测器在光纤传感器中有着十分重要的地位，它的灵敏度、带宽等参数将直接影响传感器的总体性能。

2）光纤传感器的分类

按照光纤在传感器中的作用，光纤传感器可分为：功能型（或称传感型、探测型）和非功能型（或称传光型、结构型、强度型、混合型）。

（1）功能型光纤传感器

这类传感器利用了光纤本身对外界被测对象具有的敏感能力和检测功能，光纤不仅起到传输光的作用，而且在被测对象的作用下，其光强、相位、偏振态等光学特性得到调制，调制后的光信号携带了被测对象信息。功能型光纤传感器的基本结构如图 4.22（a）所示。

在功能型光纤传感器中，由于光纤本身是敏感元件，因此改变光纤的几何尺寸和材料性质可以改善灵敏度。功能型光纤传感器中的光纤是连续的，结构比较简单，但为了能够灵敏地感受外界因素的变化，往往需要用特种光纤作探头，使得制造比较困难。

（2）非功能型光纤传感器

这类传感器的光纤只是作为传输光的媒介，还需在两根光纤中间或光纤端面放置敏感元件来感受被测对象的变化。非功能型光纤传感器的基本结构如图 4.22（b）和图 4.22（c）所示。

非功能型光纤传感器可以充分利用现有的性能优良的敏感元件来提高灵敏度。为了获得较大的受光量和传输光的功率，这类传感器使用的光纤主要是数值孔径和芯径较大的阶跃型多模光纤。

在非功能型光纤传感器中，也有不需要加敏感元件的情况，如图 4.22（d）所示，光纤直接把被测对象辐射、反射或散射的光信号传输到光电元件。这种光纤传感器也称为探针型光纤传感器，使用单模光纤或多模光纤。典型的例子有光纤激光多普勒速度传感器和光纤辐射温度传感器等。

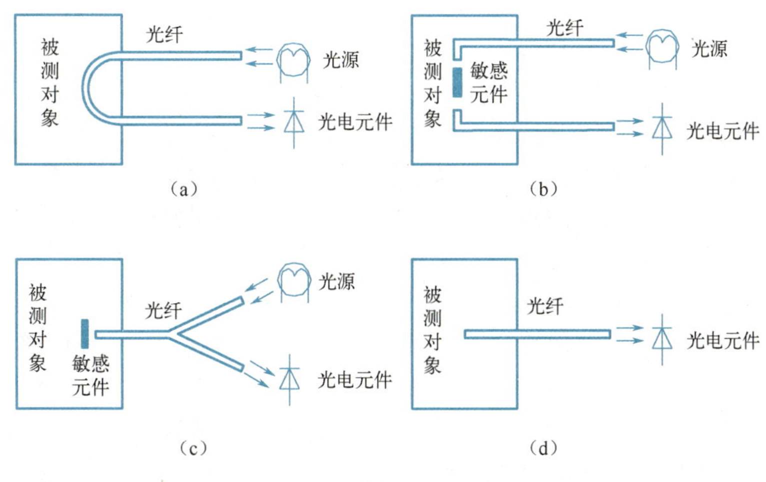

图 4.22　光纤传感器类型

3）光纤传感器的应用

由于光纤传感器具有抗电磁干扰、耐腐蚀、使用安全等显著优点，因此可用来检测一些常规传感器难以检测的非电量，这使得光纤传感器的应用范围十分广泛。

（1）光纤温度传感器

光纤测温是一种新技术，光纤温度传感器是工业中应用最多的光纤传感器之一。光纤温度传感器利用半导体材料的禁带宽度（能量隙）随温度几乎成线性变化这一特性进行温度检测，其敏感元件是一个半导体光吸收器，光纤用来传输信号。当光源的光以恒定强度经光纤到达半导体薄片时，透过薄片的光的强度受温度的调制，调制后的光信号由光纤传输到光敏探测器。当温度升高时，半导体禁带宽度（能量隙）的宽度下降，材料吸收的光的波长向长波移动，使透过半导体薄片的光的强度发生变化。

（2）光纤位移传感器

我们常常将机械量转换成位移来检测，利用光纤位移传感器可以实现对这类机械量的非接触测量。反射式光纤位移传感器的工作原理：光源发出的光信号经一束多股光纤被传输至末端部，并照射在被测对象上；另一束光纤接收反射的光信号，并传输至光敏元件；当被测对象与光纤之间的距离发生变化时，反射到接收光纤上的光通量也发生变化，再通过光敏元件检测出光强的变化，从而实现位移的测量。

（3）分布式光纤传感器

分布式光纤传感器是指能同时测量空间多个点甚至空间连续分布的环境参数的传感器。利用光纤本身特性的功能型光纤可构成性能优良的分布式光纤传感器，特别适用于需要同时监测光纤通过的路径上多处位置的连续变化的物理量的场合，如建筑物、桥梁、水坝、储油罐等大型结构中应力的检测，石油钻井平台、飞机、航天器、电力变压器、发电机组、反应堆等场合应力和温度分布的实时监测等。

4.3.6 气敏传感器和湿敏传感器

1. 气敏传感器

气体检测是保护和改善生态居住环境不可缺少的手段，例如，当生活环境中的一氧化碳浓度达到 0.8～1.15 ml/l 时，人就会出现呼吸急促、脉搏加快，甚至晕厥的情况。另外，对于易燃、易爆气体，酒精等的探测，气敏传感器也发挥着极其重要的作用。

气敏传感器也称为气体传感器，可以识别气体的类别，测定气体的浓度和成分，是用于检测气体中含某种特定气体的成分，并将成分参量转换成电信号的器件或装置，以便提供有关待测气体的存在及其浓度大小的信息。

能实现气-电转换的气敏传感器的种类很多，按构成气敏传感器的材料可分为半导体和非半导体两大类。早期对气体的检测主要采用电化学和光学方法，其检测速度慢、设备复杂、使用不方便。后期研究出的金属氧化物半导体气敏传感器，由于其灵敏度高、体积小、使用方便，已广泛用于检测、分析领域。目前实际应用中使用最多的是半导体气敏传感器。

半导体气敏元件同气体接触时会使半导体性质发生变化，半导体气敏传感器利用该特性检测特定气体的成分及其浓度。研究发现某些金属氧化物半导体材料如 SnO_2、ZnO、Fe_2O_3、MgO、NiO、$BaTiO_3$ 等都具有气敏效应。半导体气敏传感器与其他气敏传感器相比，具有快速、简便、灵敏等优点，因而有着广阔的发展前景。

由于气体种类很多，性质各不相同，所以不可能用同一种气敏传感器测量所有的气体。按半导体的物理特性，气敏传感器可分为电阻型和非电阻型两类。

1）电阻型半导体气敏传感器

电阻型半导体气敏传感器是利用半导体接触气体时其电阻值的改变来检测气体的成分或浓度的。电阻型有表面电阻型，如氧化锡（SnO_2）、氧化锌（ZnO）等，和体电阻型，如氧化铁（Fe_2O_3）等。

电阻型半导体气敏传感器是利用气体在半导体表面的氧化和还原反应导致敏感元件电阻值的变化而制成的。当半导体器件被加热到稳定状态，气体接触半导体表面而被吸附时，被吸附的分子，首先在表面进行自由扩散，失去运动能量；然后，一部分分子被蒸发掉，另一部分残留分子产生热分解而固定在吸附处。当半导体的功函数小于吸附分子的亲和力（气体的吸附和渗透特性）时，吸附分子将从器件夺得电子而变成负离子吸附，半导体表面呈现电荷层。具有负离子吸附倾向的气体被称为氧化型气体或电子接收性气体，例如 O_2。相反，当半导体的功函数大于吸附分子的离解能时，吸附分子将向器件释放出电子而形成正离子吸附。具有正离子吸附倾向的气体有 H_2、CO、碳氢化合物和醇类，它们被称为还原型气体或电子供给性气体。

当氧化型气体吸附到 N 型半导体上，还原型气体吸附到 P 型半导体上时，半导体载流子减少，电阻值增大；当还原型气体吸附到 N 型半导体上，氧化型气体吸附到 P 型半导体上时，半导体载流子增多，电阻值减小。

2）非电阻型半导体气敏传感器

非电阻型半导体气敏传感器根据半导体对气体的吸附和反应，使半导体的某些特性发生变化，从而对气体进行直接或间接检测。非电阻型有 MOS 管型、二极管型（表面电流型，如氢敏传感器）和固体电解质型。

非电阻型气敏传感器是利用二极管的电容-电压变化或MOS管的阈值电压变化等特性制成的气敏传感器。由于这类传感器的制造工艺成熟，便于器件集成化，因而其性能稳定、价格便宜。利用特定材料还可以使气敏传感器对某些气体特别敏感。

半导体气敏传感器由于具有灵敏度高、响应速度快、恢复时间短、使用寿命长和成本低等优点，已广泛应用于工厂、矿山、家庭、宾馆、娱乐场所，可检测易燃、易爆、有毒、有害的各种气体。相关人员已开发研制出各种检测仪器，如气体成分检验仪、气体（瓦斯）报警器等。近年来，气敏传感器在空气净化、家电用品、宇宙探测等方面的应用逐渐增多。目前，由半导体元件组成的气敏传感器主要用于工业天然气、煤气、石油化工等部门的易燃、易爆、有毒、有害气体的检测预报和自动控制。

2. 湿敏传感器

湿敏传感器也称为湿度传感器，能够感受外界湿度变化，是基于湿敏元件发生与湿度变化有关的物理效应或化学反应而制成的，能够将湿度物理量转换成电信号后进行检测。现在，湿敏传感器已广泛应用于工业、农业、国防、科技、生活等各个领域。

早期的湿敏传感器有毛发湿度计、干湿球湿度计等，但这些传感器的响应速度、灵敏度、准确度等指标都不高。随着现代工农业的发展，湿度的检测与控制成为生产和生活中必不可少的手段。例如，在大规模集成电路生产车间，相对湿度低于30%时容易产生静电影响产品质量；仓库、军械库，以及农业育苗、种菜、水果保鲜、食用菌保鲜、室内环境监测、气象监测等，都要对湿度进行检测和控制。

湿敏传感器是指能将湿度转换为与其成一定比例关系的电量输出的装置。湿敏传感器的种类较多，主要根据湿敏元件进行分类。

（1）根据湿敏元件的材料不同，可分为电解质型、半导体陶瓷型和高分子聚合物型三类。电解质型包括无机电解质型和高分子电解质型两类；半导体陶瓷型按其制作工艺可分为烧结体型、厚膜型和薄膜型等；高分子聚合物型包括胀缩性有机物型和高分子聚合物薄膜型两类。

（2）根据湿敏元件的工作原理不同，可分为水分子亲和力型和非水分子亲和力型两类。基于水分子易于附着并渗透入固体表面内的特点制成的湿敏元件称为水分子亲和力型元件，其他的湿敏元件则称为非水分子亲和力型元件。湿敏元件被水分子附着或渗入后，其电阻或介质常数会发生变化，因此水分子亲和力型湿敏元件又分为电阻式和电容式两种。非水分子亲和力型湿敏元件可分为热敏电阻式、红外式、超声波式及微波式等。

下面简单介绍几种常用的湿敏传感器。

1）氯化锂湿敏电阻

氯化锂湿敏电阻是利用吸湿性盐类潮解，离子导电率发生变化而制成的测湿元件。它由引线、基片、感湿层与电极组成，如图 4.23 所示。

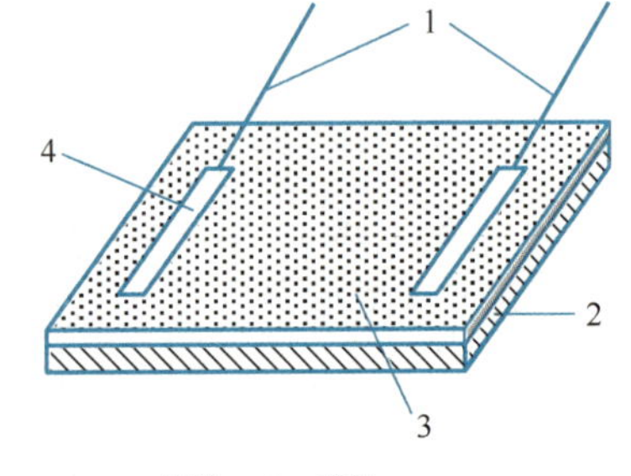

1—引线；2—基片；
3—感湿层；4—电极。

图 4.23 氯化锂湿敏电阻结构示意图

氯化锂湿敏电阻的优点是滞后小，不受测试环境风速影响，检测精度高达±5%；缺点是耐热性差，一旦温度低于露点，其吸湿溶液可能变得饱和或结晶，从而影响测量性能；此外，器件性能重复性不理想，使用寿命短。

2）半导体陶瓷湿敏电阻

通常，半导体陶瓷是用两种以上的金属氧化物半导体材料混合烧结而成的多孔陶瓷。这些材料有 $ZnO\text{-}LiO_2\text{-}V_2O_5$ 系、$Si\text{-}Na_2O\text{-}V_2O_5$ 系、$TiO_2\text{-}MgO\text{-}Cr_2O_3$ 系、Fe_3O_4 等，前三种材料的电阻率随湿度增加而下降，故称为负特性湿敏半导体陶瓷；最后一种材料的电阻率随湿度增加而增大，故称为正特性湿敏半导体陶瓷。

半导体陶瓷湿敏电阻具有以下特点：

（1）测湿范围宽，可实现全湿度范围内的测量。

（2）传感器表面与水蒸气的接触面积大，易于水蒸气的吸收与脱却。

（3）陶瓷烧结体能耐高温，物理、化学性质稳定，常温湿敏传感器的工作温度在 150℃以下，而高温湿敏传感器的工作温度可达 800℃。

（4）抗污染能力强，适合采用加热去污的方法恢复材料的湿敏特性。

（5）可以通过调整烧结体表面晶粒、晶粒界和细微气孔的构造，改善传感器的湿敏特性。

（6）响应时间较短、精度高、工艺简单、成本低廉。

湿敏传感器已被广泛地应用在工业制造、医疗卫生、林业和畜牧业等各个领域，用于生活区的环境条件监控、食品烹调器具和干燥机的控制等。

半导体陶瓷湿敏电阻的有潜力的应用对象是家用空调、微波炉、防水视频录像设备及一些其他家用电器。在种植业的暖房中，最佳的蔬菜生长条件不仅可以缩短植物的生长周期，而且通过湿度的调节可以防止有害病变的发生。在许多工业领域的干燥处理环节，通过控制相对湿度的方法，可以保持最佳的干燥条件，因而可以在这种最佳干燥条件下，确保被干燥产品的质量一致性。

食品味道的改变在很大程度上与其水分含量有关，控制水分含量就能保证食品的质量。在食品制造业中，生产线的全过程都需要对水分含量进行监测。湿敏传感器也同样适用于电子工业，在电子产品的生产工艺过程中必须防止发生静电事故，而静电电荷的数量与湿度有直接关系，因此在电子工业中必须将湿度控制在特定范围内。

4.4 无线传感器网络

本节将介绍传感器网络的概念，它是微电子机械系统（Micro Electro Mechanical System, MEMS）技术、无线通信技术和数字电子学技术的融合。首先，对感测任务和潜在的传感器网络应用进行探讨，并对影响传感器网络设计的因素进行综述；然后，概述传感器网络的通信体系结构，并探讨每一层开发的算法和协议；最后，对传感器网络实现的开放性研究问题进行讨论。

微电子机械系统技术、无线通信技术和数字电子学技术的不断进步使低成本、低功耗、多功能的传感器节点成为可能，这些传感器节点体积小，在短距离内可以不受限制地通信。这些微小的传感器节点由感测、数据处理和通信组件组成，充分利用了基于大量节点协同工作的传感器网络思想。传感器网络由大量的传感器节点组成，代表了对传统传感器的重大改进。

传感器节点的位置不需要设计或预先确定，在难以到达的地形或救灾行动中可以随机部署，这也意味着传感器网络的协议和算法必须具有自组织能力。传感器网络的另一个独特特性是传感器节点之间的协同，传感器节点配有处理器，不是将原始数据发送到负责融合的节点，而是利用它们的处理能力在本地进行简单的计算，只传输所需的和部分处理过的数据。

无线传感器网络（Wireless Sensor Networks，WSN）的应用领域包括医疗、军事和安全等。例如，医生可以远程监控患者的生理数据；传感器网络也可以用来检测空气和水中的特定化学物质；它们还可以帮助识别污染物的类型、浓度和位置。

实现这些和其他的传感器网络应用需要无线自组织（Ad Hoc）联网技术。尽管针对传统的无线自组织网络提出了许多协议和算法，但它们都不能很好地适应传感器网络的独特特性和应用需求。传感器网络和 Ad Hoc 网络之间的区别概述如下：

- 传感器网络中的传感器节点数量可以比自组织网络中的节点数量高几个数量级。
- 传感器节点密集部署。
- 传感器节点容易出现故障。
- 传感器网络的拓扑变化非常频繁。

- 传感器节点主要使用广播通信方式，而大多数自组织网络基于点对点通信。
- 传感器节点在功率、计算能力和内存等方面受到限制。
- 由于传感器数量和开销庞大，传感器节点可能没有全局标识（ID）。

由于大量传感器节点密集部署，相邻节点之间可能非常接近，因此传感器网络中的多跳通信有望比传统网络中的单跳通信消耗更少的功率。此外，保持较低传输功率水平正是隐蔽通信所期望的。多跳通信还可以有效地克服远距离无线通信遇到的一些信号传播效应。

传感器节点最重要的限制之一是低功耗要求，它携带有限的、通常不可替换的电源。因此，传统网络的目标是实现高服务质量（QoS），而传感器网络必须首先关注节能。传感器网络必须具有内置的权衡机制，使最终用户能够选择以更低的吞吐量或更高的传输时延为代价来延长网络生命周期。许多研究人员一直致力于研发满足这些要求的方案。

4.4.1 传感器网络应用

传感器网络可以由许多不同类型的传感器组成，如地震传感器、低采样率磁传感器、热传感器、视觉传感器、红外传感器、声学传感器和雷达传感器，这些传感器能够监测各种各样的环境条件，包括温度、湿度、车辆的运动、压力、土壤组成、噪声水平、某些物体的存在或不存在、附着物体的机械应力水平及当前的特征（如速度、方向和物体的大小）。

传感器节点可用于连续感知、事件检测、事件识别、位置感知和执行器的本地控制。这些节点的微感测和无线连接的概念提供了许多新的应用领域，可以简单地分为军事、环境、健康、家庭和其他商业领域。

1. 军事应用

传感器网络的快速部署、自组织和容错特性使其成为军事指挥、控制、通信、计算、情报、监视、侦察和瞄准（Command, Control, Communications, Computing, Intelligence, Surveillance, Reconnaissance and Targeting, C4ISRT）系统不可缺少的一部分。由于传感器网络是基于一次性和低成本传感器节点的密集部署，敌对行动对一些节点的破坏不会像传统网络的破坏那样影响军事行动，这使得传感器网络成为战场上更好的方法。传感器网络的一些军事应用包括监测友军、装备和弹药，战场监视，侦察敌方部队和地形，目标瞄准，战损评估，以及核、生物和化学（Nuclear, Biological and Chemical，NBC）攻击的探测和侦察。

监测友军、装备和弹药：领导人和指挥官可以通过传感器网络不断地监测战场上友军的状态、装备和弹药的状况和可用性。部队、车辆、设备和关键弹药都可以安装汇报状态的小型传感器，这些报告被收集在汇聚节点并发送给部队领导。数据还可以转发到位于指挥层次的上层，与来自每一级其他单位的数据进行汇总。

战场监视：传感器网络可以迅速覆盖关键地形、进近路线、主要通道和海峡，实时监测敌方部队的活动。随着作战形势的变化和新作战计划的制定，新的传感器网络可以随时部署，以确保战场情报的及时获取和动态更新。

侦察敌方部队和地形：传感器网络部署在关键地形上，在敌方部队拦截它们之前，可以在几分钟内收集有关敌方部队和地形的一些有价值的、详细的和及时的情报。

目标瞄准：传感器网络可以集成到智能弹药的制导系统中。

战损评估：在攻击前或攻击后，可在目标区域部署传感器网络，收集战损评估数据。

NBC 攻击的探测和侦察：在化学和生物战争中，接近“地球表面最接近爆炸的点（ground zero）”对于及时、准确地探测毒剂非常重要。部署在友军地区的传感器网络，用作化学或生物预警系统，可以为友军提供关键的反应时间，从而大幅减少伤亡。在检测到 NBC 攻击后，也可以使用传感器网络进行详细的侦察，例如，我们可以在不让侦察部队暴露于核辐射的情况下进行核侦察。

2. 环境应用

传感器网络的一些环境应用包括鸟类、小动物和昆虫的跟踪，影响作物和牲畜的环境条件的监测，灌溉，精准农业，用于大尺度地球监测和行星探测的宏观仪器，化学/生物检测，海洋、土壤和大气环境中的生物、污染物的监测，森林火灾探测，气象或地球物理研究，洪水探测，环境的生物复杂性测绘，污染研究。

森林火灾探测：由于传感器节点可能是战略性地、随机地、密集地部署在森林中，因此传感器节点可以在火灾蔓延到无法控制之前将准确的火源信息传递给最终用户。使用无线电频率系统或光学系统可以部署和集成数百万个传感器节点。传感器节点将相互协作，执行分布式感测，并能克服阻碍有线传感器视线的障碍物，如树木和岩石等。

洪水探测：一个例子是美国部署的 ALERT 系统，在该系统中部署有降雨、水位和天气传感器，这些传感器以预先定义的方式向集中式数据库系统提供信息。康奈尔大学的 COUGAR 设备数据库项目和罗格斯大学的 DataSpace 项目研究了与传感器领域的传感器节点进行交互的分布式方法，以提供快照和长时间运行的查询。

环境的生物复杂性测绘：环境的生物复杂性测绘需要复杂的方法来整合跨时空尺度的信息。遥感和自动化数据采集技术的进步使空间、光谱和时间分辨率更高，而单位面积的成本则呈几何级数下降。随着这些技术的进步，传感器节点还具备了与互联网连接的能力，这使得远程用户可以控制、监测和观察环境的生物复杂性。

虽然卫星和机载传感器在大尺度生物多样性（如优势植物物种的空间复杂性）观测方面很有用，但它们的粒度不够细，无法观测占生态系统生物多样性大部分的小尺度生物的多样性，因此需要在地面部署无线传感器节点来观察生物复杂性。南加州的詹姆斯保护区（James Reserve）就是一个环境的生物复杂性测绘的例子。

精准农业：其中一些好处是能够实时监测饮用水中的农药水平，土壤侵蚀水平和空气污染水平。

3. 健康应用

传感器网络正在为人类提供一些健康应用接口，包括患者综合监护、诊断、医院的药物管理、昆虫或其他小动物的活动的监测、人体生理数据的远程监控，以及跟踪和监控医院内的医生和患者。

人体生理数据的远程监控：传感器网络采集的生理数据可以长期存储，并可用于医学探索。安装的传感器网络还可以监测老年人的行为，例如摔倒。这些小的传感器节点允许受试者有更大的活动自由，并允许医生更早地识别预先定义的症状；此外，与治疗中心相比，它们有助于提高受试者的生活质量。

医院的药物管理：如果传感器节点可以连接到药物上，则可以通过传感器节点识别患者过敏和所需的药物，最大限度地减少患者获得错误药物的机会，从而减少药物不良事件的发生。

跟踪和监控医院里的医生和患者：每个患者身上都有小而轻的传感器节点，每个传感器节点都有其特定的任务。例如，一个传感器节点可以监测心率，而另一个传感器节点可以监测血压。医生也可以携带一个传感器节点，这样其他医生就可以在医院里方便地找到他们。

4. 家庭应用

家庭自动化：随着技术的进步，智能传感器节点和执行器可以嵌入在家电中，如吸尘器、微波炉、冰箱。家电设备内部的这些传感器节点之间可以交互，也可以通过互联网或卫星与外部网络进行交互，它们允许终端用户更容易地在本地和远程管理家电设备。

智能环境：智能环境的设计可以有两种不同的视角——以人为中心和以技术为中心。以人为中心的智能环境必须在输入输出能力方面适应最终用户的需求；而以技术为中心的智能环境必须开发新的硬件技术、网络解决方案和中间件服务。传感器节点可以嵌入家具和电器中，它们之间可以相互通信，也可以与房间内的服务器通信。客房服务人员还可以与其他客房服务人员通信，了解他们提供的服务，例如打印、扫描和传真。这些房间内的服务器和传感器节点可以与现有的嵌入式设备集成，成为基于控制理论模型的自组织、自我调节和自适应系统。智能环境中的计算和感知必须是可靠的、持久的和透明的。

5. 其他商业应用

传感器网络的一些其他商业应用有材料疲劳监测、虚拟键盘构建、库存管理、产品质量监控、智慧办公空间创建、办公大楼的环境管制、自动化制造环境下的机器人控制与互动玩具引导、互动博物馆、工厂过程控制及自动化、灾区监测、内置传感器节点的智能结构、机器诊断、交通运输、工厂的仪器、执行器的局部控制、汽车盗窃的检测和监控、车辆跟踪与检测，以及半导体加工室、旋转机械、风洞和消声室的仪器仪表。

办公大楼的环境管制：大多数建筑的空调和暖气都是集中控制的，房间里只有一个控制器，而来自中央系统的气流分布不均匀，因此房间内不同部位的温差可能有几度。可以安装分布式无线传感器网络系统来控制房间不同部位的气流和温度。这种分布式技术可以减少能源消耗和碳排放。

互动博物馆：参观者能与博物馆内的展品进行互动，从而获得更多知识。展品能对参观者的触摸和语音指令做出反应。此外，参观者还可以参与实时的交互实验，学习科学原理和环保知识。同时，博物馆内部署的无线传感器网络可为参观者提供实时导航和定位服务，帮助他们更轻松地找到感兴趣的展区和展品。

汽车盗窃的检测和监控：通过部署传感器节点来检测和识别地理区域内的威胁，并通过互联网将这些威胁报告给远程终端用户进行分析。

车辆跟踪与检测：车辆跟踪与检测的一种方法是在集群内局部确定车辆的方位线（Line of Bearing），然后转发给基站；另一种方法是将传感器节点采集的原始数据转发给基站，确定车辆的位置。

库存管理：仓库中的每个物品都可以附加一个传感器节点，用户可以通过这些传感器节点找到物品的确切位置，并统计同一类别的物品数量。如果用户想要加入新的库存，那么用户所需要做的就是将适当的传感器节点附加到新的库存上。用户可以随时跟踪和定位库存。

4.4.2 影响传感器网络设计的因素

传感器网络的设计受多种因素的影响，包括容错性、可伸缩性、生产成本、硬件约束、传感器网络拓扑、工作环境、传播媒介和电力消耗。

1. 容错性

传感器节点可能由于电源不足、物理损坏或环境干扰等原因发生故障或阻塞。部分传感器节点的故障不应该影响传感器网络的整体任务，这就是容错性（或可靠性）问题。容错是指维持传感器网络功能不因传感器节点故障而中断的能力。传感器节点的容错性（或可靠性）$R_k(t)$可以使用泊松分布建模，以捕获在时间间隔（0, t）内没有故障的概率。

$$R_k(t)=\exp(-\lambda_k t) \tag{4.20}$$

其中，λ_k和t分别为传感器节点k的故障率和时间段。

注意，协议和算法可能被设计为处理传感器网络所需的容错级别。如果部署传感器节点的环境干扰很小，那么协议可以更宽松。例如，如果将传感器节点部署在房屋内以跟踪湿度和温度水平，则容错要求可能较低，因为这种传感器网络不易被环境噪声干扰或破坏。如果传感器节点被部署在战场上进行监视和检测，那么容错级别必须很高，因为传感器节点可能被敌对行动破坏。因此，容错级别取决于传感器网络的应用，在制定方案时必须考虑到这一点。

2. 可伸缩性

根据应用的不同，需要部署的传感器节点的数量可能是数百个或数千个，甚至可能达到数百万个的极端值。由于传感器网络的高密度特性，所设计的方案必须能够在这样的节点数量下工作。部署区域的物理范围直径可以小于 10m，其内部署的传感器节点的密度可根据式（4.21）进行计算。

$$\mu(R)=(N\pi R^2)/A \tag{4.21}$$

其中，N为分散在部署区域内的传感器节点数；R为无线电发射距离；A为部署区域的总面积。基本上，$\mu(R)$给出了部署区域内每个节点传输半径内的节点数。另外，一个区域内的节点数也可以用来表示节点密度。

节点密度取决于部署传感器节点的应用：对于机器诊断应用，$5\times5m^2$区域内的节点密度约为 300 个传感器节点；对于车辆跟踪应用，每个区域内的节点密度约为 10 个传感器节点，一般情况下，密度可高达 20 个传感器节点/m^3；对于栖息地监测应用，每个区域的传感器节点数为 25～100 个；当一个人坐在体育场内观看篮球、足球或棒球比赛时，通常会有数百个传感器节点，这些传感器节点会内嵌在眼镜、衣服、鞋子、手表、珠宝和人体中。

3. 生产成本

由于传感器网络由大量传感器节点构成，而且在不同的应用场景中可能还需要集成位置查找系统、移动装置或发电机等辅助设备，因此每个传感器节点的成本成为影响整个网络总成本的重要因素。如果整个网络的部署成本远高于传统的传感器系统，那么采用传感器网络的经济性就会受到质疑。因此，为了构建一个经济高效的传感器网络，每个传感器节点的成本必须保持在低水平。

4. 硬件约束

如图 4.24 所示，传感器节点由 4 个基本部件组成：感测单元、处理单元、收发器和电源。它还可以具有依赖于应用程序的附加组件，例如位置查找系统、发电机和移动器（Mobilizer）。感测单元通常由传感器和模数转换器（ADC）两个子单元组成；传感器根据观察到的现象产生模拟信号，由 ADC 转换成数字信号，再送入处理单元。处理单元的处理器通常与一个小型存储器相关联，管理传感器节点间互相协作以执行分配的感测任务的过程。收发器将传感器节点连接到网络。传感器节点中最重要的组件之一是电源，例如太阳能电池等绿色电源。

大多数传感器网络路由技术和感测任务都需要高精度的位置信息，因此传感器节点通常具有位置查找系统。另外，当需要执行分配的任务时，有时可能需要移动器（Mobilizer）来移动传感器节点。

传感器节点的所有这些组成单元需要能装入一个火柴盒大小的模块里，其尺寸甚至可能小于 $1cm^3$，希望它足够轻，可以悬浮在空气中。除尺寸之外，对传感器节点还有其他一些严格的约束：功耗极低；工作在高体积密度（Volumetric Density）条件下；生产成本低、可有可无；自动操作、无人值守；适应环境等。

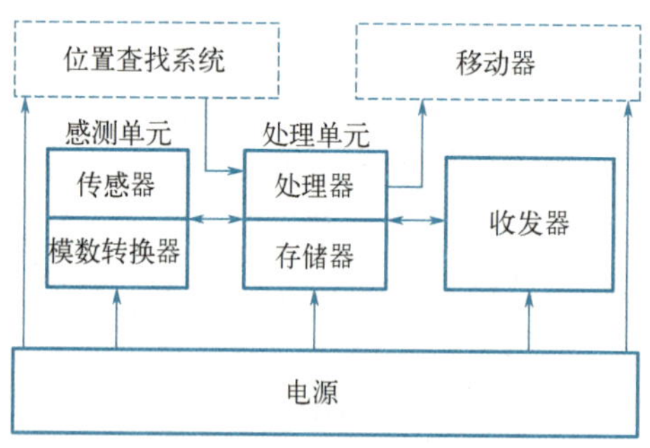

图 4.24　传感器节点的组成

由于传感器节点通常是不可接近的，因此传感器网络的使用寿命取决于节点电源资源的生存期。由于尺寸的限制，电力成了一种稀缺资源，例如，智能微尘（Smart Dust Mote）的总存储能量约为 1 J。对于无线集成网络传感器（Wireless Integrated Network Sensor, WINS），系统的总平均供电电流必须小于 30μA 才能提供较长的使用寿命。WINS 节点由典型的硬币大小的锂（Li）电池（直径 2.5cm，厚度 1cm）供电。另外，也可以通过能量捕获（Energy Scavenging，即从环境中提取能量）来延长传感器网络的使用寿命，太阳能电池就是能量捕获的一个例子。

像智能微尘或射频器件那样，传感器节点的收发器单元可以是无源或有源光学器件。射频通信需要调制、带通、滤波、解调和复用电路，这使得传感器节点更加复杂和昂贵。此外，由于传感器节点的天线离地较近，两个传感器节点之间传输信号的路径损耗可能高达它们之间距离的 4 阶指数。在大多数正在进行的传感器网络研究项目中，射频通信是首选，因为传感器网络中传输的数据包小、数据速率低（通常小于 1Hz），而且通信距离短、频率复用率高。这些特性也使得在传感器网络中使用低占空比的无线电电子器件成为可能。然而，设计高能效和低占空比的无线电电路在技术上仍然具有挑战性。当前的商业无线电技术（如蓝牙中使用的技术）对于传感器网络来说效率还不够高，因为打开和关闭它们需要消耗大量能量。

尽管越来越小的处理器提供了更高的计算能力，但传感器节点的处理单元仍然是稀缺资源。例如，智能微尘原型机的处理单元是一个 4 MHz Atmel AVR 8535 微控制器，带有 8KB 指令闪存、512B RAM 和 512B EEPROM。这个处理器使用 TinyOS 操作系统，有 3500B 的操作系统代码空间和 4500B 的可用代码空间。另一个传感器节点原型（μAMPS 无线传感器节点）的处理单元采用的是 59～206MHz 的 SA-1110 微处理器，它在 μAMPS 无线传感器节点上运行一个多线程 μ-OS 操作系统。

大多数感测任务都需要位置信息。由于传感器节点通常是随机部署的，并且在无人值守的情况下运行，因此它们需要与位置查找系统配合使用。许多传感器网络路由协议也需要位置查找系统。通常假设每个传感器节点具有至少 5m 精度的 GPS（全球定位系统）单元。

5. 传感器网络拓扑

大量不可访问和无人值守的传感器节点容易频繁地发生故障，使拓扑维护成了一项具有挑战性的任务。在小范围内部署数百到数千个传感器节点时，节点密度可能高达 20 个节点/m^3。在传感器节点密集的情况下，需要谨慎地研究与拓扑维护和更改相关的问题。

预部署和部署阶段：传感器节点既可以大量抛出，也可以一个接一个地放置在现场。传感器节点可以通过下述方式进行部署：从飞机上空投，用炮弹、火箭或导弹运送，用弹射器（从船上等）投掷，放置在工厂内，以及由人或机器人一个接一个地放置。尽管传感器节点的数量庞大，而且无人值守的部署通常使它们无法按照精心设计的部署计划进行放置，但初始部署计划必须降低安装成本、满足任何预先组织和计划的需求、增加布置的灵活性、促进自组织和容错。

部署后阶段：拓扑变化是指传感器节点位置、可达性（由于干扰、噪声、移动障碍物等）、可用能量、故障及任务细节的变化。传感器节点可以静态部署，然而由于能量耗尽、被破坏、设备故障是常规或常见的事件，因此部署具有高度移动节点的传感器网络也是可能的。此外，传感器节点和网络可能会成为故意干扰的目标。因此，传感器网络的拓扑结构在部署后容易发生频繁的变化。

重新部署附加节点阶段：额外的传感器节点可以在任何时候重新部署，以取代故障节点或适应任务动态变化。新增传感器节点需要重新组织网络，在具有无数传感器节点和非常严格的功耗限制的自组织网络中应对频繁的拓扑变化需要特殊的路由协议。

6. 工作环境

传感器节点通常被密集地部署在离待观察现象非常近的地方或其内部。它们可能工作在繁忙的十字路口、大型机械的内部、高压的海底、龙卷风中、龙卷风期间的海洋表面、生物或化学污染的领域、残骸或（敌后）战场上、家中或大型建筑物中、大仓库里、动物身体上、快速移动的车辆上、有水流的排水沟或河流中、飞机发动机喷嘴中、北极地区等极端高温或寒冷的环境中，以及有故意干扰等极端嘈杂的环境中。

7. 传播媒介

在多跳传感器网络中，通信节点通过无线介质连接。这些连接可以通过无线电、红外或光介质形成。为了使这些网络能够在全球范围内运行，所选择的传输介质必须在世界范围内可用。

无线电链路的一种选择是使用工业、科学和医疗（ISM）频段，该频段在大多数国家允许免许可证通信。《无线电规则》（第 1 卷）第 5 条中公布的国际频率分配表列出了 ISM 应用可选择的频段，如表 4.3 所示。

表 4.3 ISM 应用可选择的频段

频段	中心频率
6765～6795 kHz	6780 kHz
13553～13567 kHz	13560 kHz
26957～27283 kHz	27120 kHz
40.66～40.70 MHz	40.68 MHz
433.05～434.79 MHz	433.92 MHz
902～928 MHz	915 MHz
2400～2500 MHz	2450 MHz
5725～5875 MHz	5800 MHz
24～24.25 GHz	24.125 GHz
61～61.5 GHz	61.25 GHz
122～123 GHz	122.5 GHz
244～246 GHz	245 GHz

部分 ISM 频段已被广泛应用于无绳电话系统和无线局域网（WLAN）的通信。对于传感器网络而言，需要采用小尺寸、低成本、超低功耗的收发器。由于硬件限制及天线效率与功耗之间的权衡，这类收发器的载波频率通常选在超高频范围内。使用 ISM 频段的主要优势在于它们在大多数国家允许免许可证通信，拥有宽广的频谱分配和全球普遍可用性，而且不受特定标准的约束，从而为传感器网络中节能策略的实施提供了更多灵活性。另一方面，这些频段也面临功率限制和可能对现有应用造成干扰的规则约束，因此在实际部署中需综合考虑这些因素。

传感器网络中另一种可能的节点间通信方式是红外通信。红外通信也是免许可证的，并且不受电子设备的干扰。另外，红外收发器更便宜，也更容易制造。今天的许多笔记本电脑、PDA 和移动电话都提供红外数据传输接口。红外通信的主要缺点是要求发送者和接收者之间有一条视线，这使得红外成为传感器网络场景中不太愿意选择的传输介质。

智能微尘是一种利用光传输介质，实现自主感知、计算和通信的微型系统。该系统有两种主要的光传输方案：一种是采用角立方反射器(Corner Cube Retroreflector, CCR)的被动传输；另一种是采用激光二极管结合可调反射镜实现的主动传输。在使用角立方反射器方案时，智能微尘无须内置光源，而是依赖外部光源进行照射。同时，利用角立方反射器结构可以对回传光信号进行数字调制，实现二进制“0”和“1”的切换。而使用激光二极管方案的主动控制激光通信系统，向目标接收器发送经过精确对准的光束，从而实现高精度的主动数据传输。

传感器网络不同寻常的应用要求使得传输介质的选择更具挑战性。例如，船舶应用可能需要使用水性传输介质，如可以穿透水面的长波辐射；恶劣的地形或战场应用可能会遇到容易出错的信道和更大的干扰。此外，传感器天线可能没有其他无线设备天线的高度和辐射功率。因此，传输介质的选择必须得到鲁棒性强的编码和调制方案的支持，以有效地模拟这些截然不同的信道特性。

8. 电力消耗

无线传感器节点作为微电子器件，只能配备有限的电源，在某些应用场景下可能无法补充电源。因此，传感器节点的使用寿命很大程度上依赖于电池寿命。在多跳自组织传感器网络中，每个节点都扮演着数据发起者和数据路由器的双重角色。少数节点的故障可能导致重大的拓扑变化，并可能需要重新路由数据包和重新组织网络。因此，对于传感器网络，节能和电源管理具有额外的重要性。正是由于这些原因，研究人员大多专注于传感器网络的功率感知协议和算法的设计。

在其他移动和自组织网络中，功耗是一个重要的设计因素，但不是主要考虑因素，重点更多地放在 QoS 提供上，而不是功率效率。原因很简单，因为它的电源资源可以由用户替换。然而，在传感器网络中，功率效率是一个重要的性能指标，直接影响网络的使用寿命。应用专用的协议可以通过适当地权衡其他性能指标（如时延和吞吐量）和功率效率来设计传感器网络。

传感器节点在传感器领域的主要任务是检测事件，进行快速的本地数据处理和传输数据。因此，功耗可以分为三个部分：感测、数据处理和数据通信。

感测功率随应用的性质而变化。零星的感测会比持续的事件监测消耗更少的功率；事件监测的复杂性在决定能量消耗方面起着至关重要的作用；较高的环境噪声水平可能会导致严重的损坏，并增加事件监测的复杂性。

在传感器节点功耗的三个部分中，数据通信的功耗最大。数据通信包括数据发送和接收。对于低辐射功率（0 dBm）的近距离通信，发送和接收的能量成本几乎相同。还要考虑收发电路的启动功耗，混频器、频率合成器、电压控制振荡器、锁相环（PLL）和功率放大器都会在收发电路中消耗宝贵的功率。收发器的启动时间为数百微秒量级，这使得启动功耗不可忽略。高启动时间值可归因于锁相环的锁定时间。随着传输数据包大小的减小，启动功耗开始主导有功功耗。因此，频繁打开和关闭收发器的效率很低，因为每次打开收发器都要花费大量的功率。

在多跳传感器网络中，数据处理对于最小化功耗至关重要。与数据通信相比，数据处理的功耗要少得多。因此，传感器节点必须具有内置的计算能力，并能够与周围环境进行交互，以减少数据通信。成本和尺寸的进一步限制使得降低电源电压成为降低有功功耗的有效手段。处理器的工作电压和频率可以动态地适应瞬时处理要求，动态电压缩放旨在调整处理器电源和工作频率以匹配工作负载。应当注意的是，还可能存在一些用于数据编码和解码的附加电路。在某些情况下也可以使用适用于特定应用的集成电路。在所有这些情况下，传感器网络算法和协议的设计都受到相应的功率支出的影响。

4.4.3 传感器网络通信体系结构

传感器节点通常分散在传感器场中，如图 4.25 所示。这些分散的传感器节点中的每一个都具有收集数据并将数据路由回汇点和最终用户的能力。数据由多跳无基础设施的体系结构通过汇点路由回最终用户。汇点可以通过互联网或卫星与任务处理单元通信。

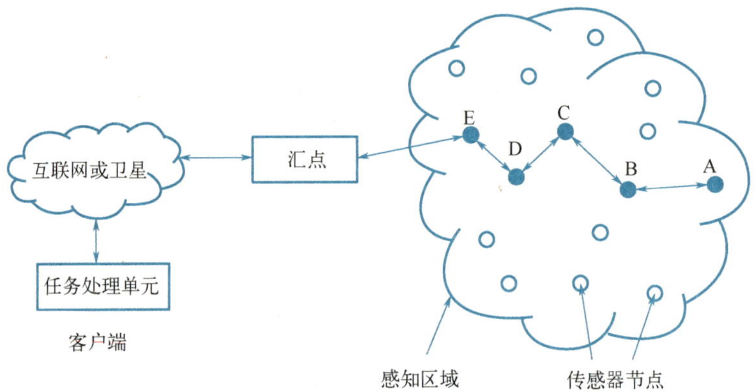

图 4.25 散布在传感器场中的传感器节点

汇点（Sink）和所有传感器节点使用的协议栈如图 4.26 所示。该协议栈组合了功率和路由感知，将数据与网络协议集成，通过无线媒介有效地进行通信，并促进传感器节点间的协作努力。协议栈包括应用层、传输层、网络层、数据链路层、物理层、电源管理平面、移动性管理平面和任务管理平面。根据感测任务的不同，可以在应用层构建和使用不同类型的应用软件。如果传感器网络应用程序需要，传输层也可以帮助维护数据流。网络层负责路由传输层提供的数据。由于环境嘈杂且传感器节点可以移动，因此数据链路层的 MAC（媒体访问控制）协议必须具有功率感知能力，并且能够最大限度地减少与邻居广播的冲突。物理层解决了简单但健壮的调制、传输和接收技术的需要。此外，电源、移动性和任务管理平面监控传感器节点之间的功率、移动和任务分配，这些平面有助于传感器节点协调感测任务，降低整体功耗。

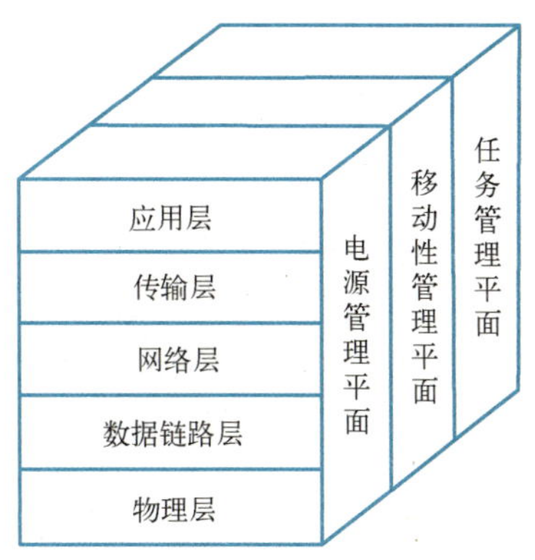

图 4.26 传感器网络协议栈

电源管理平面用于管理传感器节点的电源使用方式。例如，传感器节点可能在接收到来自邻居的消息后关闭接收器，这是为了避免收到重复的消息；此外，当传感器节点的功率水平较低时，传感器节点会向邻居广播其功率较低，无法参与路由消息，剩余的电量仅用于感测。移动性管理平面检测和注册传感器节点的移动，始终保持返回用户的路由，并且传感器节点可以跟踪谁是它们的邻居传感器节点。通过了解相邻的传感器节点，传感器节点可以平衡功率和任务分配。任务管理平面对分配到特定区域的感测任务进行平衡和调度。并非区域内所有传感器节点都需要同时执行感测任务，根据功率水平，一些传感器节点会比其他传感器节点执行更多的任务。这些管理平面是传感器节点之间高效协同工作、在传感器网络中路由数据和实现资源共享所必需的，如果没有它们，每个传感器节点就只能单独工作。从整个传感器网络的角度来看，如果传感器节点之间能够相互协作，则效率更高，可以延长传感器网络的使用寿命。

1．应用层

传感器网络所需的三种可能的应用层协议是传感器管理协议（Sensor Management Protocol, SMP）、任务分配和数据发布协议（Task Assignment and Data Advertisement Protocol, TADAP）和传感器查询和数据传播协议（Sensor Query and Data Dissemination Protocol, SQDDP）。

SMP：传感器网络有许多不同的应用领域，通过互联网等网络访问传感器网络是一些项目的目标之一，系统管理员通过 SMP 与传感器网络交互，SMP 使底层的硬件和软件对传感器网络的管理应用透明。与许多其他网络不同，传感器网络由没有全局 ID 的节点组成，并且它们通常是无基础设施的。因此，SMP 需要使用基于属性的命名和基于位置的寻址来访问节点。

SMP 提供了执行以下管理任务所必需的软件操作：向传感器节点下发与数据聚合、基于属性的命名及节点聚类相关的规则；交换与定位算法相关的数据；实现传感器节点的时间同步、节点移动及开关控制；查询传感器网络配置和节点状态，并支持重新配置；在数据通信过程中完成身份验证、密钥分发及安全保障。

TADAP：传感器网络的另一个重要操作是兴趣传播。一种方法是用户将他们的兴趣发送到传感器节点、节点的子集或整个网络。这种兴趣可能是关于现象的某个属性或触发事件。另一种方法是可用数据的发布，即传感器节点将可用数据发布给用户，用户查询自己感兴趣的数据。应用层协议为用户软件提供了有效的兴趣传播接口，这对于底层操作非常有用。

SQDDP：为用户应用程序提供了发出查询、响应查询和收集回复的接口。注意，这些查询通常不会发送到特定的节点，基于属性或位置命名是首选。例如，“感知温度高于 30℃的节点位置”是一个基于属性的查询；类似地，“区域 A 中的节点读取的温度”是基于位置命名的一个示例。

2. 传输层

当计划通过互联网或其他外部网络访问系统时，尤其需要传输层。TCP 的传输窗口机制确实与传感器网络环境的极端特性（传感器网络中存在的高延迟、多丢包、小带宽、节点能量受限、内存有限、拓扑频繁变化等条件）相匹配。可能需要一种方法，如 TCP 分裂（Splitting），使传感器网络与其他网络（如互联网）交互。在这种方法中，TCP 连接在汇点结束，一种特殊的传输层协议可以处理汇点和传感器节点之间的通信。因此，用户与汇点之间的通信是通过互联网或卫星采用 UDP 或 TCP 进行的；而汇点和传感器节点之间的通信可能使用 UDP 类型的协议，因为每个传感器节点的内存有限。

与 TCP 等协议不同，传感器网络中的端到端通信方案不是基于全局寻址的。这些方案必须考虑使用基于属性的命名来指示数据包的目的地。另外，功耗、可扩展性等因素，以及以数据为中心的路由等特性，使得传感器网络需要在传输层进行不同的处理。以上这些都强调了对新型传输层协议的需求。

3. 网络层

如图 4.25 所示，传感器节点密集地分散在待测对象附近或内部的场中。传感器节点和汇点之间需要特殊的多跳无线路由协议，而自组织路由技术通常不适合传感器网络的要求。传感器网络的网络层通常按照以下原则进行设计：电源效率始终是一个重要的考虑因素；传感器网络大多以数据为中心；数据聚合只有在不妨碍传感器节点的协同工作时才有用；理想的传感器网络具有基于属性的寻址机制和位置感知能力。

可用于选择节能路由的方法有：最大可用功率（Available Power，AP）路由、最小能量（Minimum Energy，ME）路由、最少跳（Minimum Hop，MH）路由和最大最小 AP 节点路由。AP 路由：优先选择总 AP 最大的路由，总 AP 是通过将路径上每个节点的 AP 相加来计算的。ME 路由：优先选择在汇点与传感器节点之间传输数据能量消耗最小的路由。MH 路由：优先选择到达汇点跳数最少的路由。当节点在没有任何功率控制的情况下以相同的功率水平广播时，MH 路由相当于 ME 路由。最大最小 AP 节点路由：优先选择最小 AP 值大于其他路由的最小 AP 值的路由，该方案排除了低 AP 的传感器节点比其他节点更早耗尽的风险。

另外，路由可能是以数据为中心的。在以数据为中心的路由中，通过兴趣分发将感测任务分配给传感器节点。兴趣传播有两种方法：一种是汇点广播兴趣；另一种是传感器节点广播可用数据的通告，并等待感兴趣的汇点的请求。以数据为中心的路由需要基于属性的命名。而对于基于属性的命名，用户更感兴趣的是查询现象的属性，而不是查询单个节点，例如，“温度超过 30℃的地区”比“某个节点读取的温度”更常见。基于属性的命名也使得广播、基于属性的多播、地域群播（Geocasting）和任播（Anycasting）对传感器网络很重要。

数据聚合是一种用于减少以数据为中心的路由中数据内爆（Implosion，指多个节点同时向同一节点发送重复数据，导致网络拥塞和接收节点处理压力迅速膨胀）和数据重叠（Overlap，指当节点感知区域重合时，同一事件会被多个节点重复检测并汇报，形成冗余数据，浪费资源）问题的关键技术。在传感器网络中，通常将网络构建为一棵反向多播树（以汇点为根）。当汇点发出采集请求后，每个传感器节点都会报告周围环境（如温度、湿度等）数据。若多个节点采集到相似的数据，这些数据在路由路径上会逐级汇聚到同一中间节点，由该节点进行聚合处理，将多个相似数据合并为一条摘要信息(如平均值、总和或计数)，再继续向上发送。数据聚合的作用主要体现在两个方面：①减少网络流量，通过在中间节点提前融合相似或冗余的数据，显著降低传输的报文数量，节省网络带宽和节点能耗；②提高数据质量，对原始数据进行处理和汇总后，可以提供更具代表性与意义的结果，便于应用系统进行决策或控制。然而，数据聚合也有潜在风险，例如，中间节点可能忽略关键细节（如节点位置或时间戳），这对于某些实时性或定位敏感的应用来说可能不适用。因此，系统设计需根据具体应用权衡数据精度与节能效果。

网络层的另一个重要功能是提供与外部网络（如其他传感器网络、指挥和控制系统及互联网）的互联。一种情况是汇点可以用作通往其他网络的网关；而另一种情况是将汇点连接在一起创建主干网，并用该主干网通过网关访问其他网络。

4. 数据链路层

数据链路层负责数据流的多路复用、数据帧检测、介质访问和错误控制，它保证了通信网络中可靠的点对点和点对多点连接。

无线多跳自组织传感器网络中的 MAC 协议必须实现两个目标：第一个目标是网络基础设施的创建，由于传感器场中密集分布着数千个传感器节点，因此 MAC 协议必须建立通信链路进行数据传输，这就形成了逐跳无线通信所需的基础设施，并赋予了传感器网络自组织能力；第二个目标是在传感器节点之间公平有效地共享通信资源。传统的 MAC 协议可以根据其资源共享机制进行分类，表 4.4 列出了 MAC 协议分类及各类协议的缺点和应用领域。

表 4.4 MAC 协议分类

类别	资源共享模式	应用领域	缺点
专门分配或固定分配	预先确定的定额分配	适用于连续通信量，并提供有界时延	对于突发的通信量来说效率低下
基于需求	根据需求或用户要求	适用于可变速率和多媒体通信量	预订过程造成的额外开销和时延
随机访问或基于争用	当传输分组可用时的信道争用	适合突发的通信量	对时延敏感的通信量效率不高

现有的 MAC 协议不能使用的原因在于需要新的协议和算法来有效地解决传感器网络独特的资源约束和应用需求。

蜂窝系统中的基站形成有线主干网，移动节点距离最近的基站只有一跳。在这样的系统中，MAC 协议的主要目标是提供高 QoS 和带宽效率，节能只是次要的，因此介质访问总是倾向于专用的资源分配策略。这种接入方案对于传感器网络来说是不切实际的，因为传感器网络没有像基站那样的中央控制代理，使得网络范围内的同步成为一个难题。此外，在传感器网络中，功率效率直接影响网络的使用寿命，因此是最重要的。

蓝牙和移动自组织网络（MANET）可能是最接近传感器网络的对等体。蓝牙是一种无须基础设施的短距离无线系统，旨在用射频链路取代电子终端之间的电缆。在蓝牙网络中，采用星形拓扑结构，1 个主设备最多可与 7 个从设备形成 1 个微微网（Piconet）。在这种微微网中，系统通常采用集中分配的 TDMA（时分多址）调度和跳频技术来管理无线通信，传输功率一般约为 20dBm，传输范围可达数十米。而在 MANET 中，MAC 协议的任务是应对节点移动性、构建和维护动态的网络基础设施，其主要目标是在移动环境下提供高 QoS。MANET 中的节点通常由便携式电池供电，并可由用户替换，因此功耗并非首要考虑因素。

与这两种系统相比，传感器网络可能有更多的节点，传感器节点的传输功率（≈0dBm）和无线电范围远小于蓝牙或 MANET。在传感器网络中，由于节点移动性和故障，拓扑变化更为频繁，而且节点的移动速率也比 MANET 低得多。从本质上讲，在传感器网络中，节能对于延长网络的使用寿命至关重要，这意味着现有的蓝牙或 MANET 的 MAC 协议都不能直接使用。

从前面的讨论中可以看出，用于传感器网络的 MAC 协议需兼顾节能、移动性管理和故障恢复。尽管 MANET 已有多种介质访问方案，但针对传感器网络的 MAC 协议设计仍然是一个开放的研究课题。例如，基于需求的 MAC 协议因为具有大消息传递开销和链路建立时延可能不适合传感器网络，但这类 MAC 协议可以通过优化节能模式（如动态休眠）和减少控制报文（如采用超时机制而非逐包确认）来降低能耗。

无论传感器网络采用哪种介质访问方案，都必须支持传感器节点的低功耗模式。最直接的节能方法是在空闲时关闭收发器，虽然这种节能方法似乎提供了显著的能量增益，但需注意：传感器节点使用短数据包进行通信，数据包越短，收发器的切换能耗对总能耗的影响越显著。事实上，如果盲目地在每个空闲时隙关闭收发器，经过一段时间后，可能会比一直开着收发器消耗更多的能量。因此，仅当关闭时间大于某个阈值时，节能才有效。根据微处理器、存储器、A/D 转换器和收发器的不同状态，无线传感器节点可支持多种低功耗模式，每种模式均可通过功耗和时延开销来表征（时延开销是进出该模式的转换功率）。

数据链路层的另一个重要功能是传输数据的错误控制。通信网络中两种重要的错误控制模式分别是前向纠错（Forward Error Correction, FEC）和自动重复请求（Automatic Repeat Request，ARQ）。在传感器网络应用中，ARQ 的有效性受限于重传引入的延迟和能耗；而 FEC 的解码复杂度高，因为需要内置纠错功能。因此，具有低复杂度编码和解码的简单错误控制码可能是传感器网络的最佳解决方案。

5. 物理层

物理层负责频率选择、载波频率产生、信号检测、调制和数据加密。众所周知，无论是在能耗方面还是在实现复杂性方面，长距离无线通信都是昂贵的。在设计传感器网络物理层时，能耗最小化具有重要意义，超过了衰减、散射、阴影、反射、衍射、多径和衰落效应。一般来说，信号传输距离 d 所需的最小输出功率与 d^n 成正比，其中 $2 \leqslant n < 4$。由于地面反射射线抵消了部分信号，对于低洼（low-Lying）天线和近地（near-Ground）信道，指数 n 更接近于 4，这在传感器网络通信中是典型的。在试图解决这些问题时，设计者必须意识到内在的多样性，并充分利用这一点。例如，如果节点密度足够高，则传感器网络中的多跳通信可以有效地克服阴影和路径损失效应；类似地，虽然传播损耗和信道容量限制了数据可靠性，但这一事实可以用于空间频率重用。

在传感器网络中，选择合适的调制方案是保证通信可靠的关键。虽然 M 进制调制方案可以通过每个符号发送多个比特来减少传输导通时间（on-Time），但它会导致复杂的电路和增加的无线电功耗。在启动功耗占主导地位的条件下，二进制调制方案更节能。因此，M 进制调制增益只在低启动功耗系统中才有意义。

超宽带（UWB）的低传输功率和简单的收发电路，使其成为传感器网络的一个有吸引力的候选者。

总之，传感器网络的灵活性、容错性、高保真度、低成本和快速部署等特点为遥感创造了许多新的、令人兴奋的应用领域。未来，这种广泛的应用领域将使传感器网络成为我们生活中不可或缺的一部分。

第 5 章 无线定位技术

物联网是一个多学科、多领域交叉的泛在复杂系统，它是一种通过传感设备按照约定的协议把各种网络连接起来，进行信息交换和通信，以实现智能化识别、定位、跟踪、监控和管理的网络。可见，“物”的位置信息在物联网发展和应用中占据着重要地位。事实上，物联网应用中节点采集的信息和节点自身的位置信息是密切相关的，只有明确了节点自身的位置，才能进一步获得“在什么位置或区域发生了特定事件”的信息。物联网应用要求每一件物体均可寻址、可通信、可控制。不论采集“物”的何种特性或信息，与之相伴出现的位置信息都至关重要，因为“物”在“何时”“何地”发生了什么才是用户所关心的。因此，对物联网而言，定位与位置感知环节是必不可少的。定位就是通过观察测量确定一个物体的位置的过程，位置可以是物理世界中的坐标或者逻辑位置（如房间号）。

物联网的基本特征之一是异构互联和网络融合；同时，物联网具有移动性，即“物”节点的位置在很多应用场合下是不断变化的。未来，物联网的异构和移动特性将更加显著，将有更多与移动通信和无线通信相关的技术参与进来。因此，定位与位置感知将伴随着物联网应用深入到各种不同层次的应用场景。

借鉴物联网的层次结构特点，物联网定位与位置感知可以从技术层、网络层和应用层三个层面进行理解。技术层主要关注定位技术的选择与设计，用以获取基本的距离、角度或位置信息。常见的定位技术可分为测距定位技术（如到达时间测距、接收信号强度测距）和非测距定位技术（如拓扑结构推理、机器学习方法）。网络层关注定位功能在物联网网络结构中的实现，其关键要素包括可定位性（即系统是否具备进行定位的基础能力）、分布式处理机制、协作定位机制及网络通信效率等。物联网中节点的定位行为往往是在具有这些特性的网络环境下完成的。应用层涵盖多源位置感知和多源信息融合等内容，侧重于如何将定位技术与具体业务需求结合，提升定位的实用性与智能性。位置感知以技术层的定位能力为基础，进一步支撑诸如人员追踪、智能导航、环境监测等高层次应用。

5.1 无线定位电波信号

无线定位技术就是利用无线电波信号的特征参数估计物体在某种参考系中的坐标位置。卫星通信、移动通信及短距离无线通信技术既可以作为物联网的传输手段，也可以作为定位应用的信号体制，有的专用于定位，有的则兼具节点通信和定位双重功能。从定位范围来看，卫星定位技术覆盖最广，无线蜂窝定位技术提供的位置服务次之，Wi-Fi、ZigBee、UWB（超宽带）、蓝牙（Bluetooth）和 RFID 的定位范围最小，实际应用中可根据定位场景的需求选择相应的技术。全球导航卫星系统（Global Navigation Satellite System, GNSS）支持节点移动性，其定位优势表现在室外，在室内环境信号衰减严重且容易受到其他无线通信系统干扰。蜂窝基站定位系统作为基于蜂窝移动通信技术的发展方案，同样是干扰受限（系统容量受干扰的限制，减少干扰可提高系统容量）系统。Wi-Fi 和 UWB 等技术定位范围相对较小，常用于局部范围内的相对定位。Wi-Fi、ZigBee 和蓝牙都工作（或部分工作）在 ISM 开放频段，因此共存能力不强且易受干扰。UWB 信号由于占据的带宽很大（可达 GHz），功率谱密度（Power Spectral Density，PSD）很低，所以其共存性能最好。灵活性和系统成本是相对应的，GNSS 和蜂窝基站定位系统运行成本较高，但覆盖范围大，可以弥补灵活性的不足。Wi-Fi、UWB 和 ZigBee 等都支持移动性且灵活性高。UWB 技术可获得的理论定位精度最高，GNSS 尽管系统定位精度不高（不考虑差分修正等），但相对定位精度（Relative Accuracy，RA）最好。ZigBee 具有高效且低成本的组网能力，因此适用于网络定位和监控等。线性调频扩频（Chirp Spread Spectrum，CSS）技术也称为啁啾扩频技术，常用于机器人跟踪与定位。ZigBee 和 CSS 在系统定位精度和相对定位精度间能获得较好的平衡。RFID 实现成本低，用于人员的识别定位并不侧重定位精度，若结合信号强度检测等方法且充分部署信标节点，也能获得较好的定位精度。GNSS 的接收机成本较高，响应速度较慢。我国的北斗导航卫星系统已明显提升了定位响应速度，首次定位约需要 1～3s。在能量消耗（Energy Consumption，EC）方面，大范围的定位技术（如 GNSS）功耗较高，短距离定位技术（如 ZigBee 和 RFID 等）则功耗很低。

5.2 无线信号传播环境与无线定位通信技术

5.2.1 无线信号传播环境

1. 无线信道的基本传播特性

所有无线信号都是随电磁波通过空气传播的，电磁波是由电子部分和能量部分组成的能量波。声音和光是电磁波的两个例子。

各类信号从发射端发射出去后，在到达接收端前经历的所有路径统称为信道。信道是信号传播的媒介和通信的通道，若其中传播的是无线信号，则称之为无线信道。

理想情况下，无线信号在从发射端到预期接收端的一条直线中传播。这种传播被称为“视线”（Line of Sight，LoS），它使用很少的能量，且可收到非常清晰的信号。但空气是非导向传播介质，而且发射端与接收端间的路径并不是很清晰，所以无线信号通常不会沿着一条直线传播。

当一个障碍物挡住了信号的传播路线时，信号可能会绕过该物体或被该物体吸收，也可能发生以下任一种现象：反射（Reflection）、衍射（Diffraction，也称绕射）或散射（Scattering）。它们是实际移动通信环境中无线信号的三种主要传播方式，障碍物的几何形状决定了将发生这三种现象中的哪一种。

传播过程中，因反射、衍射和散射的影响，无线信号会沿着许多不同的路径到达目的地，形成多径信号。电波传播受地形结构和人为的环境影响，环境影响的主要因素有自然地形（高山、丘陵、平原、水域等），人工建筑的数量、高度、分布和材料特性，该区域植被特征，天气状况，自然和人为的电磁噪声状况。无线信号传播环境直接决定了传播模型的选取。

2. 无线信号的大尺度传播特性

由发射与接收天线（简称收发天线）之间的距离、地形、建筑物、植被等导致的信号功率衰减称为无线信号的大尺度传播特性。大尺度传播特性反映了发射信号功率随着传播距离的增加而产生的缓慢变化。由无线电波的反射、衍射及散射可知，传播路径上的各种散射体及障碍物对无线电波的功率都有衰减作用。发射功率与接收功率的差值称为路径损耗，一般情况下与收发距离（收发天线之间的距离）成反比。

大尺度路径损耗传播模型通常由路径损耗和阴影衰落两部分组成。路径损耗模型反映接收功率与收发距离之间的数学变化关系，主要由收发距离、传播信号载频和地形因素组成，功率衰减是由发射功率的辐射扩散及信道的传播特性造成的。阴影衰落模型描述相同的收发距离时接收功率在均值上下波动的现象，功率衰减是由收发天线之间的障碍物造成的，这些障碍物通过吸收、反射、衍射和散射等方式衰落信号功率，严重时甚至会阻断信号。

路径损耗引起长距离（100m～1000m）上接收功率的变化，而阴影衰落引起障碍物尺度距离（室外环境 10m～100m，室内更小）上接收功率的变化，两者均是在相对较大的距离上引起功率的变化，故称其为大尺度传播效应（Large Scale Propagation Effect）。

3. 无线信号的小尺度传播特性

无线信号的小尺度衰落包括由发射端和接收端的相对运动造成的多普勒频移（多普勒扩展）引起的时间选择性衰落和由多径信号的时延扩展引起的频率选择性衰落（Frequency Selective Fading）。小尺度衰落是多径效应和多普勒效应两者共同作用的结果，其主要特点为：无线信号强度在短时间或短距离范围内快速变化。

无线信号受反射、衍射和散射的影响，从发射天线到接收天线的传播路径不止一条，一个发射信号经过传播环境会在接收端产生多个不同的接收信号，这些信号以不同的强度、不同的时间到达接收天线。这种现象称为无线信号的多径传播，每条传播路径称为多径信号的一径。多径传播往往导致以下现象的出现：移动设备的接收信号在一小段时间内快速变化，这一变化通常称为多径衰落；由各条径上信号的多普勒频移导致的对接收信号的随机调频；由多径信号的先后到达导致的接收信号在时间上的扩展。

一般来说，多径信号到达接收天线的时间有先有后，即有相对时延。若这些相对时延远小于一个符号的时间，则可认为多径信号几乎是同时到达接收天线的，此时多径信号不会造成符号间的干扰。这种衰落称为平坦衰落（Flat Fading），因为这种信道的频率响应在所用的频段内是平坦的。如果多径信号的相对时延与一个符号的时间相比不可忽略，则当多径信号叠加时，不同时间的符号就会重叠在一起，造成符号间的干扰，从而引起信号波形的失真。在所用的频段内，这种信道的频率响应不平坦导致的衰落称为频率选择性衰落。

多普勒频移是指当接收端以恒定的速率沿某一方向移动时，产生的传播路程差造成的相位和频率的变化。多普勒频移揭示了波的属性在运动中发生变化的规律：当运动在波源前面时，波被压缩，波长变得较短，频率变得较高，即蓝移（Blue Shift）；当运动在波源后面时，会产生相反的效应，波长变得较长，频率变得较低，即红移（Red Shift）。

5.2.2 无线定位通信技术

一个定位系统包括若干信标节点和一个定位服务器，信标节点与定位服务器之间的连接既可通过有线方式进行，也可通过无线方式进行。通信方式对移动目标定位系统的结构具有重大影响。目标节点携带标签（被动定位中目标节点不用携带标签）与信标节点进行信息交互；在信息交互过程中，测量接收信号强度（Received Signal Strength，RSS）、波达角（Angle of Arrival，AoA）等信息，进而求得目标节点的坐标位置。信标节点与目标节点间的信息交互是无线定位的基础，通常通过无线通信技术完成。

常见的无线定位通信技术可以分为室内与室外两类。GNSS、蜂窝基站定位系统、惯性导航系统等都可以提供较高的室外定位精度和覆盖范围。在室内环境中，则可以选择Wi-Fi、ZigBee、UWB、蓝牙、RFID、NFC、视觉同时定位与地图构建（Simultaneous Localization And Mapping，SLAM）等技术。人们常说的 Wi-Fi 定位，指的就是该定位系统中采用了 Wi-Fi 通信技术。

1. 卫星定位和导航技术

卫星定位和导航技术是利用人造地球卫星进行点位测量的技术，通过接收导航卫星发射的无线导航定位信号，并以导航卫星作为动态已知点，实时地测量运动载体的位置和速度，进而完成导航。

GNSS 泛指所有的卫星导航系统，包括全球的、区域的系统，是能在地球表面或近地空间的任何地点为用户提供全天候的 3D 坐标、速度及时间信息的空基无线电导航定位系统，其包括一颗或多颗卫星及支持特定工作所需的增强系统。全球卫星导航系统国际委员会公布的全球四大卫星导航系统供应商，包括我国的北斗导航卫星系统（BeiDou navigation satellite System，BDS）、美国的全球定位系统（Global Positioning System，GPS）、俄罗斯的格洛纳斯全球导航卫星系统（GLObal NAvigation Satellite System，GLONASS）和欧盟的伽利略导航卫星系统（GALILEO navigation satellite system，GALILEO）。相关的增强系统包括美国的广域增强系统（Wide Area Augmentation System，WAAS）、欧洲静地导航重叠服务系统（European Geostationary Navigation Overlay Service，EGNOS）和日本的多功能运输卫星增强系统（MTSAT Satellite Augmentation System，MSAS）等。因此，GNSS 是多系统、多层面、多模式的复杂组合系统，可用于定位载体、手机等移动设备，用来引导飞机、船舶、车辆及个人等，安全、准确地沿着选定的路线准时到达目的地。

展厅、仓库、地下停车场、矿井等室内环境中，室外无线定位常用的卫星信号不可用，或者因复杂的室内环境引起卫星信号的反射、衍射和散射，形成多径和非视距（Non Line of Sight，NLoS）传播现象，导致定位误差较大，不能满足室内环境对定位的需求，因此需要采用其他无线通信技术对室内环境进行定位。

2. 无线蜂窝定位技术

随着移动通信技术的更新迭代，蜂窝网络如今已经“随时随地存在”，而其广覆盖、深覆盖的现状使得在蜂窝网络中应用定位技术有了得天独厚的应用优势：移动通信信号广泛存在于用户活动环境中，可提取与定位相关的信号参数。但是，移动通信信号并非为定位而设计，要利用其进行高精度定位则存在诸多问题需要去解决，例如时钟同步、信号源关联、实时定位、室内外越区切换、基站位置准确度等。

蜂窝基站（Base Transceiver Station，BTS）定位系统有抗干扰能力强、无须部署锚点的明显优势。在 20 世纪 90 年代，蜂窝系统标准中已经有定位的一席之地，随着 2G 到 5G 的不断演进，定位在空口可用，可控制的资源逐步扩展，定位精度也得到了逐步提升。在卫星信号处于遮挡状态或无法快速布设定位基站的情况下，无线蜂窝定位是具有精度高、时延小、抗干扰能力强、不必改变蜂窝通信标准和基础设施建设等优点的定位技术。移动通信信号，特别是当前大规模商用的 4G 长期演进（Long Term Evolution，LTE）和 5G 新无线电（New Radio，NR），具备丰富性、几何多样性、高传输功率和大带宽等特点，可被用于提取时间和定位信息，是十分具有吸引力的导航定位候选信号之一。在通信感知一体化（Integrated Sensing and Communication，ISAC）方面，IEEE 于 2020 年成立了 802.11bf 标准工作组，专注于无线局域网（WLAN）感测。并且，3GPP SA1 于 2022 年 3 月也开始了关于 ISAC 的研究项目。

3. 蓝牙

蓝牙（Bluetooth）是一种短程宽带无线电通信技术，是实现语音和数据无线传输的全球开放性标准。它使用跳频扩频（Frequency Hopping Spread Spectrum，FHSS）、时分多址（Time Division Multiple Access，TDMA）、码分多址（Code Division Multiple Access，CDMA）等先进技术，支持在小范围内实现多个设备间的高效无线通信。自 4.2 版本起，蓝牙标准便引入了初步的定位功能，5.1 版本更进一步，加入了测向（Direction Finding）等关键技术，使蓝牙的定位精度提升至厘米量级。

蓝牙的协议栈结构包括物理层、链路层、主机控制接口、逻辑链路控制及自适应协议、安全管理层、属性协议层和配置文件层。蓝牙定义了一系列物理信道用于不同的应用，包括用于微微网内设备通信的微微网物理信道、用于查找设备的查找扫描物理信道和用于寻呼设备的寻呼扫描物理信道。两台蓝牙设备必须采用相同的物理信道才能进行通信。蓝牙连接的建立：主从设备建立连接的过程就是建立相同的微微网物理信道的过程，这样主从设备才能以同样的定时和次序进行载波频率的跳变，进行数据传输，同时可以根据微微网接入码和帧头编码进行数据过滤和解析，避免和其他设备在同一个频段上的偶尔的相撞；建立连接前，通过在固定的一个频段内选择跳频频率或由被查询的设备地址决定，迅速交换握手信息时间和地址，快速完成设备的时间和频率同步；建立连接后，双方设备根据信道跳变序列改变频率，使跳频频率呈现随机特性。

4. RFID

RFID 是应用电磁感应、无线电波或微波进行非接触式双向通信，以达到识别目的并交换数据的自动识别技术。RFID 技术把标签（Tag）放在被测物体上，然后采用特定的 RFID 读写器识别标签，利用射频信号完成标签和读写器之间的通信。RFID 的最大特点在于其被动工作模式，即利用反射能量进行通信。RFID 的优点包括读取方便快捷、识别速度快、数据存储容量大、使用寿命长、应用范围广、标签数据可动态更改、安全性更好、动态实时通信。

最基本的无线 RFID 系统由标签和读写器两部分构成：标签由耦合组件及芯片构成，每个标签都有独特的电子编码，放在被测目标上以达到标记目标物体的目的；读写器不仅能读取标签上的信息，而且还能向标签写入信息。从标签与读写器之间的通信及能量感应方式来看，RFID 系统一般可以分成电感耦合系统和电磁反向散射耦合系统。电感耦合依据电磁感应定律通过空间高频交变磁场实现耦合，读写器发射出的射频能量被束缚在读写器电感线圈的周围，它通过交变、闭合的磁场在读写器与标签的线圈之间建立起射频通道，一般适合在中、低频工作的近距离 RFID 系统，识别距离<1m，常见的是 10～20cm。电磁反向散射耦合依据电磁波的空间传播规律，采用与雷达原理类似的模型，发射出去的电磁波碰到目标后反射，同时携带回目标信息，一般适合在超高频、高频、微波工作的远距离 RFID 系统，识别距离>1m，常见的为 3～10m。

5. UWB

UWB 信号的带宽≥500MHz，或者其相对带宽>20%。UWB 的优点包括使用的带宽大、传输速率高、保密性好、通电情况下耗能低、平均发射功率低、适合便携式应用、多径分辨率高等，并采用扩频处理延长使用寿命。传统的激光信号在建筑物间的反射干扰了直接的路径信号，使脉冲的精确定位变得困难，而使用 UWB 信号可以从反射信号中识别出直接的路径信号，使得脉冲的精确定位变得简单。

UWB 的物理层有三种实现方式：脉冲无线电超宽带（Impulse Radio UWB，IR-UWB）体制、直接序列超宽带（Direct Sequence UWB，DS-UWB）体制和多频带正交频分复用超宽带（Multi Band Orthogonal Frequency Division Multiplexing UWB，MB-OFDM-UWB）体制。并发传输媒体访问控制（Concurrent Transmission MAC，CT-MAC）协议基于 DS-UWB 通信物理层，能有效反映物理层特征。与载波侦听多路访问/冲突避免（Carrier Sense Multiple Access/Collision Avoidance，CSMA/CA）协议类似，CT-MAC 协议采用 RTS-CTS-DATA-ACK 的顺序传输报文，并采用虚拟载波监听作为信道的冲突检测机制，采用二进制指数退避作为冲突解决方法。不同的是，CT-MAC 协议要求网络中的节点根据当前信道的速率、带宽和接收到的帧的长度等信息，动态计算冲突域范围。由于 CT-MAC 协议适用于信道带宽较宽的场景，且网络性能随带宽的增加而改善，所以该协议很适用于以 UWB 通信系统为物理层的自组织（Ad Hoc）网络。

UWB 网络的应用方案主要有两种：类似蜂窝网络的网络结构和 Ad Hoc 网络结构。基于 UWB 的 Ad-Hoc 网络本身是一个多跳的临时性的自治系统，由一组安装了 UWB 无线装置的带有路由功能的可移动节点组成。在工业现场，无线设备通常放置在有线线缆不易触及或环境恶劣的地方，因此需要解决的主要问题是如何及时转发通信中发生的任务，即数据路由方法。

6. Wi-Fi

Wi-Fi 是一种基于 IEEE 802.11 标准的无线局域网（WLAN）技术，主要包括物理层和媒体访问控制（Media Access Control，MAC）层（数据链路层中的媒体访问控制子层）。物理层定义了无线网络的工作频段、调制编码方式及支持的最高速度，分为物理层汇聚过程（Physical Layer Convergence Procedure，PLCP）子层和物理媒体相关（Physical Medium Dependent，PMD）子层，使用了跳频扩频（FHSS）、直接序列扩频（Direct Sequence Spread Spectrum，DSSS）和正交频分复用（Orthogonal Frequency Division Multiplexing，OFDM）三种不同的技术。媒体访问控制层定义了无线网络在该层的一些常用操作，如 QoS、安全、漫游等操作，有两种接入机制：竞争的分布式协调功能（Distributed Coordination Function，DCF）和无竞争的点协调功能（Point Coordination Function，PCF）。

CSMA/CA 协议是 DCF 的核心，用于避免多个节点同时访问网络所带来的冲突问题，以及解决导致信道利用率降低的隐藏终端和暴露终端问题。CSMA/CA 协议使用了请求发送（Request To Send，RTS）帧和允许发送（Clear To Send，CTS）帧机制，并采用了载波侦听多路访问（Carrier Sensing Multiple Access，CSMA）和虚拟载波侦听（Virtual Carrier Sensing）两种方法，分别对应空闲信道评估（Clear Channel Assessment，CCA）机制和网络分配向量（Network Allocation Vector，NAV）机制。虚拟载波侦听就是让源节点将其使用信道的时间告知给其他节点（或站），以便其他节点在这一段时间都停止发送数据。

Wi-Fi 的网络结构包括基础设施（Infrastructure）和自组织（Ad Hoc）两种模式。在基础设施模式中，无线网络包括至少一个无线接入点（Access Point，AP）和若干个无线终端设备（STAtion，STA）。一个 AP 和若干个 STA 组成基本服务集合（Base Service Set，BSS），两个或多个 BSS 构成扩展服务集（Extended Service Set，ESS）。自组织模式是一种无中心的、自组织无线网络，又称为点对点模式。在自组织模式下，整个网络没有固定的基础设施，每个节点都是移动的，并且都能动态地保持与其他节点的联系。一个自组织 Wi-Fi 网络相当于一个独立的基本服务集（Independent Basic Service Set，IBSS），IBSS 是由若干个 STA 组成的临时性网络，各个 STA 之间可以直接通信。

7. ZigBee

ZigBee 是基于 IEEE 802.15.4 标准的低功耗无线通信技术，具有功耗低（两节 5 号电池可维持 6 个月至 2 年）、成本低（模块成本可降至 20 元）、传输速率慢（250kbps@2.4GHz）、传输距离短（室内 10～100m，室外可扩展至 400m）、时延小（休眠唤醒仅需 15ms）、容量大（理论支持的最大节点数为 65536 个，即 2^{16} 个）和安全性高（采用 AES-128 加密）等特点。其协议架构分为物理层（PHY）、媒体访问控制层（MAC）、网络层（NWK）和应用层（APL），其中物理层和媒体访问控制层由 IEEE 802.15.4 定义，网络层和应用层由 ZigBee 联盟规范定义。

ZigBee 设备按角色可分为协调器（Coordinator）、路由器（Router）和终端设备（End Device）三种。作为网络的核心，协调器负责初始化网络（选择信道和 PANID）、发送信标帧、分配网络地址、维护节点信息表及路由表。每个网络仅允许存在一个协调器，其存储容量和计算能力最强，且须始终处于活动状态。网络建立后，协调器可退化为路由器角色。路由器允许其他设备加入网络，承担多跳路由中继、数据转发、辅助电池供电终端通信等功能，通常需电源供电以保持持续活动，但在树状拓扑中也可间歇性工作。终端设备仅执行数据采集或控制动作，无路由能力且须通过父节点通信，支持休眠模式以降低功耗，适用于电池供电场景。ZigBee 设备按功能可分为全功能设备（Full Function Device，FFD）和精简功能设备（Reduced Function Device，RFD）。FFD 可担任协调器或路由器，支持星形、树状和网状拓扑；RFD 仅支持星形拓扑，必须通过 FFD 入网，无法成为协调器。

物理层负责信道选择（2.4GHz/868MHz/915MHz）、射频收发及空闲信道评估（Clear Channel Assessment，CCA）；媒体访问控制层核心功能包括信标帧生成（仅协调器）、CSMA/CA 信道竞争、确保时隙（Guaranteed Time Slot，GTS）管理（协调器分配，普通设备可申请）及安全链路建立；网络层实现路由发现、地址分配（由协调器执行）及拓扑维护；应用层通过端点（0～240 编号）和簇（Cluster）定义设备交互逻辑，应用支持子层（Application Support Sublayer，APS）管理绑定表及跨端点通信。组网流程主要分为两步：第一步是协调器扫描信道并建立个人域网络（Personal Area Network，PAN）的网络初始化；第二步是节点直接关联协调器或通过父节点加入网络的节点入网。其中协调器通过能量扫描选择最低干扰信道，节点发送关联请求后由协调器分配 16 位短地址。ZigBee 支持星形、树形和网状拓扑，网状拓扑通过专为移动自组织网络（MANET）设计的自组网络按需距离向量（Ad hoc On-demand Distance Vector，AODV）动态路由协议（其核心特点是通过动态路由发现和维护机制适应网络拓扑的快速变化）和冗余链路实现高可靠性，而簇树拓扑（树状拓扑与簇状网络的结合体）结合了静态路由与动态扩展的优势。在安全机制上，ZigBee 提供三级防护：无安全模式、访问控制列表（Access Control List，ACL）及 AES-128 加密，密钥由协调器管理并通过信任中心分发。

ZigBee 的典型应用包括智能家居（灯光控制、安防传感）、工业监控（环境参数采集）及农业物联网（温湿度监测）。凭借自组网特性和低功耗优势，ZigBee 成为物联网领域重要的技术标准。

5.3 基本参数估计方法

常用的测量技术包括信号到达时间（Time of Arrival，ToA）测距、信号到达时间差（Time Difference of Arrival，TDoA）测距、接收信号强度（Received Signal Strength，RSS）测距、波达角（Angle of Arrival，AoA）测向。因为都是基于单独的参数进行测量的，所以这些技术也被称为基本参数估计方法。

5.3.1 到达时间测距

到达时间（ToA）测距的原理是利用电磁波的传播时延来测量两个节点之间的物理距离，即通过测量信号从目标节点到达信标节点所需的时间进而求得信标节点和目标节点之间的距离。目标节点在 t_1 时刻向信标节点发射一个信号，信标节点接收到该信号后记录下信号到达时刻 t_2，(t_2-t_1)即为信号到达时间。已知信号传播速率为 v，则信标节点与目标节点之间的距

离 $d=(t_2-t_1)\times v$。但是，没有改进过的算法对节点间的时钟同步有着苛刻的要求，因为信号传播的速度为光速，很容易产生误差，微小的时钟漂移（Drift）都会转化成为很大的测量误差。

飞行时间（Time of Flight，ToF）测距与ToA测距本质上是相同的。ToF测距不依赖信标节点与目标节点的时钟同步，所以没有时钟同步偏差带来的误差，但ToF测距的测距精度取决于时钟精度，时钟偏移也会带来误差。为了减少时钟偏移造成的测距误差，通常采用正反两个方向的测量方法，即信标节点发送测距信息，目标节点接收测距信息并回复，然后再由目标节点发送测距信息，信标节点回复，通过求取飞行时间平均值来减少两者之间的时钟偏移，从而提高测距精度。

ToA测距分为单程ToA测距和双程ToA测距。前者计算的是单程传播时间，即信号发射时间与到达时间之间的差值，需要发送端和接收端之间进行时钟同步，实施起来较为困难。后者在发送端和接收端之间发送一次往返信号，分别在两端计算信号发射和到达的时间差，不需要两个节点保持时钟同步。

ToA测距虽准确，但硬件要求较高，极其微小的硬件测量误差就可能带来大的测距误差，例如，1ms的无线信号传输时间误差就能带来300m左右的测距误差。

5.3.2 到达时间差测距

到达时间差（TDoA）测距的原理是信标节点在某一时刻同时向目标节点发射两种具有不同传播速率的信号，这两种信号一般采用无线电信号和超声波信号（见图5.1）。目标节点检测并记录下两种信号的到达时间 t_{r1} 和 t_{r2}，计算得到时间差（$t_{r2}-t_{r1}$），根据两种信号的传播速率 v_1（较快的无线电信号传播速率）和 v_2（较慢的超声波信号传播速率），就可求得目标节点和信标节点之间的距离 d，如式（5.1）所示。

$$d=(t_{r2}-t_{r1})\times v_1 v_2/(v_1-v_2) \tag{5.1}$$

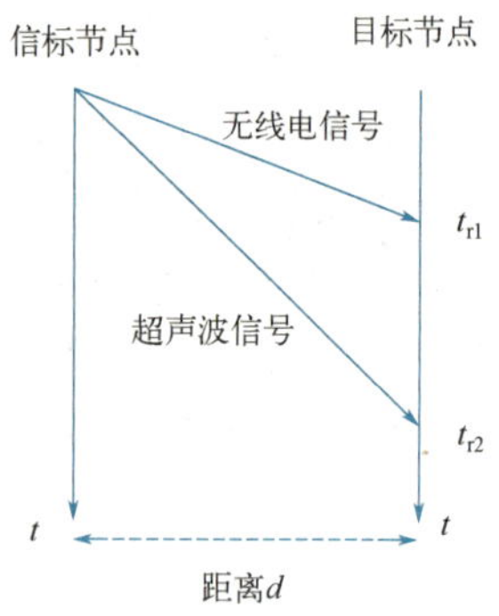

图5.1　TDoA测距示意图

多信号TDoA测距利用节点同时发射两种具有不同传播速率的信号进行测距，不需要时钟同步，但硬件复杂；而多节点TDoA测距则利用多个时钟同步的信标节点同时发射同一种信号进行测距，仍然需要信标节点之间进行时钟同步。

与ToA测距相比，TDoA测距降低了对时钟同步的要求，并且在视距条件下TDoA测距技术能够实现较高的测距精度。但是，TDoA测距要求节点具备发射和检测两种不同信号的能力，对硬件设施的要求比较高，而且测试过程要克服回声干扰及空气湿度、温度对信号传播速率的影响。另外，超声波在非视距情况下无法穿透障碍物也限制了该方法的广泛应用。

ToA测距和TDoA测距一般比波达角（AoA）测向的定位精度高，但是它们都需要至少3个信标节点参与，而波达角（AoA）测向只需要2个信标节点。

5.3.3 接收信号强度测距

无线电信号在空气中传播时，受多种因素的影响，信号强度会随着传播距离的增加而衰减，这表明信号强度变化与传播距离间存在函数关系，即接收信号的能量衰减和信号传播距离有关。因此，根据信标节点发射的信号强度和目标节点收到的信号强度即可计算得到传播过程中无线电信号的衰减值，再根据信号传播损耗经验或理论模型就可以将信号衰减值转化为距离。

接收信号强度（RSS）也称为接收信号强度指示（Received Signal Strength Indication，RSSI），是判定连接质量的重要指标，无线网络传输层根据 RSSI 判断是否需要增大发射端的信号强度。无线信号能量较弱，通常在毫瓦（mW）级别，因此通常以 1mW 作为信号的能量基准，以对数形式表示信号强度（即 RSSI），单位为 dBm（deciBel-milliwatts，分贝毫瓦）。dBm 是一种带有量纲（mW）的两个功率的比值的表示方法，是一种表示功率绝对值的单位，其计算公式为 10 lg（功率值/1mW），所以能量小于 1mW 的信号的 RSSI 为负数。注意：dBm = 10 lg$X$ 是一个纯计数单位，可以把一个极大或极小的数表示出来。

通常，RSSI 受发射功率、路径衰减、接收增益和系统处理增益 4 个因素影响。其中发射功率、接收增益、系统处理增益都是定值，而路径衰减在理想情况下与传播距离直接相关。在自由空间中，RSSI 与信号接收设备和信号发射设备之间的距离成比例地减小。在实际环境中，影响 RSSI 的主要因素是多径效应。多径效应使得到达信号接收设备的信号频率是由多种不同振幅、不同相位的干扰波与原来所发射的信号重构后的信号频率，从而造成了频率选择性衰落，即所测 RSSI 的误差。影响 RSSI 的因素还有阴影效应，即当消除了环境中的频率选择性衰落后，RSSI 还会因信号传播过程中遇到的障碍物而产生误差。此外，影响 RSSI 产生误差的原因还在于传播信号在路径上的损耗。

在定位系统中，通常需要构建经验模型，根据实际测量的 RSSI 衰减值，推算得到信标节点与目标节点之间的距离。在实际应用中，常见的经验模型有两种：自由空间损耗模型和信道传播损耗模型。自由空间损耗模型为理想化模型，它仅仅考虑了路径的传输损耗，没有考虑实际环境中的噪声等干扰因素。信道传播损耗模型在自由空间损耗模型的基础上，增加了对外界环境噪声的综合考虑，更适用于实际环境。大量研究发现，信道传播损耗模型较为合理的数学模型是 Shadowing 渐变模型。

在 Shadowing 渐变模型中，信号衰减与传播距离之间的关系可表示为式（5.2），其中，$p(d)$和 $p(d_0)$分别表示无线电信号的传播距离为 d 和 d_0（参考距离）时接收到的信号强度（即 RSSI），单位为 dBm，通常情况下选取 d_0=1m 以简化模型复杂度；n 表示信道/路径损耗系数（一般取 2～5），随现场环境和建筑物类型而变化，不同环境的衰减因子差别很大；X_σ 为噪声变量，服从均值为 0、标准差为σ（一般取 4～10）的正态分布。

$$p(d) = p(d_0) + 10n\lg\left(\frac{d}{d_0}\right) + X_\sigma \tag{5.2}$$

根据式（5.2）可得到 RSSI 与传播距离之间的关系表达式为

$$d = d_0 \times 10^{\frac{p(d_0)-p(d)-X_\sigma}{10n}} \tag{5.3}$$

在实际环境中，研究人员常常利用 RSSI 与传播距离之间的换算模型，将监测到的信号强度转化成传播距离。距离的转化精度很大程度上取决于所利用的模型公式的准确性。

RSSI 测距通过信号强度与传播距离的统计关系计算节点之间的距离。由于多数无线节点都有 RSSI 测量能力，因此 RSSI 测距模型较为简单，不用为测量距离专门增加额外硬件，对硬件平台要求较低，检测设备相对简单易于实现，适合视距测量。但是，由于信号在传播过程中易受外界噪声影响，并且接收信号强度随机性较大，因此 RSSI 测距容易受到噪声、多径、阴影衰落等因素的影响，导致测量精度不高，实际测量过程中通常需要多次测量之后取平均值。

5.3.4 波达角测向

波达角（AoA）又称为波达方向（Direction of Arrival，DoA）、方位线（Line of Bearing，LoB），指空间信号的到达方向，它通过处理接收到的回波信号，获取目标的距离信息和方位信息。AoA 测向技术依赖于测量多根天线接收到的单无线电波的方向差异。如图 5.2 所示，对于 3D 空间来说，AoA 包括θ和φ。目前，基于 AoA 测向的定位技术都是在 2D 平面上进行的，此时 AoA 即为方位角θ。注意：角度测量一般需要天线阵列，如果信号发射端是单天线而接收端是多天线，则可测出信号的到达角（AoA）或到达方向（DoA）；反之，若发射端是多天线而接收端是单天线，则可测出信号的出发角（AoD）或出发方向（DoD）。

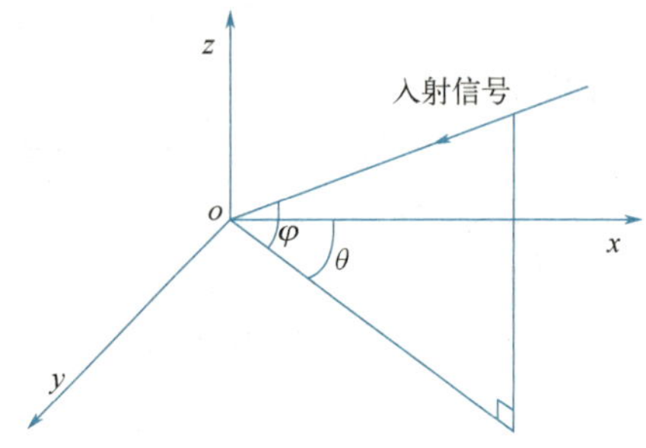

图 5.2　3D 空间波达角示意图

一个信源可能有很多传播路径和 AoA，依据电磁波直线传播的物理原理，利用己方雷达接收来自目标发射端的来波方向，就可以估计出哪个发射端在工作及发射端所处的方向。理论上，只需要两个接收阵元就可以通过测量辐射信号的 AoA 来估测辐射源的位置；但实际上，由于受到角度分辨率、多径和噪声的限制，通常需要阵元数多于两个的天线阵列。

天线阵列可以形成指向某个方向的发射或接收波束。一般情况下，每根天线振子间距为半个波长($\lambda/2$)，并且有两个前提条件：假设各个振子收到的信源信号波束是平行的（远场假设），因为各天线振子之间的距离（毫米或厘米量级）远远小于信源和接收端之间的距离；信号带宽远远小于载波频率（窄带假设），以保证天线阵列的每个振子都可以收到信号。天线阵列如图 5.3 所示，小圆圈“•”表示天线振子。

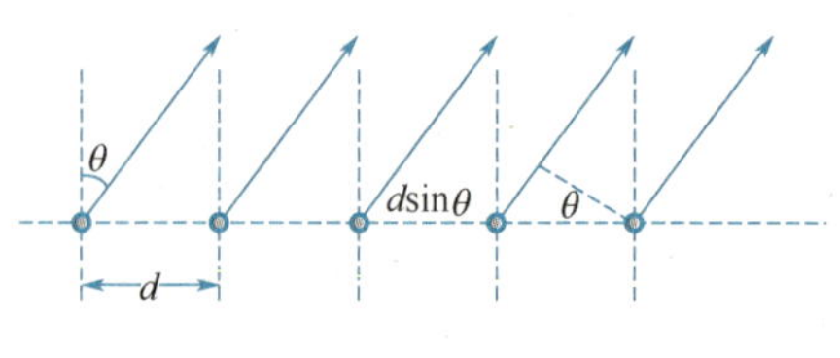

图 5.3　天线阵列

在波达方向（图 5.3 中箭头的指向）上，相邻天线之间的传播路径差为 $d\sin\theta$，即每根天线收到的信号相位变化了 $\frac{2\pi}{\lambda}d\sin\theta$。如果将最左边天线的信道响应作为接收基准，假设为 1，则第 m 根天线的信道响应为 $\mathrm{e}^{-\mathrm{j}\frac{2\pi}{\lambda}(m-1)d\sin\theta}$，由图 5.3 可以看出最左边天线的时延相位最大，越往右边天线的时延相位相应变小，所以使用负号。m 根天线组成的阵列的信道响应向量（在智能天线领域称为导向向量）为 $\boldsymbol{\alpha}(\theta)=\left[1,\mathrm{e}^{-\mathrm{j}\frac{2\pi}{\lambda}d\sin\theta},\dots,\mathrm{e}^{-\mathrm{j}\frac{2\pi}{\lambda}(m-1)d\sin\theta}\right]$。

智能天线可以自动跟踪用户方向，而这个方向就是 DoA。收到一个信源信号，就有一个θ；若收到 n 个不同方向的信源信号，则就有 n 个不同的θ，可以通过不同的θ 去定位不同的目标。

基于角度的测量技术通过测量到达测量站的信号的 AoA 来估计代理（Agent）的位置，信源位于测量站与估计的 AoA 形成的直线上。当多个独立的 AoA 同时可用时，两根方位线（LoB）的交点（Intersection）就可以给出 2D 平面中目标的估计位置。在实践中，由于噪声、AoA 估计的分辨率有限及多径传播，AoA 估计必须使用两个以上的角度。配备了天线阵列的测量站可以进行 AoA 估计，在测量站是待定位终端的情况下，待定位终端测量来自不同信标节点的信号的 AoA；在测量站是信标节点本身的情况下，这些信标节点测量代理（Agent）传输的信号，估计其 AoA。

AoA 测向技术受外界影响显著，而且对环境要求较高，噪声和多径效应等都会对测量结果产生较大的影响；同时，该技术需要在信号接收端额外附加无线电信号感知器件（如天线阵列），成本、硬件体积、功耗等都较大，且对视距要求也比较高，从而极大程度地限制了该技术在无线测距定位上的应用。AoA 测向通过天线阵列测量信号的到达角度，其定位精度与移动目标和信源之间的距离相关，距离较远时，很小的 AoA 误差就会导致较大的定位误差。

5.4 距离测量优化

5.4.1 距离测量数据预处理

信号分为两类：可以表示为确定的时间函数、具有确定频谱的确定性信号；不能用确定的数学关系式描述、不能预测其未来任何瞬时值、具有确定功率谱和不确定频谱的随机信号。滤波就是从混合在一起的诸多信号中提取出所需要的信号。确定性信号的滤波可采用低通、高通、带通、带阻等模拟滤波器，或者由计算机通过算法实现；随机信号的滤波可以看作是估计问题，例如，可以根据有用信号和干扰信号的功率谱来设计卡尔曼滤波（Kalman Filter，KF）等。

由于多径、非视距及其他设备信号的干扰，各种测距方法得到的测距信息通常都存在误差，从而降低了定位精度。另外，各种定位算法得到的定位结果也可能无法满足用户需求。为了提升系统定位的性能，需要采用一些预处理方式从概率统计最优的角度估计出系统误差并将之消除。常见的距离测量数据预处理方法有卡尔曼滤波（KF）、扩展卡尔曼滤波（Extended Kalman Filter，EKF）、无迹卡尔曼滤波（Unscented Kalmal Filter，UKF）、粒子滤波（Particle Filter，PF）、机器学习方法等。例如，RSSI 经过卡尔曼滤波处理，可以滤除测量值中突变的数据，同时消除系统自身和测量过程中出现的噪声干扰，降低了系统误差，减小了 RSSI 数据值的波动，为下一步的优化处理打下良好的基础。

线性系统中的高斯噪声采用卡尔曼滤波（KF）的方法；非线性系统中的高斯噪声采用扩展卡尔曼滤波（EKF）或无迹卡尔曼滤波（UKF）的方法；而非线性系统中的非高斯噪声则采用粒子滤波（PF）等方法。本质上来说卡尔曼滤波器是贝叶斯滤波器的一种特殊实现，而贝叶斯滤波器获得的后验信息是通过一个概率分布描述的。卡尔曼滤波器的特殊之处在于它是通过一个随机变量的二阶矩阵来描述这个概率分布的，即均值和协方差。如果系统不服从线性和高斯的假设，后验概率密度函数显然不能用均值和协方差来简单描述，这就需要更加复杂的滤波器了，例如粒子滤波器。

1. 卡尔曼滤波

卡尔曼滤波是一种最优化的自回归数据处理算法，对于绝大部分问题，它都是最优、效率最高甚至是最有用的解决方法。卡尔曼滤波的应用领域包括机器人导航、控制，传感器数据融合，甚至军用的雷达系统及导弹追踪等，近年来更是被广泛应用于计算机图像处理，例如面部识别、图像分割、图像边缘检测等。

卡尔曼滤波的特点：处理的对象是随机信号；被处理的信号无有用和干扰之分，滤波的目的是要估计出所有被处理的信号（区别于维纳滤波）；系统的白噪声激励和测量噪声并不是需要滤除的对象，它们的统计特性是估计过程中需要利用的信息（区别于最小二乘）；算法是递推的，并使用状态空间法在时域内设计滤波器，适用于对多维随机过程的估计；被估计量既可以是平稳的，也可以是非平稳的；估计过程中，只需要考虑过程噪声、测量噪声及当前时刻系统状态的统计特性。

2. 扩展卡尔曼滤波

普通的卡尔曼滤波是在线性高斯情况下利用最小均方误差准则获得目标的动态估计，适用于过程和测量都是线性的且误差符合高斯分布的系统。线性系统只有一个平衡状态，其稳定性即为平衡状态的稳定性，而且只取决于系统本身的结构和参数，与外作用力和初始条件无关。但是，很多系统都存在一定的非线性，表现在过程方程（状态方程）是非线性的，或者观测与状态之间的关系（观测方程）是非线性的。非线性系统可能存在多个平衡状态，各平衡状态可能是稳定的，也可能是不稳定的，且平衡状态的稳定性不仅与系统的结构与参数有关，还与系统的初始条件有直接的关系。这种情况下就不能使用普通的卡尔曼滤波了。解决方法就是将非线性关系进行线性近似，对高阶项采用忽略或逼近措施，将其转化成线性问题（即扩展卡尔曼滤波），或者用采样方法近似非线性分布（即无迹卡尔曼滤波）。

扩展卡尔曼滤波的不足之处：当非线性函数的泰勒（Taylor）展开式的高阶项无法忽略时，线性化会使系统产生较大的误差，甚至使滤波器难以稳定；在许多实际问题中很难得到非线性函数的雅克比矩阵求导；由于需要求导，所以必须清楚了解非线性函数的具体形式，无法做到黑盒封装，从而难以模块化应用。

扩展卡尔曼滤波在机器人定位中有着广泛的应用。机器人依靠单一传感器的信息并不能精确定位，通常以里程计、陀螺仪、激光雷达为主要传感器，将相对定位与绝对定位进行组合：里程计与陀螺仪的融合滤波作为机器人状态模型；激光雷达获取环境特征，对机器人进行绝对定位，建立模型作为机器人位置观测模型；状态模型与位置观测模型结合，利用扩展卡尔曼滤波对环境特征进行跟踪，最终实现机器人的精确定位。首先，获取的里程计和陀螺仪数据产生机器人的预测位置，根据预测位置在环境地图数据库中找到与之匹配的预测观测值，即预测激光雷达将提取到的环境特征及特征的位置信息；其次，将机器人的预测观测值与激光雷达的实际观测值进行匹配，找出最佳匹配；最后，应用扩展卡尔曼滤波将最佳匹配所提供的信息进行数据融合，更新估计中的机器人的信任度状态，得到机器人位置的最佳估计。

3. 无迹卡尔曼滤波

扩展卡尔曼滤波算法，在对非线性系统状态方程或观测方程进行泰勒展开的时候只保留了一阶项，这将不可避免地引入非线性化误差；如果线性化假设不成立，采用这种算法会导致滤波器性能下降甚至造成发散；系统状态方程和观测方程的雅可比矩阵实现起来不太容易，增加了算法的计算复杂度。无迹卡尔曼滤波则采用无迹变换（UT）处理均值和协方差的非线性传递问题。

无迹变换：在原状态中按某一规则选择一些采样点，使这些采样点的均值和协方差等于原状态分布的均值和协方差；将这些点代入非线性函数中，得到非线性函数值点集，通过这些点集求解变换后的均值和协方差。这样得到的变换后的均值和协方差最少具有二阶精度（泰勒级数展开）。无迹变换的核心思想是近似一种概率密度分布比近似任意一个非线性函数或非线性变换要容易。无迹卡尔曼滤波不需要在估计点处做泰勒级数展开，而是在估计点附近进行无迹变换，使获得的 Sigma 点集的均值和协方差与原统计特性匹配，再直接对这些 Sigma 点集进行非线性映射，以近似得到状态的概率密度函数。这种近似其实质是一种统计近似而非解。

无迹卡尔曼滤波的特点：是对非线性函数的概率密度分布进行近似，而不是对非线性函数进行近似；没有忽略高阶项；不需要对雅克比矩阵求导，可以处理不可导的非线性函数；对高斯输入的非线性函数近似时，使均值精确到三阶，方差精确到二阶；计算量与扩展卡尔曼滤波相当。无迹卡尔曼滤波具有较高的计算精度。

4. 粒子滤波

在准确建模的前提下，卡尔曼滤波、扩展卡尔曼滤波和无迹卡尔曼滤波都有不错的表现。但是，对于很多复杂的系统而言建模是一个复杂的问题。如果模型参数没办法准确估计，那么卡尔曼滤波器的应用就会受到限制。在不知道模型参数的情况下，可以通过蒙特卡洛采样，特别是粒子滤波的方法来对参数进行估计。粒子滤波的思想基于蒙特卡洛方法，它利用粒子集来表示概率，可以用在任何形式的状态空间模型上。

粒子滤波的核心思想是利用一系列随机样本的加权和来表示后验概率密度，通过求和来近似积分操作，是一种序贯重要性采样算法。简单来说，粒子滤波是指通过寻找一组在状态空间传播的随机样本对概率密度函数进行近似，以样本均值代替积分运算，从而获得状态最小方差分布的过程。这里的样本即粒子，当样本数量趋近于无穷大时，可以逼近任何形式的概率密度分布。尽管粒子滤波算法中的概率分布只是真实分布的一种近似，但由于非参数化的特点，它摆脱了解决非线性滤波问题时随机量必须满足高斯分布的制约，能表达比高斯模型更广泛的分布，也对变量参数的非线性特性有更强的建模能力。粒子滤波能够比较精确地表达基于观测量和控制量的后验概率密度分布，是解决非线性动态系统中的非高斯分布状态估计问题的有效途径。粒子滤波的重点是重要性采样、粒子权值更新、重采样。

粒子滤波的缺陷：重采样并未从根本上解决权值退化；重采样后的粒子之间不再是统计独立关系，给估计结果带来额外的方差；重采样破坏了序贯重要性采样算法的并行性，不利于 VLSI（超大规模集成电路）硬件的实现；频繁的重采样会降低对测量数据中野值（Outlier）的鲁棒性。

一个好的重采样算法，应该在增加粒子多样性和减少权值较小的粒子数目之间进行有效折中。粒子滤波需要用大量的样本数量才能很好地近似系统的后验概率密度，能够有效地减少样本数量的自适应采样策略是该算法的重点。改进的粒子滤波：马尔可夫链蒙特卡洛改进策略、无迹粒子滤波、Rao-Blackwellised 粒子滤波。

粒子滤波也经常被应用在机器人定位中。设想一个机器人在一个未知环境中移动，其目的是获得当前环境的地图。由于传感器与电机都存在误差，运动很可能偏离目标方向，因此机器人很容易“迷路”。机器人定位与地图构建（Simultaneous Localization And Mapping，SLAM）问题总是被称作“鸡和蛋”的问题，因为机器人需要知道自身的位置去获得一个准确的地图，但是获取地图同样也需要一个准确的定位。

5.4.2 距离测量优化算法

距离测量优化算法有克服 NLoS 影响、近场测距优化、多信道多节点联合测距、机器学习优化方法等。

1. 克服 NLoS 影响

目标定位中的接收端采用 ToA 测距、TDoA 测距、RSSI 测距或 AoA 测向等技术测量接收信号的到达时间、到达时间差、信号强度或到达角度时，通常假定信号在信标节点和目标节点之间是通过 LoS 传播的。然而，在实际定位场景中往往具有较多障碍物，使得定位场景中普遍存在 NLoS 传播现象，该现象对定位系统的距离测量有显著的影响，会降低定位系统的定位精度。

根据信号收发两端之间是否存在直视路径，可将无线通信系统的传播条件分成 LoS 和 NLoS 两种。LoS 条件下，无线信号无遮挡地在信号发射端与信号接收端之间直线传播。信号是通过 LoS 传播的通信方式即为 LoS 通信。

NLoS 传播会导致无线信号通过多条路径到达接收端，这就是所谓的多径效应。多径效应会带来时延不同步、信号衰减、信号极化角改变、链路不稳定等一系列问题。NLoS 传播对定位的影响主要体现在测量阶段。对于基于测距的目标定位而言，距离测量主要是根据 LoS 信号进行的；如果是 NLoS 信号，则会由于反射、衍射、散射等现象增加信号的传播距离，从使得目标节点的距离测量不够精确，对定位精度造成较大负面影响。具体而言，对 RSSI 测距，通过反射、衍射等非直达路径到达目标节点的 NLoS 信号，通常比 LoS 信号更弱，会误认为信标节点和目标节点之间的距离比实际距离远，从而将目标节点定位在一个比实际位置更远的位置，降低定位精度；对 AoA 测距，NLoS 传播会导致到达角度或到达方向发生偏差；对 ToA 和 TDoA 测距，NLoS 传播导致的传播路径变化会引起信号传播时间的误差。

NLoS 传播的识别就是判断定位信号的发射端和接收端之间是否处于 NLoS 传播状态。主要的 NLoS 传播识别方法有残差检验法、误差统计法、能量检测法、神经网络算法等。

抑制（降低或消除）NLoS 传播是为了减小或完全消除 NLoS 传播对定位精度的巨大影响。一种简单的方法是提高发射端发射信号的功率，使信号能够穿透障碍物，将 NLoS 传播变为 LoS 传播。但是该方法只能在一定程度上解决问题，因为无线覆盖受制于地理环境，信标节点和目标节点的路径上存在无法移动的障碍物，并且功率的提高受到链路预算的限制，比如节点的能量有限首先需要保证节点的续航，因此并不实用。比较好的 NLoS 传播抑制方法有基于滤波的方法、基于半参数的方法、基于能量检测的方法、基于数据库的方法等，但是这些方法也很难完全消除 NLoS 传播带来的影响，并且面临着场景适用性、计算复杂度、抑制精度等问题，需要依据具体情况进行进一步的优化，或者与其他方法结合使用。

当然，我们也可以利用 NLoS 信号来提高目标定位系统的鲁棒性。一种方法是：在 UWB 通信中，短脉冲序列 UWB 信号的独特波形，使其可对信道脉冲响应进行精确估计，通过分析信道脉冲响应信息并利用这些在不同位置的多径信息来生成独一无二的指纹信息。信道脉冲响应包含 LoS 信号和 NLoS 信号的信息，利用好 LoS 信号和 NLoS 信号的组合信息的独特性是生成独一无二指纹信息的关键。另一种方法是：基于多径分量在不同空间位置具有可分辨的特性，对反射的多径分量信息进行分类。多径分量信息在不同位置的差异能够满足指纹定位分辨的要求，并且相同位置的多径分量不因时间变化而改变；多径分量的互相关性随着距离的增加而降低。

通常而言，实际应用中基本没有完全理想的纯 LoS 传播定位场景，多数时候是 LoS 传播和 NLoS 传播并存，部分场景甚至只有 NLoS 传播。因此，识别、抑制或利用 NLoS 传播以提高目标定位的精度的 NLoS 辅助目标定位方法，可以分 NLoS 与 LoS 混合传播场景（混合场景）和仅有 NLoS 传播场景（纯 NLoS 传播场景）进行研究。

2. 近场测距优化

目标定位中常用的 ToA 测距、TDoA 测距、RSSI 测距和 AoA 测向等方法，采用的都是高频无线信号，在传播过程中存在多径效应，而且在穿透墙壁、家具等物体的时候存在严重的衰减。RSSI 测距对测距模型依赖度很高，即需要提出更精确的信号衰减模型来描述信号衰减与距离的关系。AoA 测向要求节点配备天线阵列或智能天线，因此成本较高。单程 ToA 测距需要信标节点和目标节点之间保持严格的时钟同步；双程 ToA 测距不要求二者之间保持严格的时钟同步。多节点 TDoA 测距要求信标节点之间保持严格的时钟同步。

近场电磁测距技术在近场通过电场天线和磁场天线分别接收低频发射信号（530～1710kHz）的电场成分和磁场成分，然后利用两者之间的相位差与通信距离之间的关系来实现测距。低频信号穿透建筑物的能力更强，能够有效减少多径干扰，而且在非视距情况下也能够取得较高的定位精度。近场电磁测距通常利用低频发射信号在半波长范围内的电场成分和磁场成分之间的相位差与通信距离之间的关系进行测距。当测距范围需求大于半波长时，需调整信号频率以满足需求。现有的近场电磁测距系统采用模拟鉴相器，难以根据不同的测距范围需求来更改发射信号频率。鉴相器不仅需要根据已知的发射信号频率设置本地参考信号频率，而且还要求电场成分处理通道和磁场通道同步工作，同步精度会影响鉴相器的相位鉴别精度，从而影响测距精度。信号的电场成分和磁场成分之间的相位差与通信距离之间的关系并不是线性关系，即在鉴相精度一致的情况下，近场电磁测距系统在不同的测距范围内会有不同的测距精度。

近场电磁测距方法的改进：根据测距范围和精度需求，设计能够自适应调整发射信号频率的测距系统。改变发射信号频率对于发射系统而言实现起来相对容易，但是对接收鉴相系统提出了更高的要求。近场电磁测距系统采用单频信号，电场和磁场之间的相位差在时域的表现形式是电场和磁场之间的时延。通过设计和优化自适应时延估计，使接收端能够在不需要先验信号的前提下，自适应估计发射信号电场和磁场之间的时延，进而测得与发射端之间的距离。

5.5 位置估计方法

目标的位置估计，就是利用测得的距离、角度等数据和其他信息确定目标节点的近似位置。测距定位方法包括几何定位法、航位推算法等，测距使用的手段有 ToA 测距、TDoA 测距、RSSI 测距、AoA 测向，以及多种测距联合手段；非测距定位则利用网络的拓扑约束、相对位置等进行定位。

位置估计方法以基于几何信息的定位为主，辅以指纹定位等方法，并用信号传播环境建模、智能信息处理等方法进行优化，以消除 NLoS 干扰，提高定位精度。无线定位一般是对移动目标进行定位，目标的移动性一方面增加了定位的难度，另一方面可以为定位提供额外信息，从而为定位提供帮助。如果测量数据中有噪声，可用最大似然估计法，它仅需测距信息，无须位置的先验信息，而序列贝叶斯估计法则同时需要测距信息和先验信息。统计方法可以处理节点运动的不确定性，如蒙特卡洛定位法。

5.5.1 测距定位方法

测距定位是通过特定手段测量节点之间距离的定位方法。在定位之前，由目标节点发射测距信号，信标节点收到该信号后，根据选定的测距方法进行距离测量。基于测距的几何定位法通过测量信号接收端到发射端的距离、角度或接收信号强度等得到它们的几何关系，构建联立几何方程，通过求解方程组得到估计位置。该方法需要优化算法来计算尽量满足所有观测值的最优解，也需要用统计的方法来估计定位计算能达到的精度。根据所获取的物理信息，基于测距的几何定位法常见的有 RSS 或 ToA 三边定位法、TDoA 双曲线定位法、AoA 或 DoA 三角定位法、混合定位法等。

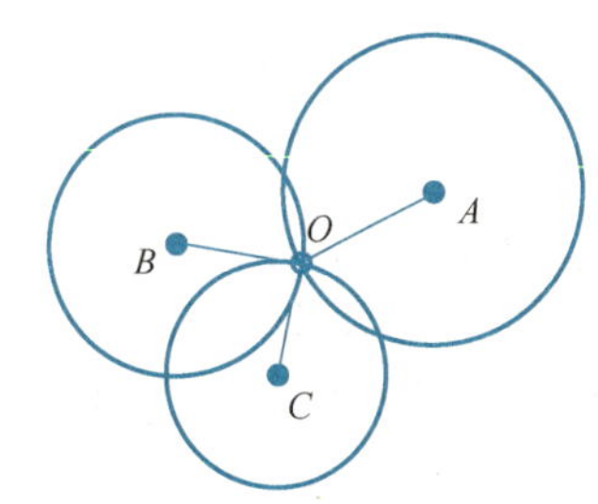

图 5.4　三边定位法

三边定位法（Trilateration）指在测得目标节点和周围信标节点的距离的基础上，利用目标节点和信标节点之间的几何关系确定目标节点位置的方法。如图 5.4 所示，在二维空间中，已知 A、B、C 3 个节点的坐标分别为(x_A, y_A)、(x_B, y_B)、(x_C, y_C)，

它们到目标节点 O 的距离分别为 r_A, r_B, r_C。假设目标节点 O 的坐标为(x, y)，则得到式(5.4)，求解该方程组即可得到目标节点 O 的坐标。

$$\begin{cases}(x-x_A)^2+(y-y_A)^2=r_A^2\\(x-x_B)^2+(y-y_B)^2=r_B^2\\(x-x_C)^2+(y-y_C)^2=r_C^2\end{cases} \tag{5.4}$$

双曲线定位法利用同一个信号到达不同信标节点的时间差（TDoA）所形成的多个双曲线的分支交汇于一点来确定目标移动节点的位置。在二维空间中，使用该方法至少需要 3 个信标节点才能确定目标移动节点的位置。基于双曲线定位法的模型如图 5.5 所示，其原理为：假设通过某特定的测量方法得到目标节点到 2 个信标节点 A、B 的距离差为 $2a$，根据有关双曲线的数学方程可得式（5.5）。

$$|MF_1|-|MF_2|=2a \tag{5.5}$$

其中，M 是双曲线上的一点，F_1 和 F_2 分别是双曲线的两个焦点，$2a$ 是两焦点之间的距离。那么，根据式（5.5）可以得出结论：目标节点 M 就在以两个信标节点 A、B 的位置为焦点、距离差为 $2a$ 的双曲线上。同样地，根据另外 1 个信标节点 C 可以再确定 1 条双曲线。2 条双曲线的交点即为目标节点 M 的位置。

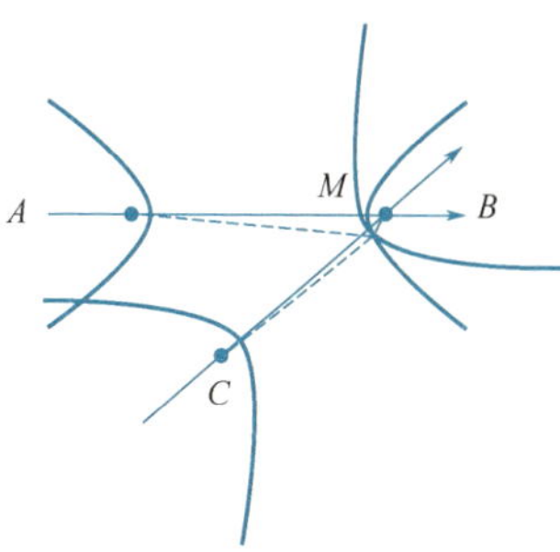

图 5.5 双曲线定位法

双曲线模型一共利用了 3 个信标节点的信息，通过 3 个信标节点可以得到 2 条双曲线，最后可以确定 2 个交点。此时，我们可以根据其他一些条件，例如入射角度等信息，进行二次判别，从而排除干扰点的坐标而最终获得目标节点的坐标。

三角定位法（Triangulation）指在 AoA 测向获得的信号到达角度的基础上，利用三角形的几何特性来计算目标节点位置的方法。如图 5.6 所示，已知节点 A、B、C 的坐标分别为(x_A, y_A)、(x_B, y_B)、(x_C, y_C)，目标节点 D 相对于节点 A、B、C 的夹角分别为$\angle ADB$、$\angle ADC$、$\angle BDC$，如果 $\overset{\frown}{AC}$ 在 ΔABC 内，那么利用式（5.6）可以唯一确定一个圆，圆心为 $O_1(x_1, y_1)$，半径为 r_1；同理确定其他两个圆；三个圆的交点坐标即为所求目标节点 D 的坐标。

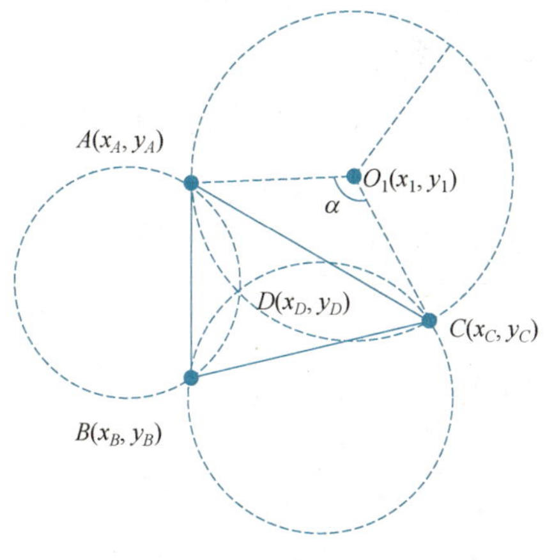

图 5.6 三角定位法

$$\begin{cases}\sqrt{(x_1-x_A)^2+(y_1-y_A)^2}=r_1\\ \sqrt{(x_1-x_C)^2+(y_1-y_C)^2}=r_1\\ \sqrt{(x_A-x_C)^2+(y_A-y_C)^2}=2r_1^2-2r_1^2\cos\alpha\end{cases} \tag{5.6}$$

最大似然法根据多个信标节点（>3）和相应的测距结果，寻找一个使测距误差对定位精度影响最小的点。如图 5.7 所示，假设定位区域内信标节点数量为 $n(n>3)$，其坐标分别为(x_i, y_i) $(i=1, 2,\dots, n)$，信标节点与目标节点 $O(x, y)$间的距离分别为 d_i $(i=1, 2, \dots, n)$，根据信标节点的位置和测距结果，可以建立如式（5.7）所示的距离方程组。

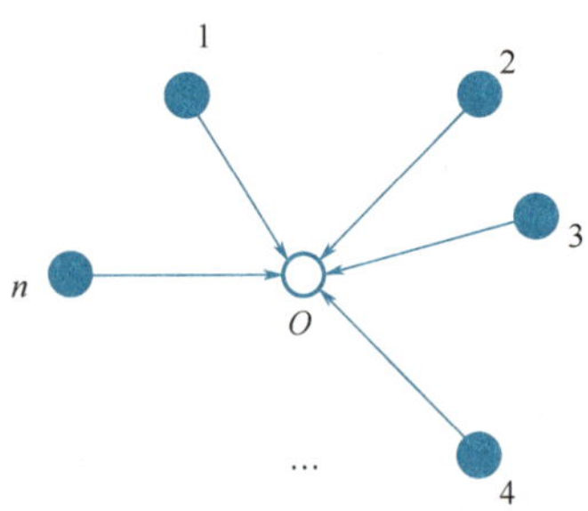

图 5.7　最大似然法

$$\begin{cases}(x_1-x)^2+(y_1-y)^2=d_1^2\\ (x_2-x)^2+(y_2-y)^2=d_2^2\\ (x_3-x)^2+(y_3-y)^2=d_3^2\\ \quad\vdots\\ (x_n-x)^2+(y_n-y)^2=d_n^2\end{cases} \tag{5.7}$$

从第一个方程开始，分别减去最后一个方程消掉平方项，得到 $n-1$ 维方程组，如式（5.8）所示。

$$\begin{cases}x_1^2-x_n^2-2(x_1-x_n)x+y_1^2-y_n^2-2(y_1-y_n)y=d_1^2-d_n^2\\ x_2^2-x_n^2-2(x_2-x_n)x+y_2^2-y_n^2-2(y_2-y_n)y=d_2^2-d_n^2\\ x_3^2-x_n^2-2(x_3-x_n)x+y_3^2-y_n^2-2(y_3-y_n)y=d_3^2-d_n^2\\ \quad\vdots\\ x_{n-1}^2-x_n^2-2(x_{n-1}-x_n)x+y_{n-1}^2-y_n^2-2(y_{n-1}-y_n)y=d_{n-1}^2-d_n^2\end{cases} \tag{5.8}$$

为方便方程组求解，令

$$\boldsymbol{X}=[x\ \ y]^{\mathrm{T}},\quad \boldsymbol{A}=2\begin{bmatrix}(x_1-x_n) & (y_1-y_n)\\ (x_2-x_n) & (y_2-y_n)\\ (x_3-x_n) & (y_3-y_n)\\ \vdots & \vdots\\ (x_{n-1}-x_n) & (y_{n-1}-y_n)\end{bmatrix},\quad \boldsymbol{B}=\begin{bmatrix}x_1^2-x_n^2+y_1^2-y_n^2+d_n^2-d_1^2\\ x_2^2-x_n^2+y_2^2-y_n^2+d_n^2-d_2^2\\ x_3^2-x_n^2+y_3^2-y_n^2+d_n^2-d_3^2\\ \vdots\\ x_{n-1}^2-x_n^2+y_{n-1}^2-y_n^2+d_n^2-d_{n-1}^2\end{bmatrix}$$

那么，式（5.8）可表示为 $\boldsymbol{AX}=\boldsymbol{B}$。由于测距误差的存在，该线性方程组应表示为 $\boldsymbol{AX}+\boldsymbol{N}=\boldsymbol{B}$，$\boldsymbol{N}$ 为随机误差向量。为使 $\boldsymbol{N}$ 的模最小，利用最小二乘法原理使 $|\boldsymbol{B}-\boldsymbol{AX}|^2$ 最小化，将 $|\boldsymbol{B}-\boldsymbol{AX}|^2=(\boldsymbol{B}-\boldsymbol{AX})^{\mathrm{T}}(\boldsymbol{B}-\boldsymbol{AX})$ 看作 $\boldsymbol{X}$ 的函数，求导数并令导数等于 0，得到 $\boldsymbol{A}^{\mathrm{T}}\boldsymbol{AX}-\boldsymbol{A}^{\mathrm{T}}\boldsymbol{B}=0$，在矩阵 $\boldsymbol{A}$ 满秩的情况下，它有唯一最小二乘解为 $\boldsymbol{X}=(\boldsymbol{A}^{\mathrm{T}}\boldsymbol{A})^{-1}\boldsymbol{A}^{\mathrm{T}}\boldsymbol{B}$；否则无解，该方法不适用。

随着微电子机械系统（Micro Electro Mechanical System, MEMS）技术的发展，加速度计和陀螺仪等惯性测量单元（Inertial Measurement Unit, IMU）的尺寸和成本大幅降低，使得航位(或迹)推算法（Dead Reckoning, DR）在定位系统中得以广泛应用。航位推算法的基本原理：从已知的初始位置和姿态开始，利用 IMU 测量载体在惯性坐标系中的加速度和角速度，对这些数据进行时间积分，并将结果转换到导航坐标系中，以推算出载体在导航坐标系中的速度、航向和位置等信息。IMU 作为核心组件，是一种自包含的传感器定位技术。式（5.9）是航位推算法的导航公式。

$$\begin{cases} P_{\mathrm{dr}}(k+1)=P_{\mathrm{dr}}(k)+v_k\Delta t+\dfrac{1}{2}a_{k+1}\Delta t^2 \\ v_{k+1}=v_k+a_{k+1}\Delta t \\ \gamma_{k+1}=\gamma_k+\omega_{k+1}\Delta t \end{cases} \tag{5.9}$$

其中，$P_{\mathrm{dr}}(k+1)$、a_{k+1}、v_{k+1}、γ_{k+1} 和 ω_{k+1} 分别表示第 $k+1$ 时刻的位置、线加速度、速度、角偏差（航向角）和角速度。如式（5.10）所示，使用余弦公式将惯性坐标系转换到导航坐标系。

$$\begin{bmatrix} a_{x,\mathrm{r}} \\ a_{y,\mathrm{r}} \end{bmatrix}=\begin{bmatrix} \cos\varphi & -\sin\varphi \\ \sin\varphi & \cos\varphi \end{bmatrix}\begin{bmatrix} a_{x,\mathrm{l}} \\ a_{x,\mathrm{l}} \end{bmatrix} \tag{5.10}$$

其中，$\varphi=\int\omega_{z,\mathrm{r}}\mathrm{d}t$ 表示惯性坐标系与导航坐标系之间的夹角，通过对角速度 $\omega_{z,\mathrm{r}}$ 的积分得到；$\omega_{z,\mathrm{r}}$ 为第 $k+1$ 时刻绕垂直轴（z 轴）的角速度；$a_{x,\mathrm{r}}$、$a_{y,\mathrm{r}}$ 表示在导航坐标系中沿 x 轴和 y 轴方向的加速度分量；$a_{x,\mathrm{l}}$、$a_{y,\mathrm{l}}$ 表示在惯性坐标系中沿 x 轴和 y 轴方向的加速度分量。导航坐标系中的加速度和惯性坐标系中的加速度之间的转换是通过旋转矩阵完成的，旋转角度由 φ 给出。

5.5.2 非测距定位方法

非测距定位的基本思想：根据节点之间的空间关系、跳数关系、拓扑约束、连通度等信息来获得节点之间的逻辑距离，在此基础上利用相应算法定位节点；用于逻辑定位，只需要确定节点是否在某个房间或楼层内，无须直接测量节点间的物理距离，降低了对节点硬件的要求，但是定位的误差有所增加。非测距定位方法使用现有节点的相对位置、连接信息或检测目标节点与信标节点（可以使用 RFID 或蓝牙信标）的接近程度进行定位，比测距定位方法更简单、更便宜、更节能，但代价是定位精度较低。正因为如此，非测距定位方法通常只在需要粗糙位置时才有用。

1. 指纹定位算法

在某些定位场景中，环境噪声非常大，尤其是使用 RSSI 进行距离估计时，RSSI 和距离的关系变得非常复杂，用直观的测距方法无法得到高精度的位置信息。此时，可以采用一种数据库匹配方法——指纹定位算法，也称为场景分析法，直接使用 RSSI 来估计位置。指纹定位算法的依据是无线信号强度在固定空间内的分布相对稳定，且 RSSI 测量值在空间具有明显的区分度，适用于定位。指纹定位算法的基本思想是：使用 RSSI 进行画像（Profiling）或指纹识别（Finger Printing），以克服基于 RSSI 的距离测量的不准确性，在目标区域中建立相关观察特征（测量值/向量）和在目标区域测量到的位置信息之间的位置指纹库，这样定位问题就变成了将 RSSI 测量值/向量（而不是距离）与指纹地图匹配的问题。在实际应用时，定位系统将观测到的目标信号的特征与位置指纹库中的样本进行匹配，根据观察值和指纹库中的信息比对结果，选择与目标信号最相似的样本完成位置估计。指纹定位算法的优点是可以使用现有的公共网络，通用性好，不需要时钟同步，非常适合采用机器学习方法；缺点是在动态性强的环境中不同设备或设备佩戴位置都会影响指纹，适应性弱（布局变化时需要再次测量指纹，不适用于环境频繁变化的场景），并且指纹学习工作量极大、时间长。

图 5.8 为指纹定位模型，分为两个阶段：离线阶段和在线阶段。离线阶段建立观察特征和位置之间的位置指纹库；在线阶段根据观察值和指纹库中的信息进行最佳匹配、定位目标。离线阶段通过位置标记（Position Marks）的坐标和相应的特征来构建位置指纹库：由位置标记的坐标及其对应的特征组成样本（位置指纹），采集每个位置标记上的指纹，即可建立位置指纹库。位置标记的坐标通常根据定位区域的现场环境和定位精度要求来确定。在线阶段将观测到的目标信号的特征向量与位置指纹库的每个样本进行匹配，根据与目标的相似度，选取一定数量的样本作为相邻参考点（Reference Points，RP）；通过基于相邻参考点的位置估计算法计算目标的位置。

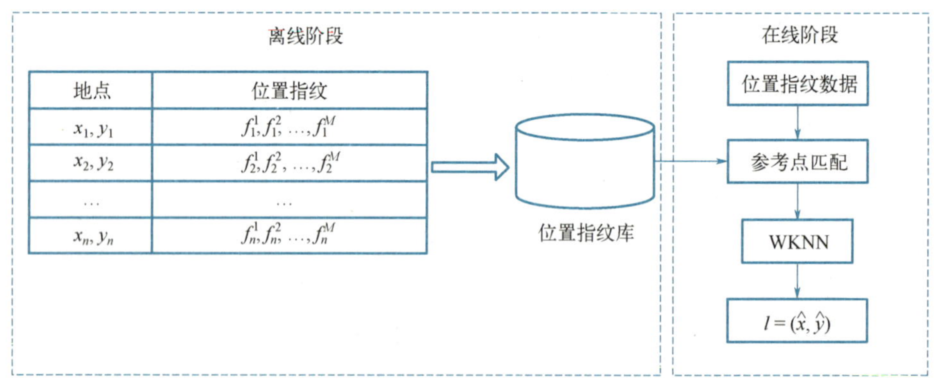

图 5.8　指纹定位模型

在线阶段使用的位置估计算法常见的主要有确定性方法、概率性方法和机器学习方法，包括加权 k-最近邻（WKNN）算法、人工神经网络（ANN）算法、概率方法、支持向量机器（SVM）算法等。

（1）确定性方法：用确定性的推理算法估计目标的位置。例如，采用 k-最近邻（k-Nearest Neighbors，KNN）算法，在位置指纹库中找出与接收的信号强度最接近的一个或多个样本，将它们对应的平均值作为位置估计的结果。

（2）概率性方法：通过条件概率为位置“指纹”建立模型，采用贝叶斯原理（Bayes' Theorem）估计目标的位置。它需要知道观测到的信号强度在某个位置的条件概率函数，可以采用直方图法（Histogram）及核密度估计（Kernel Density Estimation，KDE）方法获取。

（3）机器学习方法：将定位问题作为分类问题处理。在离线阶段，机器学习方法将接收信号强度和对应的位置坐标作为分类器的输入信息进行训练，得到信号强度与位置关系的模型。

2．质心定位算法

基于连接性（Connectivity Based）的定位技术通过检查一个节点是否连接到另一个节点来工作。如果每个节点都知道所有连接的节点，那么就可以通过使用 DV-Hop 算法计算节点之间的跳数来确定粗略的位置。另一种技术是简单地检测某节点是否靠近某信标节点（通常使用 RFID 或蓝牙信标）。

质心定位算法是由南加州大学的 Nirupama Bulusu 等学者提出的一种基于网络连通性的非测距定位算法，其核心思想是：先确定包含目标节点的区域，再计算这个区域的质心，并将其作为目标节点的位置。如图 5.9 所示，信标节点周期性地向邻近节点广播分组，分组中包含信标节点的标识号和位置信息。当目标节点接收到的来自不同信标节点的分组的数量超过某一个阈值 k 或接收一定时间后，就将这些信标节点所组成的多边形的质心作为自身位置，见式（5.11）。还可以求加权质心作为目标的位置，见式（5.12）。该算法简单，仅基于网络连通性，无须信标节点和目标节点间的协调。但是该算法假设节点拥有球型传播模型，而实际的无线信号传播模型并非球型，且位置估计精度受限于信标节点的密度和分布。

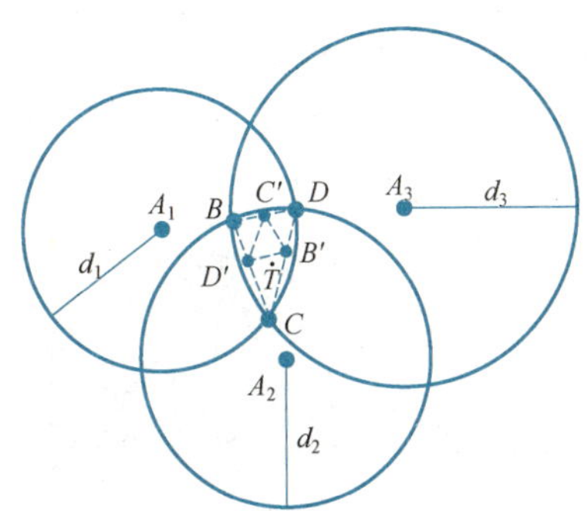

图 5.9　质心定位算法原理

$$x=\frac{1}{n}\sum_{i=1}^{n}x_i,\quad y=\frac{1}{n}\sum_{i=1}^{n}y_i \tag{5.11}$$

$$x=\frac{1}{\sum_{i=1}^{n}w_i}\sum_{i=1}^{n}w_ix_i,\quad y=\frac{1}{\sum_{i=1}^{n}w_i}\sum_{i=1}^{n}w_iy_i \tag{5.12}$$

3. 近似三角形内点测试算法

近似三角形内点测试（Approximate Point-In-triangulation Test，APIT）算法是一种典型的非测距定位方案，由于其对不规则无线传输模型和随机节点分布的鲁棒性，被广泛用于WSN的位置估计。APIT算法是三角形内点测试（Point In triangulation Test，PIT）算法的一种近似算法。

如图5.10（a）所示，由信标节点组成许多三角形区域。PIT算法利用RSSI的变化趋势来估计目标节点所在的三角形区域。信标节点*A*、*B*、*C*是目标节点*M*所在的Delaunay三角形的三个顶点。目标节点*M*与三角形区域ΔABC之间的关系是该节点要么在三角形内部，要么在三角形外部。在图5.10（b）的情况下，当移动目标节点*M*时，距离*MA*、*MB*和*MC*不可能同时增加或减少；而在图5.10（c）的情况下，当移动目标节点*M*时，至少在一个方向上，距离*MA*、*MB*和*MC*肯定会同时增加或减少。根据RSSI与传播距离的单调关系，如果存在一个方向，使得目标节点*M*从三个信标节点*A*、*B*和*C*接收到的RSSI测量值在该方向上同时增加或减少，则可以确定目标节点*M*在三个信标节点形成的三角形之外；否则，*M*在三角形内。但是，从本质上讲，PIT算法是一种在实践中不可行的详尽方法。

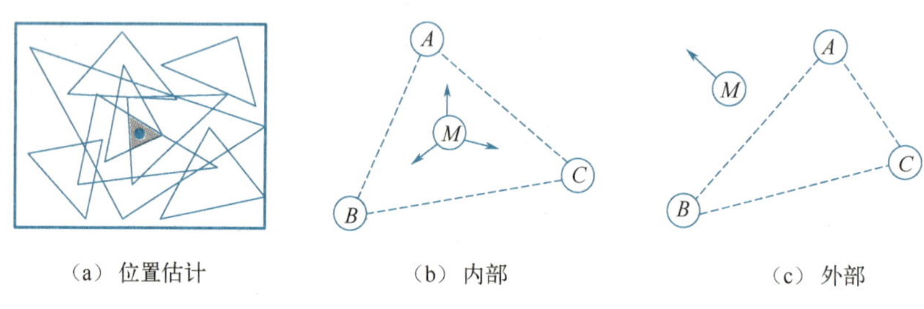

图5.10　PIT算法原理

APIT算法中，相邻节点间信息的交换可以认为是PIT算法中的节点移动。如图5.11（a）所示，节点1、2、3、4是目标节点*M*的相邻节点，如果*M*与相邻节点之间没有相同的变化（增加/减少），则假设*M*在三角形区域ΔABC内部；否则，*M*在这个三角形区域外部。作为近似替代，实验证实：当节点密度（每个节点无线电区域的平均节点数）大于6时，APIT算法的错误率相对较低。

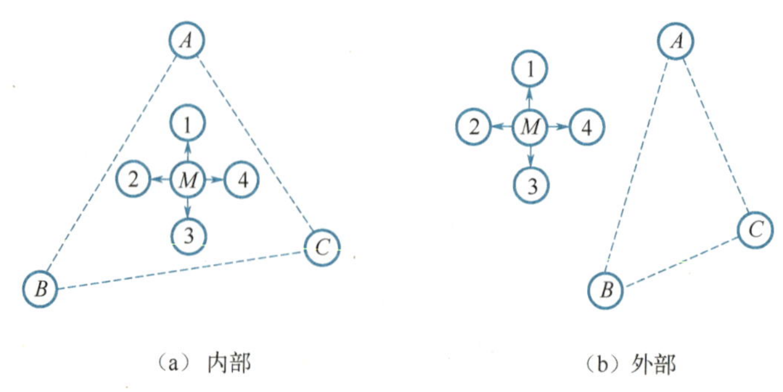

图5.11　APIT算法原理

APIT算法的基本思想：确定多个包含目标节点*M*的三角形区域，这些三角形区域的交集是一个多边形，它确定了更小的包含 M 的区域；计算这个多边形区域的质心，并将质心作为目标节点 M 的位置。

算法流程：目标节点首先收集其邻近信标节点的信息，如位置、标识号、接收到的信号强度等；从这些信标节点组成的集合中任意选取三个节点，假设集合中有 n 个节点，那么共有 C_n^3 种不同选取方法，即有 C_n^3 个不同的三角形；逐一测试每个三角形，判断目标节点是否位于其内部，直到穷尽所有 C_n^3 个三角形或达到定位所需精度；计算包含目标节点的所有三角形的重叠区域，并求质心。

可以利用网络中相对较高的节点密度来模拟节点移动，利用无线信号的传播特性来判断是否远离或靠近信标节点。

相比简单的质心定位算法，APIT 算法定位精度高，对信标节点的分布要求低。但是，APIT 算法对网络的连通性要求较高，时间和空间复杂度也都比较高，通信传输量也较大。

5.5.3 扩展的位置估计方法

扩展的位置估计方法包括组合定位、协作定位、机会定位、移动节点辅助的定位、物联网辅助的定位、空间约束辅助的定位、信标漂移场景下的定位等方法。

组合定位(Integrated Localization/Positioning)采用两种或两种以上的定位方法，以获取更可靠的定位信息。为了实现精确的路线规划和导航，自动驾驶车辆通常需要达到车道级别的定位精度，许多支持 L2+级别功能的乘用车和自动驾驶车辆配备了高精度的组合定位系统(业内通常称为 P-Box)。例如，结合 GNSS 和 IMU 的组合定位系统，通过 GNSS 接收卫星信号进行全局定位，利用 IMU 进行校准，并在 GNSS 信号丢失时维持一定的定位精度。未使用实时动态(Real Time Kinematic，RTK)技术的 GNSS，通过接收并比较来自多颗卫星的信号，提供米级的定位精度。组合定位系统能够接收多个 GNSS 信号，提高了同时检测到足够数量卫星的概率(多系统，Multi Constellation)；由于每个 GNSS 使用不同的频段，组合定位系统可以结合同一 GNSS 系统的多个频段，以减轻大气条件带来的误差(多频段，Multi Frequency)。IMU 由三个加速度计和三个陀螺仪组成，能够测量三自由度的加速度和角速度。通过 GNSS 获得初始定位后，结合 IMU 的输出，使用航位推测法(Dead Reckoning，DR)便可以持续估计出当前的位置。

混合参数定位算法将前述的两种或多种基本参数估计方法结合起来，以便得到更好的定位结果。在实际应用中应当灵活多变地调整定位方式，当无线传感器网络资源匮乏时，可以将几种方法结合起来，用较少的硬件系统来实现定位。

ToA/RSS 混合定位算法：如图 5.12 所示，将 ToA 和 RSS 换算成距离值，即可得到以信标节点（BN）为圆心，目标节点（TN）到信标节点的距离为半径的圆（分别用实线和虚线表示），由于误差的存在，这些圆不再相交于一点，而 TN 的位置位于所有圆形相交的重叠区域。使用 ToA/RSS 混合定位算法可以将定位区域进一步缩小，比单独使用 ToA 或者 RSS 定位的精度要高。在图 5.12 中，假设 BN_1 在原点位置，TN 的坐标为(x, y)，BN_1 到 TN 的距离为 r_1，则 ${r_1}^2 = x^2 + y^2$，通过两步最小二乘算法就可以将定位精度大大提高。

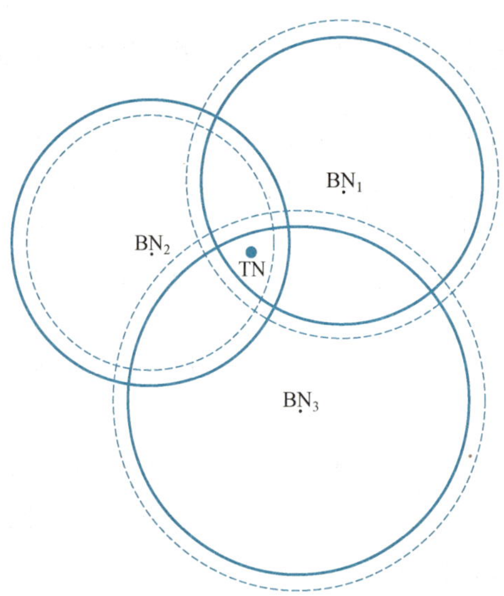

图 5.12　理想多边测量

ToA/AoA 混合定位算法：基于信号子空间的分析方法，例如多重信号分类法（MUltiple SIgnal Classification，MUSIC），可获得精度很高的到达角度（Angle of Arrival，AoA），因此可以使用 AoA 信息辅助 ToA 进行混合定位，并通过增加约束条件使定位结果更加准确。估计目标节点位置最直接和简便的方法是采用距离圆和角边线的交点构成的几何形状的形心。然而，并不是所有交点在位置估计时都提供相同的权值信息。在无线通信信道中，均方根时延扩展随目标节点与信标节点之间距离的增大而增大，导致目标节点与信标节点的距离越远，信标节点检测 ToA 数据出现较大误差值的概率也越大。为了使算法更加精确，可以采用排序加权法（Sorting Weight，SW），根据所有交点距离坐标平均值的远近，将距离平方值的倒数作为权值，实时根据权值进行动态调整来估计目标节点（TN）的位置，如图 5.13 所示。

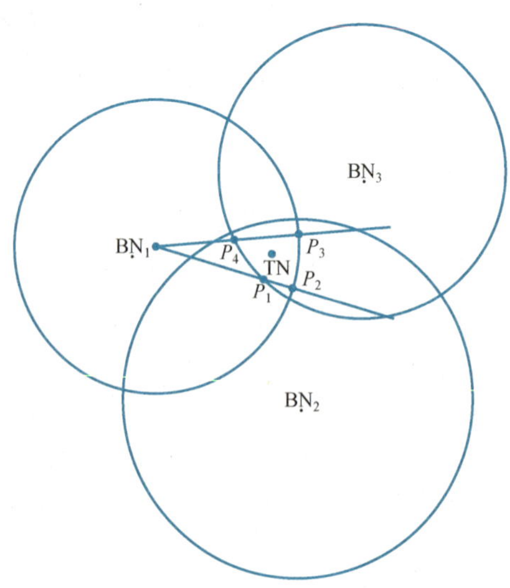

图 5.13　排序加权法

排序加权法的具体步骤如下（以图 5.13 为例进行说明）：

步骤 1 找出这三个圆和角边线所有可能的交点 $P_i(x_i, y_i)$，$i = 1, 2, \ldots, N$。

步骤 2 计算 TN 的平均位置$(\bar{x}, \bar{y})$。

$$\bar{x} = \frac{1}{N}\sum_{i=1}^{N} x_i \text{，} \quad \bar{y} = \frac{1}{N}\sum_{i=1}^{N} y_i$$

步骤 3 计算每一个交点 P_i 到 TN 平均位置的距离

$$d_i = \sqrt{(x_i - \bar{x})^2 - (y_i - \bar{y})^2}$$

步骤 4 将距离按递增顺序排序，并按此顺序重新标记所有的交点。

步骤 5 通过排序结果的前 M 个可行交点的加权平均值估计 TN 的位置，如式（5.13）所示。

$$x = \frac{\sum_{j=1}^{M} w_j x_j}{\sum_{j=1}^{M} w_j}, y = \frac{\sum_{j=1}^{M} w_j y_j}{\sum_{j=1}^{M} w_j} \tag{5.13}$$

其中，权值 $w_j = (d_j^2)^{-1}$，$j = 1, 2, \ldots, M$。

5.6 典型的无线定位系统

定位是借助特定设备和系统来确定目标位置的过程，定位系统是用来进行定位的一套设备或系统。定位系统的研发包括定位芯片、定位节点、定位软/硬件系统、定位通信一体化系统的研发。典型的无线定位系统有 GNSS、蜂窝基站定位系统、Cricket 系统、Beep 系统、AHLoS 系统、枪声定位系统等。

5.6.1 GNSS

GNSS 是能在地球表面或近地空间的任何地点，为用户提供全天候的 3D 坐标、速度及时间信息的空基无线电导航系统。GNSS 是对北斗、GPS、GLONASS、Galileo 等单个卫星导航系统的统一称谓，也可指代它们的增强型系统（包括星基增强和地基增强），又指代所有这些卫星导航系统及其增强型系统的相加混合体。

通常我们接触到的用户端 GNSS 产品主要是 GNSS 接收机，其组成如图 5.14 所示。天线主要用于接收、放大卫星信号和抑制多径效应。射频前端模块主要是对原始信号进行变频、功率放大及滤波，提取真正有用的信号，便于模数转换器（Analog to Digtal Converter，ADC）进行解码处理。基带处理模块对卫星信号进行解码，获得卫星报文。每颗卫星的信号都需要一个单独的通道进行处理，通道数越多，可以获得的卫星观测值也就越丰富，定位精度也就越高，如果有 100 颗卫星，2 个频段，则可能需要 200 个通道才能有效处理这些信息。解码的过程分为搜索、锁定、跟踪三步：首先生成每颗卫星的伪码，与信号进行自相关操作，相关度达到一定程度就可以锁定卫星；然后进行码锁定、位同步、帧同步；最后提取出报文。这个过程需要持续进行。因为多普勒效应，信号的频率会不断变化，所以本地生成的伪码也要不断变换频率去适配卫星的变化；一旦失去锁定，就会丢失信号，也就无法定位了。PVT

（Position Velocity and Time）解算包括 GNSS 必备的 3D 位置（Position）、速度（Velocity）和时间（Time）解算功能，利用基带解码获得的报文，提取出 3D 坐标（经度、纬度和高程）、速度、时间信息，代入公式进行计算，然后将计算结果输出给应用程序。

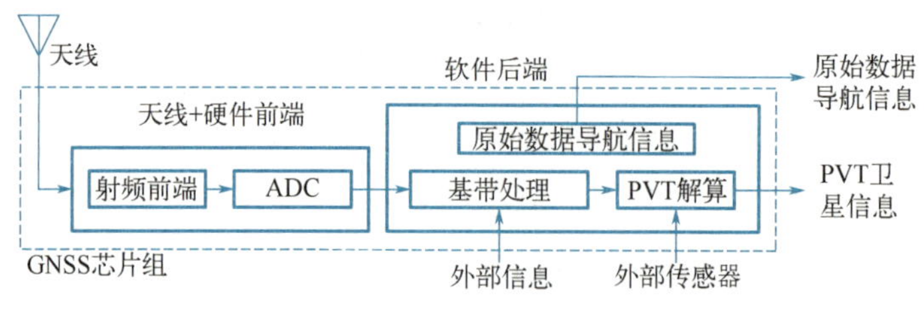

图 5.14　GNSS 接收机组成

北斗导航卫星系统（BeiDou navigation satellite System，简称 BDS）是中国自行研制的全球卫星导航系统，也是继 GPS、GLONASS 之后的第三个成熟的卫星导航系统。BDS 是中国着眼于国家安全和社会经济发展需要、自主建设运行的全球卫星导航系统，是为全球用户提供全天候、全天时、高精度的定位、导航和授时服务的国家重要时空基础设施。BDS 主要由三个部分组成：空间段由若干地球静止轨道卫星、倾斜地球同步轨道卫星和中圆轨道卫星组成；地面段包括主控站、时间同步/注入站和监测站等若干地面站，以及星间链路运行管理设施；用户段包括北斗及兼容其他卫星导航系统的芯片、模块、天线等基础产品，以及终端设备、应用系统与应用服务等。

20 世纪后期，中国开始探索适合国情的卫星导航系统发展之路，逐步形成了三步走发展战略：2000 年年底，建成北斗一号系统，向中国提供服务；2012 年年底，建成北斗二号系统，向亚太地区提供服务；2020 年，建成北斗三号系统，向全球提供服务。北斗系统的建设实践，走出了在区域快速形成服务能力、逐步扩展为全球服务的中国特色发展路径，丰富了世界卫星导航事业的发展模式。

相比于其他卫星系统，BDS 有如下特点：北斗系统的空间段采用三种轨道卫星组成的混合星座，与其他卫星导航系统相比高轨卫星更多，抗遮挡能力更强，尤其在低纬度地区性能特点更为明显；北斗系统提供多个频点的导航信号，能够通过多频信号组合使用等方式提高服务精度。北斗系统创新融合了导航与通信能力，具有五大功能：快速定位、实时导航、精确授时、位置报告和短报文通信服务。

衡量一个 GNSS 是否足够优秀，主要看它的精度、速度和灵敏度。速度主要是指从启动定位设备到首次正常定位所需的时间，也称为首次定位时间（Time To First Fix，TTFF）。影响 GNSS 定位精度的主要因素是误差，误差既来自系统的内部，也来自外部。卫星信号从发射到被设备接收，需要穿透大气层，其中大气电离层有数千公里厚，这些大气非常稀薄，但是存在大量被电离的电子，这些电子会让电磁波变慢一点，从而产生时延；在对流层，也会产生一定的时延误差；还有卫星高速移动产生的多普勒效应引起的误差；在地表附近，由于各种建筑、山体、水面的影响，卫星信号可能被反射或折射（多径效应）而产生时延；在卫星信号发射侧和接收侧，也有很多系统相关的误差，比如时钟偏差、内部噪声误差、处理时延误差等。这些时延加上传输时延，使得卫星信号的传输时间并不是准确地等于物理距离除以光速。另外，卫星的星历也有误差，卫星位置和真实位置也存在偏差。所有这些误差最终造成定位结果产生偏差。这些误差有些可以完全消除，有些则无法消除或只能部分消除，消除水平的高低直接决定了系统的准确性和可靠性。

消除以上误差提升定位精度的主要方法如下所述。

（1）多频多模：电磁波在通过电离层时，不同频率的信号会产生不同程度的时延。通过对两个或多个频率的观测值进行线性组合，可以有效消除电离层引起的误差，从而提高定位精度，例如双频技术。所谓双频，是指 GNSS 接收机同时接收并处理同一 GNSS 系统的不同频段的信号，以利用电离层对不同频率信号的时延特性来消除电离层误差，提高定位精度。此外，多模技术是指 GNSS 接收机同时支持多个 GNSS 系统（如 GPS、GLONASS、北斗、伽利略等）的信号接收，以增强信号的接收能力和定位可靠性。

（2）地基/星基增强：为了更好地消除误差、提高反应速度，GNSS 会引入一些星基或地基的辅助手段。结合辅助手段的 GNSS 也被称为辅助 GNSS（Assisted GNSS，A-GNSS），现在比较常用的是通过地基的移动通信网络，传送增强修正数据，提供辅助信息，加强和加快卫星导航信号的搜索跟踪性能和速度，缩短定位时间，提高定位精度。移动通信网络辅助的 A-GNSS 架构如图 5.15 所示，需要网络和手机都能接收 GNSS 信息：网络可以根据终端当前所在的区域，确定所在区域上空的 GNSS 卫星，将这些信息提供给终端；终端可以根据这些信息缩小卫星搜索范围、缩短搜索时间，更快地完成可用卫星的搜索过程；手机等终端快速获得自身的位置后，再将位置信息发送到网络的定位服务中心，以计算出更精准的位置。A-GNSS 可满足快速移动定位需求，但无法满足室内定位需求。

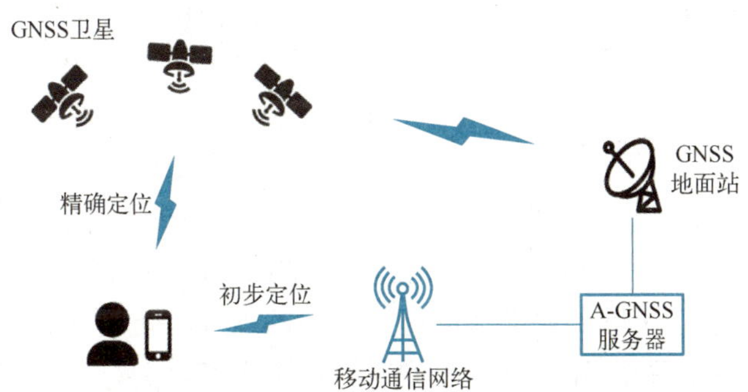

图 5.15　移动通信网络辅助的 A-GNSS 架构

星历误差、卫星时钟偏差甚至电离层和对流层误差都是可以观测或建模的，一旦计算出了实时的误差值，就可以通过一个单独的通道进行播发；接收设备在定位过程中使用这些修正项，就可以提升定位精度。实时动态差分（Real Time Kinematic，RTK）技术又称为载波相位差分技术，是实时处理两个测量站载波相位观测量的差分方法，原理是利用一个参考站提供基准观测值，然后用设备的观测值与基准站的观测值进行差分，差分后可以消除星历误差、卫星时钟偏差、电离层误差，再进行星间差分后可以进一步消除设备的时钟偏差，最终可以算出设备相对基准站的相对坐标，如果基准站位置已知，就可以获得准确的绝对坐标。RTK 包括传统 RTK 和网络 RTK 两种模式：传统 RTK 模式只有一个基准站；网络 RTK 模式有多个基准站，多个基准站会采集监测数据发送给控制中心，控制中心针对数据进行粗差剔除后再进行解算，并最终将修正信息发送给用户。网络 RTK 模式的覆盖范围很大（可以距离用户上百公里）且拥有更高的精度（厘米量级）和稳定性，但是需要布设密集的参考站。精密单点定位（Precise Point Positioning，PPP）的原理是对每一种误差进行准确建模，最终求解出卫星和设备之间的准确距离。为了确定准确的误差，PPP 需要不断地迭代内部参数，而且一些卫星的误差只有当卫星位置变化后才能体现出来，所以 PPP 需要比较长的收敛时间，一般需要 30min 才能收敛到理想的精度。北斗开放的 B2B 频点就是为此服务的。

（3）组合定位：利用卫星信号和其他定位技术（如惯性导航）相互配合来完成定位。卫星定位虽然方便，但容易受客观条件的影响，例如，隧道、森林等路段上的 GNSS 信号容易中断。丢失卫星信号后如何定位是卫星定位的一个大问题，需要临时采用其他辅助定位手段来补充。航位推算（Dead Reckoning，DR）就是一种自主式的惯性导航（简称惯导）技术，通过加速度传感器和陀螺仪传感器，结合一些专用算法，可以根据用户终端的初始位置信息及传感器获得的信息，推算出用户终端在盲区位置的高精度导航数据。惯导和卫星定位有很强的互补性：一方面 DR 可以帮助补盲；另一方面 GNSS 也能对 DR 进行实时纠偏，帮助 DR 推测出更准确的位置。举一个最简单的例子，卫星定位有一个输出频率指标，在两次定位之间，可用惯导来进行位置推算，获得更高频率的位置输出。组合定位最重要的作用就是提升精度，比如，利用卡尔曼滤波方法，用惯导推算位置，用卫星定位提供观测量，对推算位置进行修正，从而可以让定位结果更加平滑，而且可以对异常的卫星观测量进行过滤或降权；另外，惯导模块本质是一个多轴加速度计，可以通过惯导输出的多轴加速度进行定位拟合，确保在短时间丢失卫星信号情况下的高精度定位。

5.6.2 蜂窝基站定位系统

蜂窝网络通信区域被分割成蜂窝小区，每个小区对应一个通信基站（Base Station，BS），移动台/移动终端/用户设备（Mobile Station/Mobile Terminal/User Equipment，MS/MT/UE）连接小区对应的基站进行通信，利用基站位置已知的条件，可对 MS 进行定位。被定位的 MS 通常是手机等普通终端。当 MS 可以同时连接多个基站时，多个基站设备通过附加装置，测量从 MS 发出的电波信号的特征参数（电磁场强、传播时间、时间差、相位或入射角等），再通过合适的定位算法也可推算出 MS 的大致位置。受信道噪声干扰和多径传播等的影响，蜂窝基站定位系统很难达到较高的定位精度，定位覆盖范围也受到系统场强覆盖范围的限制。传统基站分为三个扇区，一个扇区对应一个小区，每个扇区通常为 120°，每个小区都有不同的标识码（Cell-ID）。由于基站的经纬度是已知的，根据 Cell-ID 就可以大致锁定 MS 的位置。

蜂窝网络中，根据目标位置、定位主体及采用的设备的不同，可以将对 MS 的无线定位方案分为基于 MS 的定位方案、基于网络的定位方案和 GNSS 辅助的定位方案三种。与之对应的有基于移动台的（Mobile Based）、基于网络的（Network Based）、网络辅助的（Network Assisted）、移动台辅助的（Mobile Assisted）和 GNSS 辅助的五类定位系统。

1. 基于移动台的（Mobile Based）定位系统

基于移动台的定位系统也称MS自定位系统或前向链路定位系统，采用GNSS辅助的定位方案。定位过程：MS根据收到的多个（通常为3～4个）信号所携带的某种与MS位置有关的特征信息（场强、传播时间、时间差等），确定其与各发射机间的几何位置关系，这些信号是由位置已知的发射机（如GNSS卫星）发射的；再由集成在MS中的位置计算功能，根据有关定位算法计算出MS的估计位置。缺点：要保证能观测、接收到卫星信号，在室内及有遮挡的情况下应用受限；MS冷启动的时间较长，实时性得不到满足；MS耗电量大。

码分多址（Code Division Multiple Access，CDMA）系统采用下行链路空闲周期（Idle Period Down Link，IPDL）或高级前向链路三边测量（Advanced Forward Link Three edge measurement，AFLT）定位方法。

在应用IPDL的WCDMA（Wideband CDMA，宽带码分多址）等系统中，每个BS在预定的很短时间内停止发射，从而在它的覆盖范围内产生一个低干扰的测量时段。MS测量它所能接收到的附近BS的定时信息，并以其中的一个BS（例如信号最强BS）作为参考BS，然后计算出其他测量BS和该参考BS之间的定时偏差，从而获得测量的TDoA值，最后用TDoA值计算出MS的位置。由于WCDMA网络是同步的，因此可通过位置测量单元（Location Measurement Unit，LMU）来估计突发脉冲的ToA并将它报告给网络，或使用GNSS来同步这些BS。

AFLT用于CDMA2000系统，是一种基于前向链路的定位方法。定位时，MS同时监听多个（≥3个）BS的导频信息，利用码片时延来确定MS到附近BS的距离，最后用三角定位法计算出MS的位置。AFLT与IPDL的机制相似，利用导频信息计算MS的位置，需要在网络中增加新实体，这些实体包括定位实体（Position Determine Entity，PDE）和移动定位中心（Mobile Positioning Center，MPC）。但是AFLT使用GNSS定位所有的BS，而不需要LMU。AFLT需要升级MS软件，并根据PDE获得导频信息方式的不同决定MS或网络侧是否需要支持IS-801协议；定位算法可以放在MS上或网络侧，其定位精度介于蜂窝小区标识（Cell-ID）定位和GNSS定位之间，为200～400m，最高可达100m；影响定位精度的主要因素是BS密度和地形环境，在BS密集的地方，定位精度相对较高。

2. 基于网络的（Network Based）定位系统

基于网络的定位系统也称远距离定位系统或反向链路定位系统，采用基于网络的定位方案。定位过程：由多个BS同时检测MS发射的信号，将各接收信号携带的某种与MS位置有关的特征信息发送到网络中的移动位置中心（Mobile Location Centre，MLC）进行处理，由集成在MLC中的分组控制功能（Packet Control Function，PCF）计算出MS的估计位置。由于受各种噪声干扰、NLoS、多径效应和蜂窝结构的影响，该定位系统的定位精度并不能得到保证。虽然基于信号AoA、TDoA等的各种定位技术均能在一定程度上改善定位精度，但需要对整个网络的软硬件进行专门的改造，投资较大。

蜂窝小区标识（Cell-ID）定位是一种最简单的定位方法，能被现有蜂窝网络支持，且终端侧和网络侧都不需任何修改，但这种技术只能将MS定位在服务小区的覆盖范围内，因此定位精度较低。当服务小区的覆盖半径很大，而 MS 处在小区边缘附近时，所测量的定位偏差将很大。而对于覆盖半径很小的服务小区，例如在微蜂窝覆盖的室内分布系统中，定位可达到一定精度。单基站定位中的源小区（Cell Of Origin，COO）定位将 MS 所属基站的位置视为 MS 的位置，优点是简单、快速，适用紧急情况；但是，其精度直接取决于基站覆盖的范围，对于基站分布疏松地区，一个基站的覆盖范围半径可达数公里。因此，仅基于 Cell-ID 的定位误差非常大，于是有了增强蜂窝标识（Enhanced Cell-ID，E-CID）定位方法，即在 Cell-ID 的基础上增加时间提前量（Time Advance，TA）、AoA、参考信号接收功率（Reference Signal Receiving Power，RSRP）、参考信号接收质量（Reference Signal Receiving Quality，RSRQ）等辅助信息来提升定位精度的增强定位方法。如图 5.16 所示，增强蜂窝标识（E-CID）定位方法包括 Cell-ID + RTT、Cell-ID + RTT + AoA 等。Cell-ID + RTT 在 Cell-ID 的基础上增加往返时间（Round Trip Time，RTT）测量，即通过时间提前量（TA）得出信号从 MS 到达 BS 或从 BS 到达 MS 的时间，再乘以无线信号传播速率来估算 MS 与 BS 之间的距离，可以通过对附近的 3 个 BS 进行距离估算来提升定位精度。Cell-ID + RTT + AoA 在 Cell-ID 的基础上，增加 RTT 和 AoA 辅助，可以大幅提升定位精度。

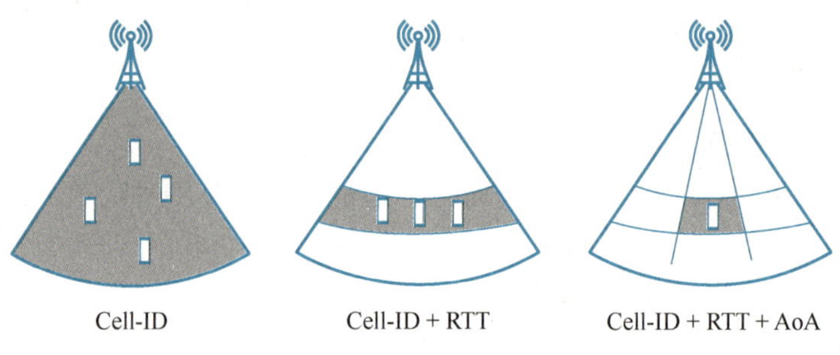

图 5.16　增强蜂窝标识（E-CID）定位方法

多基站 ToA 定位是一种基于反向链路的定位方法，通过测量 MS 的信号到达多个 BS 的传播时间来确定 MS 的位置，只需要 3 个以上的 BS 收到 MS 的信号，就可以利用三角定位算法计算出 MS 的位置。多基站 ToA 定位的定位精度与 BS 的地理位置分布有很大的关系，当球体之间的相交角为 90°时定位精度最高；但它对接收器的误差没有进行处理，误差较大。

多基站 TDoA 定位是一种基于上行/反向链路的定位方法，其基本原理是通过检测多个 BS 接收到 MS 信号的时间差来推算 MS 的位置。由于电磁波传播速度恒定，2 个 BS 接收到信号之间的时间差可转换为距离差，进而确定 MS 位于以这 2 个 BS 为焦点的 1 条双曲线上。但仅凭 1 条双曲线无法唯一确定 MS 的二维位置。为了实现平面定位（即确定 MS 的二维坐标），需要 2 个或以上的 TDoA 定位观测，即从 MS 发出的同一个信号被至少 3 个空间上不共线的 BS 接收，从而构造出 2 条或更多双曲线。理论上，这些双曲线的交点即为 MS 的可能位置。但是，由于双曲线之间可能存在 2 个交点，通常还需要第 4 个 BS 参与测量，或结合其他辅助信息（如信号强度、地图限制）来消除位置二义性。TDoA 定位的一个重要优势在于：不需要知道 MS 发射信号的具体时刻，也能有效抵消由于 BS 接收机时钟误差带来的共同偏差，因此在同步条件不理想的环境下，通常较 ToA 定位具有更高的鲁棒性和精度。不过，在 CDMA 等蜂窝系统中，功率控制机制会使靠近服务 BS 的 MS 发射功率较小，导致周边 BS 接收到的信号功率（SNR）偏低，增加 TDoA 的测量误差。为提升 TDoA 定位的性能，实际系统中有一种应对方法：在紧急呼叫或高优先级场景下临时提高 MS 的发射功率，以增强接收信号强度并提高定位精度，但这种做法可能带来一定的系统容量开销，需权衡使用。

多基站观测到达时间差（Observed TDoA，OTDoA）定位是根据 3 个 BS 与 UE 信号传播的时间差值来确定 UE 位置的定位方法，它使用双曲多边算法来确定来自多个 eNB（evloved NodeB，演进的基站节点，这多个 eNB 包括 1 个提供服务的 eNB 和 2 个或更多个邻居 eNB）的下行信号 ToA，从提供服务的 eNB 的 ToA 中减去邻居 eNB 的 ToA 形成 OTDoA，每个时间差值（或时差范围）都确定 1 条双曲线，这些双曲线相交的点就是 UE 的期望位置。要估计 UE 的位置坐标或经纬度，至少需要进行 3 次定时测量。图 5.17 描述了这种方法：UE 用其内部时基测量 t_1、t_2 和 t_3，并以 eNB_1 的测量值为参考构造 2 个 OTDoA，分别为 $t_{2,1} = t_2 - t_1$ 和 $t_{3,1} = t_3 - t_1$。ToA 测量具有一定的不确定度，这也导致了 UE 位置测量的不确定度，这个不确定度可以通过 2 条双曲线相交区域的面积来表示。长期演进（Long Term Evolution，LTE）使用特殊的蜂窝特定的参考信号（Cell Specific Reference Signal，CSRS），即定位参考信号（Positioning Reference Signal，PRS）。PRS 采用 QPSK 调制并在连续的 LTE 子帧中占有特定的位置，避免了与 CSRS 的冲突及与 PDCCH 信道的重叠。从提供服务的 eNB 和邻近的 eNB 测量到的 UE 的 PRS 到达时间差（TDoA）称为参考信号时间差（Reference Signal Time Difference，RSTD）。RSTD 测量值由 UE 发送回网络（即 eNB），根据报告的 RSTD 测量值和已知的 eNB 发射天线的固定位置便可确定 UE 的位置。

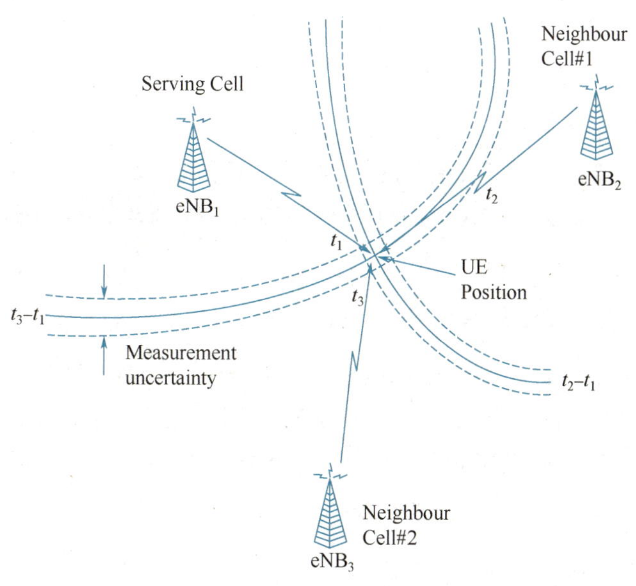

图 5.17 OTDoA 定位方法

图 5.18 所示的定位系统是三维的，但一般情况下垂直方向的差别与小区半径相比非常小，因此通常忽略不计。MT 向网络发送系统帧号间可观察到达时间差（SFN-SFN OTDoA）测量值，测量值包含测得的服务小区和相邻小区的定时差值。由于已知服务小区到 MT 的传播时延，因此可将 MT 报告的 OTDoA 测量值转换为观察到达时间（Observed Time of Arrival，OToA），从而估算出 BS 到 MT 的距离。图 5.18 中，不同圆的交点就是估算出来的 MT 位置，这些交点不在同一点上的原因是存在测量误差。

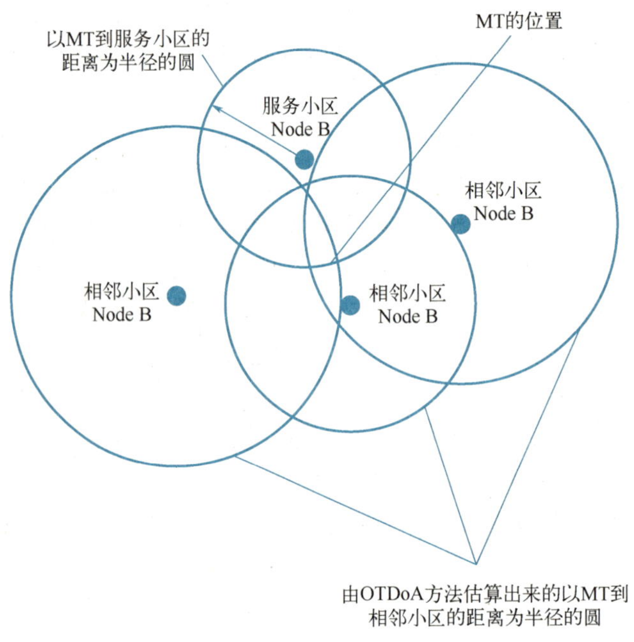

图 5.18　OTDoA 三点定位系统

3. 网络辅助的（Network Assisted）定位系统

网络辅助的定位系统也属于 MS 自定位系统，采用基于 MS 的定位方案：由网络中多个 BS 接收机同时检测 MS 发射的信号；将各接收信号携带的与 MS 位置有关的特征信息由空口传送回 MS；由集成在 MS 中的分组控制功能（Packet Control Function，PCF）计算出 MS 的估计位置。

4. 移动台辅助的（Mobile Assisted）定位系统

移动台辅助的定位系统采用基于网络的定位方案：由 MS 检测网络中多个 BS 发射机同时发射的信号；将各接收信号携带的某种与 MS 位置有关的特征信息由空口传送回网络；由集成在网络移动定位中心（Mobile Location Centre，MLC）中的 PCF 计算出 MS 的估计位置。

5. GNSS 辅助的定位系统

GNSS 辅助的定位系统采用 GNSS 辅助的定位方案：由集成在 MS 上的 GNSS 接收机和网络中的 GNSS 辅助设备利用 GNSS 系统实现对 MS 的自定位。但是，在 MS 内集成 GNSS

接收机存在体积偏大、能耗过大、GNSS 接收机首次定位时间过长、成本较高等问题。

5.6.3　5G 时代的定位技术

图 5.19 展示了 5G 时代的定位技术。5G 时代的到来，使定位技术迎来了各行各业的多样化应用，车联网、自动驾驶、智能制造、智慧物流、无人机、资产追踪等大量应用场景对定位能力的要求越来越高。例如，车联网中的车辆组队、主动避撞要求定位精度高达 30cm，且要求支持高速移动和超低时延的定位能力；远程操控无人机要求定位精度达到 10～50cm。同时，资产追踪、无人自动搬运车（Automatic Guided Vehicle，AGV）、AR/VR 等大量应用都集中在室内，卫星定位系统无法覆盖，因此 5G 必须增强网络定位技术来提升定位精准度。

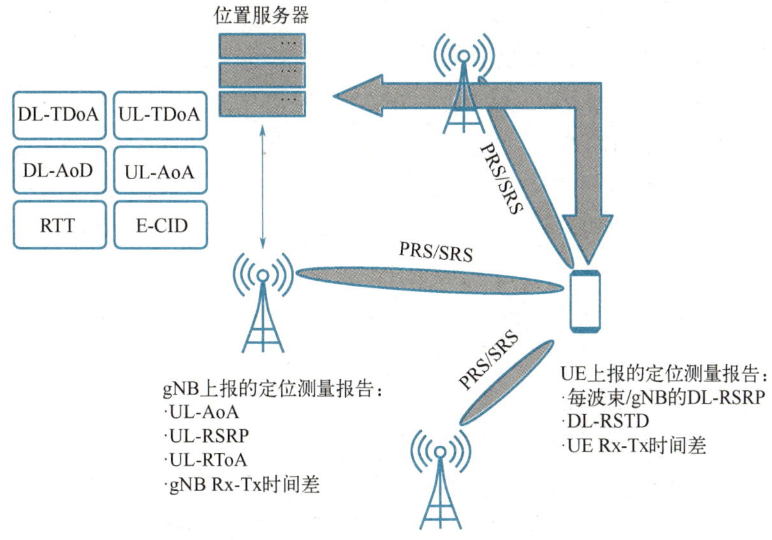

图 5.19　5G 时代的定位技术

根据 3GPP R16 的定义，5G 定位能力必须满足以下最低要求：对于 80%的终端，水平定位精度优于 50m，垂直定位精度优于 5m，端到端的时延低于 30s。对于要求严苛的商业用例，5G 定位能力至少需满足以下要求：对于 80%的终端，水平定位精度优于 3m（室内）和 10m（室外），垂直定位精度优于 3m（室内和室外），端到端的时延低于 1s。

下行链路参考信号到达时间差（DL-TDoA）：5G R16 版本引入了新的定位参考信号（PRS），用来供用户设备（UE）对每个 BS 的 PRS 执行下行链路参考信号时间差（DL-RSTD）的测量，并将这些测量结果上报给位置服务器。

上行链路参考信号到达时间差（UL-TDoA）：5G R16 版本增强了信道探测参考信号（Sounding Reference Signal，SRS），以允许每个 BS 测量上行链路相对到达时间（UL-RToA），并将测量结果报告给位置服务器。

下行链路离开角（DL-AoD）：UE 测量下一代基站节点（next generation NodeB，gNB）每波束的下行链路参考信号接收功率（DL-RSRP），并将测量结果上报给位置服务器；位置服务器根据每波束的 DL-RSRP 来确定 AoD，再根据 AoD 估计 UE 位置。

上行链路到达角(UL-AoA):gNB 根据 UE 所在的波束测量上行链路到达角(UL-AoA),并将测量结果上报给位置服务器。

多蜂窝往返时间(Multi-cell RTT):gNB 和 UE 对每个小区的信号执行 Rx-Tx 时间差测量。来自 UE 和 gNB 的测量报告会上报给位置服务器,以确定每个小区的往返时间并估计 UE 位置。

增强蜂窝标识(E-CID):UE 对每个 gNB 的无线资源管理(Radio Resource Management, RRM)指标进行测量,并将测量结果上报给位置服务器,例如 DL-RSRP。位置服务器利用这些信息辅助估算 UE 与 gNB 的距离,从而估计 UE 位置,改善无线蜂窝定位的精度。

随着蜂窝通信技术的不断演进,基站定位能力持续增强。5G 系统在继承 E-CID、TDoA 等传统定位方法的基础上,3GPP R16 版本引入了专用定位参考信号(Positioning Reference Signal, PRS),并融合下行/上行 TDoA、AoA/AoD 与增强型 E-CID 等多种定位技术。通过超密集组网提升参考点密度、大规模多天线系统(Massive MIMO)的多波束架构提升角度估计精度,以及亚毫秒级低时延优化时间同步,5G 实现了定位精度的显著跃升。R17 版本进一步完善了 PRS 配置和网络侧协同机制,在典型场景下已支持亚米级定位精度。进入 5G 演进(5G-Advanced)阶段,R18(2024 年)支持三维高精度定位、低功耗终端定位,并引入了 AI 算法以补偿非视距误差,同时采用信道图(Radio Map)辅助感知,实现室外 0.5 米、室内最高 0.1 米的分米级定位精度。R19(预计 2026 年)将进一步扩展通感一体化(Integrated Sensing And Communication, ISAC)技术,集成 GNSS、5G 与 Wi-Fi 等多源融合引擎,并探索基于量子时频同步网络的高精度协同机制。在面向未来的 6G 中(2030 年以后),蜂窝定位将迈向亚厘米级分辨率,依托太赫兹通信、智能超表面等技术实现多模态融合感知;同时还将具备“细胞级定位能力”(即对体内微型传感器或生物植入设备进行微米级甚至更高精度的实时定位),构建空-天-地-海全域协同定位系统。最终,蜂窝定位将演进为支持元宇宙、自动驾驶等关键应用的通信-感知-计算一体化核心基础设施,成为泛在智能环境中的重要感知识别支撑平台。

第 6 章 智慧物流系统

在传统发展模式下，物流产业难以有效应对消费需求快速增长所带来的挑战，资源条件的制约也使得产业规模的持续扩张面临瓶颈。面对这一困境，物联网（IoT）、云计算（C1oud Computing）、大数据（Big Data）等信息基础设施的不断完善，为物流行业的转型升级提供了坚实的技术支撑。随着信息基础设施的发展，物流基础设施正向虚拟化、智能化与网络化方向演进。通过条码、RFID、传感器、全球导航卫星系统（GNSS）等感知设备的广泛部署，结合互联网技术，构建一个高度物联化的智慧物流网络，实现物流信息的全面采集、传输、处理与应用。这一网络系统能够实现对货物状态、位置、环境等多维度信息的实时感知和智能管理，为客户提供“在合适时间、合适地点，通过合适渠道，以最优成本获取所需商品”的精准服务。从行业发展趋势来看，物流的智能化、集成化和智慧化是推动产业升级和应对市场变化的必然路径。智慧物流作为物联网等信息技术在物流领域深度融合应用的产物，标志着物流业正朝着高端化、服务化和智能化方向转型。智慧物流不仅提升了物流效率与服务质量，还促进了全球供应链的重构，能有效降低运营成本、提高可持续性。物联网感知识别等关键技术的进步为智慧物流的实现奠定了现实基础。智慧物流作为现代物流的重要发展阶段正在重塑全球物流体系，成为引领未来产业发展的关键力量。

6.1 智慧物流的概念

物联网技术的不断进步使得物流行业迎来了新的发展契机，物联网感知识别等信息技术最早应用于物流行业。为了克服传统物流的缺点，2009 年中国物流技术协会信息中心就提出了“智慧物流”的概念。智慧物流是一种以物联网感知识别等信息技术为支撑，在物流的运输、仓储、包装、装卸、搬运、流通加工、配送、信息服务等各环节提供系统感知、全面分析、及时处理和自我调整的功能，实现物流的感知智慧、规整智慧、发现智慧、创新智慧和系统智慧的现代综合性物流系统。智慧物流对企业、物流行业乃至整个国民经济的发展都具有至关重要的意义。

物流（Logistics）原意为“实物分配”或“货物配送”，是供应链活动的一部分，是为了满足顾客需要而对商品、服务消费及相关信息从商品源产地到最终消费点的高效、低成本流动和储存进行规划、实施与控制的过程。伴随着专业化生产和商业的出现和发展，物流成为工业生产及社会生活中的重要一环。物流历经粗放型物流、系统化物流、现代物流和电子物流的发展，如今在物联网技术的加持下催生了全新的智慧物流（Smart Logistics）。

智慧物流是一种整合了物联网、大数据分析、人工智能（AI）、机器学习（ML）等技术的物流系统，集成的智能化技术使物流系统能模仿人的智能，具有感知、学习、思维、推理判断和自行解决物流中某些问题的能力。智慧物流在流通过程中利用条码、RFID、传感器/无线传感器网络（WSN）、无线感测等技术获取信息，通过各种有线或无线通信网络传输所采集的物流信息，分析信息，做出决策，使商品从源头开始就被跟踪与管理，实现信息流快于实物流，让货物配送自动化、信息化和网络化。智慧物流的目标是通过实时数据收集和分析来优化供应链的运输、生产、仓储、分销、包装、搬运装卸、配送直至最终消费者获得产品的各个环节，有助于提高运输效率、降低库存成本、优化路线规划，减少供应链中的风险。

如图 6.1 所示，通过物联网、大数据、云计算、人工智能及高级管理手段的协同应用，智慧物流中的运输、仓储、配送等物流过程可以实现信息共享、快速响应和资源整合。协同应用使智慧物流成为一个协同集成的系统，其物流操作比传统方式更加智能化。

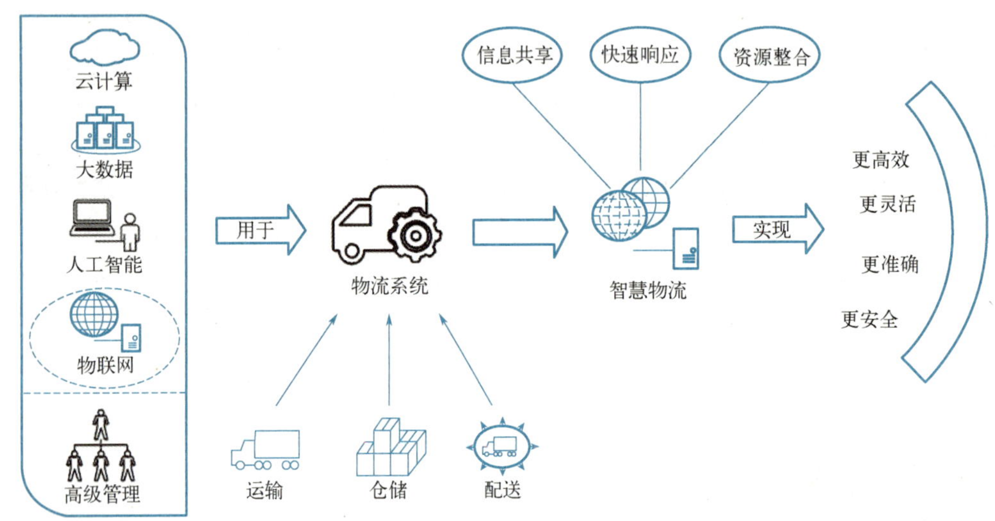

图 6.1　智慧物流的概念图

智慧物流是以物流互联网和物流大数据为依托，通过协同共享创新模式和人工智能（AI）先进技术，重塑产业分工、再造产业结构、转变产业发展方式的新生态。所有商业行为均可成为数据源，数据为供应链赋能，云计算服务使物流业务在线化；同时，通过数据产品开发将大数据应用到具体业务，实现数据业务化、物流智慧化。根据服务对象和范围，智慧物流体系可以分为三个层次。

企业智慧物流：推广物联网感知识别等信息技术在物流企业的应用，打通智慧仓储、运输、装卸、搬运、包装、配送等供应链的各个环节。

区域智慧物流：区域智慧物流中心连接物流的各层次、各方面，联系分离的商流、物流、信息流和采购、运输、仓储、配送等环节，形成完整的供应链，借助信息共享建立政府部门监督与市场规范化管理方面的协同工作机制，确保物流信息正确、及时、高效、通畅，使运输合理化、仓储自动化、包装标准化、装卸机械化/无人化、加工配送一体化、信息管理网络化。区域智慧物流行业，重视和加强物联网感知识别等信息技术的开发与应用，通过自动报单、分拣、跟踪等系统，实现运件的实时跟踪，并降低服务成本；同时，通过深入研究物流业务特征，加强对基础数据与运行指标的动态监测，开拓和挖掘基础数据，收集统计数据和相关信息，及时反映相关问题，建立相应的协调和预警机制。

国家智慧物流：充分利用物联网等现代信息技术，打造一体化的交通同制、规划同网、铁路同轨、乘车同卡的现代物流支持平台，以制度协调、资源互补和需求放大效应为目标，以物流一体化推动整个经济的快速增长；着眼于实现功能互补、错位发展，着力构建运输服务网络，基本建成以国际物流网、区域物流网和城市配送网为主体的快速公路货运网络，“水陆配套、多式联运”的港口集疏运网络，“客货并举、以货为主”的航空运输网，“干支直达、通江达海”的内河货运网络。图 6.2 为我国的物流系统的基本体系结构与功能特征。

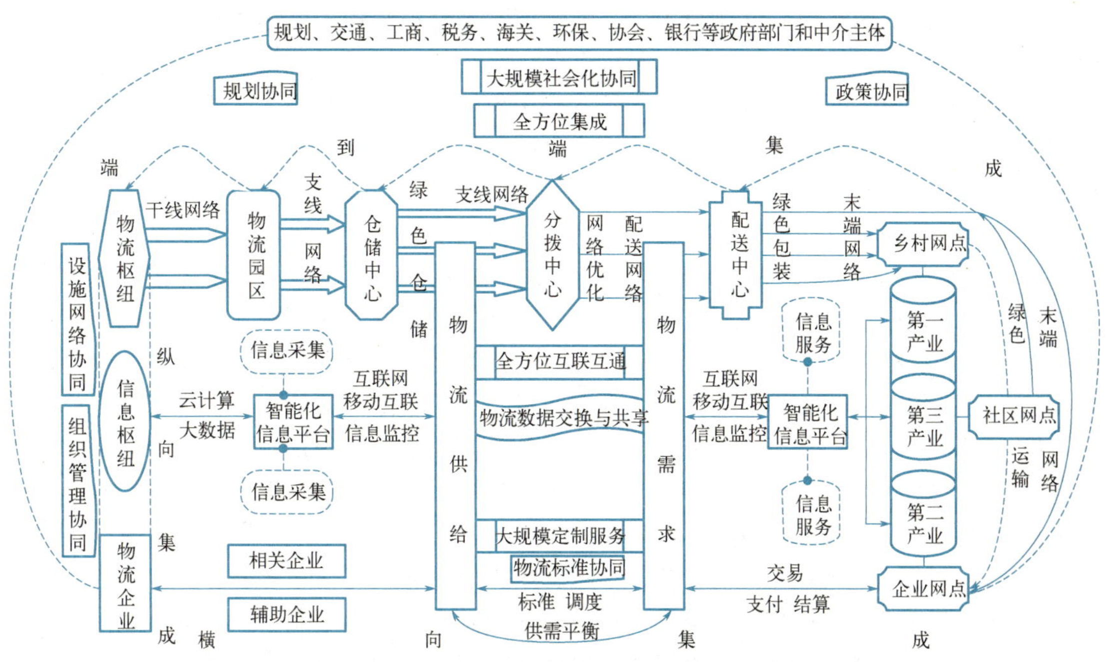

图 6.2 国家物流系统的基本体系结构与功能特征

（资料来源：魏际刚《构建强大智能绿色的国家物流系统》一文）

综上所述，智慧物流采用先进的信息通信技术和管理手段，使物流系统协同化、智能化、集成化，实现物流过程中的信息共享、快速响应和资源整合。从客户的角度出发，智慧物流提供更高效、灵活、准确、安全的物流服务。

6.2 智慧物流的基本功能

物流公司只要为每辆配送车辆都安装 GNSS 定位系统，并在每件货物的包装中嵌入 RFID 标签或者贴上条码，通过 RFID 标签/条码，物流公司和顾客便可从物流信息系统了解货物所处的位置和环境等信息。同时，物流公司可以在运输过程中根据顾客的要求，对货物进行及时调整和调配，实时货物的全程监控，防止物品遗失、误送等，优化物流运输路线。通过货物上的 RFID 标签/条码，装载时可以自动收集货物信息；卸货检验后，用嵌有 RFID 的托盘经过读取通道，放置到具有读取设备的货架，货物信息就会自动记入信息系统，实现精确定位。可以看到，基于物联网感知识别等技术的应用，智慧物流系统可以实现从收货到出货的一系列操作的全程智能化，实现互联网向物理世界的延伸及其与物流实体网络的融合创新，实现物流系统的状态感知、实时分析、精准执行，并进一步达到自主决策和学习提升。智慧物流系统是拥有一定智慧能力的现代物流体系，其基本功能包括感测、规整、智能分析、优化决策、系统支持、自动修正和对各物流场景的及时反馈。

感测（Sensing）功能：采用各种先进的物联网感知识别技术，实时感知和收集运输、仓储、分拣、包装、装卸、搬运、流通加工、配送、信息服务等物流各个环节的大量准确信息，实现实时数据收集；使物流各参与方都能准确掌握货物、车辆和仓库等信息，实现感知智慧。

规整（Integration）功能：在感知之后，把采集的物流各环节的信息通过通信网络传输到数据中心，用于数据归档、保存。建立强大的数据库，在分门别类后添加新的数据，根据要求整理各种数据，使各类数据按要求规整，确保和实现数据的联系性、开放性及动态性。通过对数据和流程的标准化，推进跨网络的异构系统整合，实现规整智慧。

智能分析（Intelligent Analysis）功能：利用智能的模拟器模型和算法等手段分析物流问题，根据问题提出假设，在实践过程中不断验证问题、发现新问题，做到理论与实践相结合。在运行过程中，物流系统可以调用原有经验数据进行分析，结合新收集到的数据，随时找出物流作业活动中的漏洞或薄弱环节，进行智能的挖掘和分析，实现发现智慧。

优化决策（Optimization Decision）功能：根据特定需要和不同情况下的成本、时间、质量、服务、碳排放和其他标准，评估基于概率的风险，进行预测和分析，协同制定决策。提出最合理的、最有效的解决方案，做出更准确、更科学的决策，实现创新智慧。

系统支持（System Support）功能：系统智慧集中表现在智慧物流并不是各个环节各自独立、毫不相关的物流系统，而是各个环节能相互联系、互通有无、共享数据、优化资源配置的系统，从而为物流各环节的协作、协调和协同提供最强大的系统支持。

自动修正（Automatic Correction）功能：基于上述各种功能，智慧物流系统可以自动按照最快捷的、最有效的解决方案运行，并且在发现问题后自动修正、备案，方便日后查询。

及时反馈（Timely Feedback）功能：智慧物流系统是一个实时更新的系统，反馈是实现系统修正和系统完善必不可少的环节，贯穿于智慧物流系统的每一个环节，为物流相关作业者了解物流运行情况、及时解决系统问题提供强大的保障。

6.3 智慧物流的特点

得益于云计算、大数据、人工智能，以及 RFID、WSN、无线通信等物联网技术的发展，智慧物流的精准化、智能化、协同化特点逐步成为现实。首先，精准化物流要求成本最小化和零浪费；基于智慧物流系统中物联网化智能信息处理系统和智能设备的普遍运用，物流企业能实现采购、入库、出库、调拨、装配、运输等环节的精准管理，将库存、运输、制造等成本降至最低，同时把各环节可能产生的浪费减至零。其次，为了智能化地采集实时信息，为最终用户提供优质的信息和咨询服务，为物流企业提供最佳策略支持，智慧物流系统中的物联网设备除了提供标识和信息采集功能，还将承担更为广泛的处理功能；智慧物流使得物流企业可以优化资源配置、业务流程，拓宽业务范围，为最终用户提供增值性物流服务，最终实现利润最大化。最后，对于实现物流协同化，物联网将是物流企业实现协同发展的最佳平台，物流企业能够借助该平台实现上下游企业之间的无缝连接，真正实现资金流、物流、信息流的三流合一。电子商务已经实现了，共同配送、全球化生产等这些让人憧憬的先进商业运营模式也有望逐步实现。随着物流与物联网等技术的深化融合，智慧物流的细粒度、实时性、可靠性等其他的一些特点都已经体现在智慧物流的各种服务中了。

6.3.1 业务数据化

将所有物流要素互联互通，一切业务数据化，实现物流系统全过程透明可追溯。智慧物流的核心是协同共享。随着“物联网+”的蓬勃发展，涌现出了一批“物联网+”物流平台，其打破了传统企业边界，深化了企业分工协作，实现了存量资源的社会化转变和闲置资源的最大化利用，是智慧物流的典型代表。随着移动物联网的快速发展，物联网在物流领域得到了广泛应用，物流连接呈现快速增长态势，我国已有数百万辆载重货车安装了北斗定位装置，大量物流设施通过传感器、RFID 等接入互联网，以信息互联、设施互联带动物流互联，使智慧物流的前提条件——“物流在线化”成为可能。

物流业务数据化是将物流业务过程中产生的各种原始信息记录并转变为数据的过程。业务数据化从本质上说是用数据表现和解读业务。业务数据化以前称为“信息化”，从 CRM 系统、OA 系统到 ERP 系统，其实都属于业务数据化，只是由于传统行业许多业务是在线下展开的，完全数据化十分困难。借着互联网尤其是移动物联网的普及、数据技术（DT）时代的来临，才有条件实现完全的业务数据化。实现业务数据化需要完成简单数字化和流程数据化两大任务。信息化是数据化的初级阶段，信息化能提升效率、沉淀数据，为数据化输入必要的数据、奠定基础；而数据化则倒逼信息技术（IT）系统的优化和完善，通过对信息化阶段的数据进行集成、连通和分析来洞察业务、优化运营和决策。一般来说，简单数字化是 IT 时代下信息化所做的事情，而流程数据化则是 DT 时代下数字化转型所做的事情。

6.3.2 业务数据化与数据业务化的协同演进

业务数据化是智慧物流的基石，其核心是通过物流在线化（如运输管理系统 TMS、仓储管理系统 WMS）实现订单、运输、仓储等全流程数据的结构化沉淀。这一阶段需完成两大任务：一是简单数字化，如纸质单据电子化；二是流程数据化，如自动采集车辆 GPS 轨迹、温湿度传感器数据，为后续数据价值释放奠定基础。

数据业务化则是业务数据化的自然延伸，其本质是将数据转化为可商业化的产品或服务，具体实现路径包括数据智能和数据创新。数据智能：利用机器学习优化物流网络，例如，基于历史运输数据的动态路由算法可降低物流的燃油成本。数据创新：开发数据驱动的增值业务，例如，供应链金融信用评分模型通过整合物流时效、货物周转率等数据为中小货主提供融资服务。

业务数据化和数据业务化的关系为“业务→数据→业务”的螺旋上升，主要包含以下两个层面。

依存性：业务数据化是数据业务化的基础，例如，没有完整的运输轨迹数据就无法开发路径优化产品。

驱动性：数据业务化倒逼业务数据化、精细化，例如，风控模型要求更高精度的货物状态监测数据。

在物流领域，数据业务化的典型实践主要包括以下两个方面。

产品化封装：将数据接口封装为 API 服务（如实时货量预测 API），按调用量收费。

专业化运营：成立独立的数据子公司，面向行业提供数据洞察报告、碳排放核算工具等。

6.3.3 深度高效协同

深度高效协同是智慧物流的核心需求：基于物流系统全局优化的智能算法，跨集团、跨企业、跨组织之间深度协同，调度整个物流系统的各参与方高效分工协作。物流在线化和物流业务数据化为物流云计算服务提供了可能。依托物流云平台，为物流客户企业提供安全稳定的物流基础信息服务和标准统一的物流应用组件服务，强化客户与企业之间的数据连接，高效地整合、管理和调度物流等各种数据资源，推动物流行业向智慧化、生态化发展。

6.3.4 高效执行

人工智能（AI）的快速发展为物流技术创新提供了新的空间。通过赋能物流各个环节，人工智能实现了智能配置物流资源、优化物流环节、减少资源浪费，大幅提升了物流运作效率。特别是人工智能技术在无人驾驶、无人仓储、无人配送、物流机器人等前沿领域的应用，一批领先企业已经开始试验和商业应用。

软件定义物流实现自主决策，推动物流系统程控化和自动化发展。通过大数据、云计算与人工智能构建物流大脑，在感知中决策、在执行中学习、在学习中优化，在物流实际运作中不断升级。

6.4 智慧物流支撑技术

实现智慧物流需要的关键支撑技术有：物联网（IoT）、云计算（CC）、大数据（BD）、人工智能（AI）。

6.4.1 物联网

物联网是智慧物流发展的基础。物联网的基本思想是各种物体能够进行交互，并与它们的邻居合作，通过独特的寻址方案达到使计算机在没有人为干预的情况下感知信息的主要目标。智慧物流系统通过条码、RFID 标签、传感器、执行器、手机等，可随时随地获取货物、物流车辆、运输路线、仓储等信息，并可通过通信网络技术实现端到端的信息互联。智慧物流系统基于物联网平台，可以对海量物流数据和信息进行分析处理，并结合云计算、大数据、人工智能等先进技术，做出决策、实现对对象的智能控制。

RFID 利用电磁场来自动识别和跟踪附着在物体上的标签，可以识别和捕获数据，广泛应用于各种物流场景，在智慧物流中起着非常重要的作用。与条码不同，RFID 标签不需要在读取器的视线范围内，可以从远处进行识别。RFID 标签支持比条码更大的唯一 ID 集合，并且可以包含制造商、产品类型等其他数据，甚至可以测量温度等环境参数。如表 6.1 所示，不同频段的 RFID 适用于智慧物流中的不同应用场景，例如，低频 RFID 的典型应用是商品识别和数据采集，可广泛应用于智慧仓储、智慧配送、智慧包装；高频 RFID 标签可以很容易地做成卡片形状，用于电子门票、电子价签等，因此在智慧仓储中很常见；超高频 RFID 主要用于智慧交通，方便智慧物流不同包装单元的管理和人员管理。

表 6.1 不同频段的 RFID 在智慧物流中的应用

频段	典型工作频率	识别距离	数据传输速度	物流应用场景
低频（LF）	125kHz～134.2kHz（如 125kHz，133kHz）	＜10cm	低	商品识别、动物识别追踪、车辆识别、门禁系统、工具/资产管理、低值易耗品管理、数据收集、物品级跟踪、防盗器、金属容器标识、资产防伪
高频（HF）	13.56MHz	10cm～1m	中	电子门票、库存管理、图书/档案管理、电子价签、电子支付、产品防伪、智能货架、冷链监测、单据核验
超高频（UHF）	865～868MHz（欧洲），902～928MHz（北美）	1～12m（视天线功率）	高	供应链全流程追踪、仓储管理、运输管理、零售物流、分拣系统、资产管理、供应链管理、生产线自动化
微波（Microwave）	2.4～5.8GHz（如 2.45GHz，5.8GHz）	10～100m（需高功率天线）	很高	高速分拣与无人化、无人配送、智能交通、露天仓储、港口车辆识别、危化品监控、实时定位系统、收费站、集装箱

智慧物流应用场景中存在大量的终端传感器节点，对这些节点进行自由组织和组合非常重要。WSN 因其能灵活地解决智慧物流中的问题而获得了相当大的普及。二维面网络结构是 WSN 中最简单的拓扑结构，通常用于智慧物流中网络节点较少的应用场景。分层网络结构和混合网络结构具有良好的可扩展性，便于库存、进出库、配送等的集中管理。网状网络结构的最大优点是所有节点具有相同的计算和通信功能，并且节点之间有多条路由路径，对单点或单链路故障具有较强的容错性和鲁棒性，是构建大规模 WSN 的良好结构模型，适用于智慧物流中运输车辆的安全监控。

无线通信技术是采集所有传感器节点信息并发送到基站和指定客户端的关键技术，使物流设备无须物理连接即可与其他设备进行通信。短距离无线通信技术用于智慧物流中的智慧仓储、智慧运输、智慧包装、智慧配送等。RFID 具有扫描速度快、体积小、形状多样等特点，被广泛应用于智慧物流的各种场景中。蓝牙技术因其具有抗干扰、低功耗等优点，常用于智慧配送中的产品分拣和智慧交通中的驾驶员行为监控。NFC 可以实现智慧交通中的车辆电子支付、智慧信息处理中的身份认证、智慧包装中的防伪等多种功能。对于 Wi-Fi 来说，它在视线范围内使用效果最好，因此经常用于智慧仓储、智慧运输、智慧包装等。ZigBee 的数据速率较低，但它的设备连接数高达 65536（2^{16}）个，适用于仓储环境的数据采集、产品状态信息采集等。低功耗广域网（Low Power Wide Area Network，LPWAN）是为了满足长距离、低功耗的连接需求而设计的，它促进了物联网在智慧物流中的应用。窄带物联网（Narrow Band IoT，NB-IoT）、用于机器的长期演进（Long Term Evolution for Machines，LTE-M）、长程广域网（Long Range Wide Area Network，LoRaWAN）、Sigfox 等技术的主要优势有高可扩展性、广覆盖范围、低边节点能耗、低成本和方便的网络点漫游，可以满足低数据交换频率、低连接成本的连接需求，适用于智慧物流中物联网的复杂环境。远距离通信中的 4G（IMT Advanced）/5G（IMT-2020）移动网络在物联网高速服务中发挥着重要作用，进一步推动了智慧物流中的智慧运输、智慧包装、智慧配送等的发展。

在物联网应用中，有一个相对稳定的、功能强大的高层次系统集成工具是非常必要的。中间件是一种独立的系统软件或服务程序，可以提供标准的数据接口，连接物联网应用的硬件，为系统软件提供数据等资源。中间件隐藏了不同技术的细节，将物联网开发人员从与特定物联网应用不直接相关的软件服务中解放出来。大多数物联网中间件的架构遵循面向服务的方法，以支持未知的动态网络拓扑，这意味着它封装不同的操作系统来提供 API 接口，并为应用程序提供统一的标准接口。此外，中间件还可以为应用软件提供标准统一的公共服务，从而缩短应用软件的开发时间，提高应用软件的质量。物联网中典型的中间件有 RFID 中间件、传感器网络网关中间件、传感器网络节点中间件、传感器网络安全中间件及嵌入式机器到机器（Machine to Machine，M2M）中间件。近年来，智慧物流中的物联网终端设备规模不断扩大，应用软件也越来越多样化。智慧物流信息处理的内涵是对现有的各种应用的不断拓展和新应用形式的不断增加。例如，在物流调度中，需要整合来自运输车辆、产品库存、配送人员、用户等方面的信息，它迫使信息处理平台解决越来越多的需求，特别是对分布式网络应用的需求，如跨不同硬件平台、不同网络环境、不同数据库系统之间的互操作性等，仅依靠传统的系统软件或 Web 工具软件是无法满足这些需求的，因此中间件技术的重要性日益受到重视。

6.4.2 云计算

物流系统集成是为了解决供应链过程中的“信息孤岛”问题。当前的物流系统是一个动态的、异构的、分布式的大系统，其缺点是动态性差、响应慢、传输率低、维护和扩展成本高。随着智慧物流技术的不断发展，整合和共享大系统的物流信息资源，以云计算的方式为各类用户提供按需物流服务，已成为业界共识。

云计算是一种模型，用于实现对可配置计算资源（例如，网络、服务器、存储、应用程序和服务）的共享池的无处不在的、方便的、按需的网络访问，这些资源可以通过最少的管理工作或与服务提供商的交互来快速配置和发布。云计算的主要目标是在集中管理下使用巨大的计算和存储资源，其基本特点是：资源池化、按需自助服务、网络接入广、快速、弹性和服务可测量。因此，云计算在一个无限的网络上透明地在用户之间共享可扩展的弹性资源，这使它更像是人类的大脑和智慧物流系统的神经中枢。

目前，物联网的服务器大多部署在云端，通过云计算提供应用层的各种服务。许多研究人员已将云计算应用于智慧物流，基于云计算模型的智慧城市物流是未来可持续发展城市中市民需求驱动的灵活物流基础设施，任何对可持续发展感兴趣的城市政府都可以使用。基于云计算和物联网的物流信息交换，满足业务需求的各类物流公共信息平台可以将自主物流的硬件平台抽象，实现硬件平台的可扩展性。总之，云计算在智慧物流中的应用将更有利于资源的整合和共享，提高物流运行效率和服务质量，解决物流布局不合理的问题。

6.4.3　大数据

物联网技术可以实现物流系统中物物之间的联网，并从连接的节点处获取信息。云计算为资源共享提供了高质量的技术平台，而大数据技术可以通过物联网收集的大规模物流数据，结合云计算技术，挖掘新的物流商业价值，推动智慧物流的发展。

大数据可以用以下特征来描述：产生和存储的数据量大、数据类型和性质多样、数据处理速度实时、数据质量和价值高。大数据是一种处理分析技术，能系统地从传统的数据处理应用软件无法处理的大数据集中提取信息，“大数据”一词更倾向于指使用预测分析、用户行为分析或其他从数据中提取价值的高级数据分析方法。大数据技术的意义不在于持有海量数据，而在于通过专门的数据处理，提取数据中蕴含的有效信息，这些信息是智慧物流的意识基础。

将大数据技术应用于智慧物流的研究有很多。总体而言，大数据技术有以下的四大物流应用场景。

消费需求预测：通过收集和分析消费者的消费特征、销售记录、购买平台等大数据，准确预测消费者的需求，帮助提前安排仓储和运输。通过系统记录的客户浏览历史，后台会将客户感兴趣的库存放在最近的运营中心，方便客户下单。目前，在预测精度方面，还有很大的提升空间，需要扩大数据量、优化算法。

物流设备维护预测：通过物联网系统实时采集物流设备运行状态，并进行大数据分析，实现预维护，提高物流设备使用寿命。随着机器人在智慧仓储、智慧运输、智慧配送等方面的应用越来越广泛，这将是未来大数据的重要应用。

配送网络及路线规划：利用历史数据、时效性、覆盖范围等建立分析模型，优化仓储、运输、配送网络布局。基于实时大数据分析的物流轨迹系统可以跟踪产品的运动、管理库存，并优化用于生产或分销的材料库存。

供应链风险预测：通过收集和分析供应链中的异常数据，预测潜在的贸易风险、不可抗力造成的货物损坏等风险。基于大数据设计环境可持续的供应链采购和物流模型，以优化可持续采购和运输决策。

6.4.4　人工智能

人工智能使物流系统能够正确地解释外部数据，从这些数据中学习，并利用学习结果通过灵活的适配来实现特定的智慧物流目标和任务。人工智能技术的应用将加速智慧物流的发展，其在智慧物流中的融合场景如下所述。

运营管理：利用人工智能技术，运营管理中心通过机器学习将具有自学习和自适应的能力，在感知业务情况后能够自主决策。例如，通过机器学习，物流调度系统可以学习指挥调度经验，逐步实现辅助和自动决策。

仓库管理：通过人工智能技术与物联网、大数据、云计算等的结合，实现无人仓库。无人仓管可以通过智能算法对物品进行分类和管理，实现自动化存储和检索，以便随时访问仓库中可用的库存。

无人配送：通过人工智能算法，无人配送机器人可以实现路径规划、智能避障等，这将改变配送模式，有助于降低物流成本。

分拣：通过人工智能系统，不同的摄像头和传感器可以捕捉数百万件商品的实时数据，然后通过品牌标识、标签、3D 形状来识别商品，这意味着分拣系统不再需要扫描设备、人工处理设备和人员逐个分拣，将大大降低成本。

包装：通过 AI 算法计算产品的体积数据和包装箱尺寸，智能推荐包装材料和包装分拣方案，合理安排箱体类型和商品放置方案。

选址：人工智能算法可以根据真实环境的各种约束，如客户、供应商和制造商的地理位置、运输经济性、劳动力可用性、建设成本、税收制度等，充分学习和优化，给出一个接近最优解的仓储配送中心位置模型，以提升物流效率。

客服：基于语音识别技术的客服座席可以实现对客户语音的可视化和智能化分析，从而辅助人工客服座席快速搜索和匹配关键知识点，这将提高智慧物流客服的工作效率和服务质量。此外，消费者行为预测也是人工智能客户服务的重要组成部分。

简而言之，人工智能将应用于智慧物流的仓储、运输、配送、管理等方面，实现高效的智慧物流系统。虽然人工智能技术目前还未完全成熟，但它终将引领智慧物流未来的发展方向。

6.5 智慧物流

如今，物联网技术已经应用于物流行业的各个场景，推动着智慧物流的发展。显然，RFID 技术在物流行业应用最为广泛，尤其是室内应用场景（如仓储、包装等），其次是 ZigBee、Wi-Fi、蓝牙。除上述技术外，蜂窝移动通信（3G、4G-LTE、5G 等）、低功耗广域网（LPWAN）、卫星通信（VSAT，直译为甚小口径卫星终端站）等正在逐步应用于智慧物流，包括室内和室外（如运输、配送等）。

6.5.1 智慧运输

在智慧运输中，需要一个能够通过多传感器采集车辆、货物、驾驶员状态信息，并在本地嵌入式系统中进行预处理的物联网监控系统。同时，还需要与物流中心建立互联，传输状态信息，以便进行进一步分析和预测，从而做出正确的调度决策。就监控对象而言，车辆、货物、驾驶员都具有动态运动的特点，因此对信息传输的实时性和稳定性要求比较高，这意味着网络尤其是无线通信网络的传输速率和动态稳定性是物联网系统应用于智慧运输首要考虑的因素。在智慧运输过程中，为了清晰地了解物流运输过程中的各种情况，使用物联网技术来完成对车辆、货物和驾驶员的实时监控，将车辆、货物、驾驶员情况等信息高效地结合起来，提高运输效率、降低运输成本、减少货物损失。

1. 车辆状态监控

车辆状态监控主要包括车辆的位置跟踪和实时情况监控，如运输车辆的车速、胎压、油耗、刹车次数等。车辆跟踪系统用于跟踪任何车辆在任何时间、任何位置的移动情况，它集成了标识车辆的 RFID、定期获取地理坐标的 GNSS 和将车辆位置传输并更新到数据库中的蜂窝通信网络（3G/4G/5G）等技术，以及智能手机应用程序，用于持续监控车辆位置；它还可以通过 5G、IoT、AI 的融合，建立智慧物流溯源体系，实现运输全自动化，加速智慧物流的发展。

2. 货物状态监控

通过监控货物状态，可以实时获取货物的位置和状态。基于物联网技术的智能货物跟踪系统可以采用 RFID、GIS、3G/4G/5G 通信、中间件和 AI 技术，通过实时信号采集、数据通信和信息处理，实现货物跟踪（包括货物定位、重新选路和货物状态监控）和监控危险品道路运输动态，这些服务都可以在没有人为干预的情况下执行。

3. 驾驶员监控

基于物联网和雾计算等技术的驾驶员行为监控系统，利用多传感器，不但监测驾驶员自身的情况，而且综合考虑环境、车辆对驾驶员的影响因素，根据传感器类型和数据频率的不同采用 RFID、蓝牙、Wi-Fi 或 4G-LTE 等各种通信技术实现数据通信，同时采用雾计算以应对数据通信的时间敏感性。其中，用于低功耗医疗实时处理等物联网应用的可穿戴传感器网络利用无线技术传输远程驾驶员的生理参数，可以实现对驾驶员行为的实时监控和分析，还可以根据车辆的速度、加速度、加加速度（加速度对时间的导数，表示加速度的变化率）、发动机转速、行驶时间等对驾驶员驾驶风格进行评估，以帮助驾驶员社区采取一些预防措施，从而在一定程度上减少交通事故。

6.5.2 智慧仓储

随着业务和技术的不断变化，仓储管理正变得越来越复杂和关键。现在有了物联网技术，就可以优化仓库空间的利用、监控仓库环境、改进产品管理流程。

仓库具有位置固定、范围有限的特点，这使得基于物联网的智慧仓储系统的设计可以根据仓库的结构和环境特点来完成。就目前的研究和应用现状而言，智慧仓储的无线通信主要基于短距离无线通信技术。在仓库空间优化系统和仓库环境监控系统中，对无线通信的网络容量要求较大，但对传输速率要求较低，因此 ZigBee 在这些应用场景中非常受欢迎。仓储管理涉及产品的进出，在此过程中需要完成对产品信息的读取，因此 RFID 在此场景中得到了广泛的应用。随着信息集成的发展，移动网络和 LPWAN 通信技术将逐渐应用到基于物联网的智慧仓储系统中。

1. 仓库空间优化

仓库空间优化主要包括产品位置规划和仓库空间结构优化。Trab 等人提出了一种具有兼容性约束的产品分配规划的多智能体体系结构，以解决产品分配操作的安全问题。该体系结构基于与兼容性测试相关的智能体之间的协商机制，这种协商机制依赖于物联网基础设施和多代理系统。

近年来，仓库空间结构优化最具代表性的应用是自动存取仓储系统（Automatic Storage Retrieval System，ASRS）。密集存储技术旨在优化配送中心的使用，包括模式、方案和技术装备。基于 ZigBee 无线网络技术的 ASRS 采用星形控制结构，能够满足用户灵活的控制需求，使 3D 仓库物流控制系统更加智能、简单、有效，提高了运行效率。而基于直角坐标型机器人的液体食品工业 ASRS 则提供了更有效的存储容量利用和控制策略。

2. 仓库环境监控

仓库环境监控主要包括环境温度、湿度、配电管理等的监控。基于 ZigBee 无线传感器网络和网络节点的智慧仓库测控系统，将传感器、ZigBee 等无线通信技术应用于仓库控制和环境管理，可以实时感知仓库入侵和跟踪盗窃，监控仓库内的温度、湿度和火灾等情况，从而减少仓库管理所需的人力资源，提高物流仓储技术的智能化水平，解决监控滞后和不智能的问题。

3. 仓储管理

作为仓储管理的制度之一，完善仓储管理流程非常重要。基于物联网的仓储管理系统采用先进的数据分析方法，使用计算智能技术实现工业 4.0 的智慧物流。图 6.3 显示了基于物联网技术的仓储管理系统的典型框架。将车辆跟踪与仓储管理相结合，采用基于位置的服务（LBS）触发器来管理仓储流程，可以无缝衔接仓储作业流程。基于 RFID 的智慧仓储管理系统，可以充分利用基于物联网技术的现有设备、设施类型，帮助实现更好的库存控制，提高运营效率。基于物联网技术的智能库存管理系统结合企业资源计划（Enterprise Resource Planning，ERP）系统，还可以实现对所有产品的全面控制和管理、更快的入库/出库、动态库存更新。

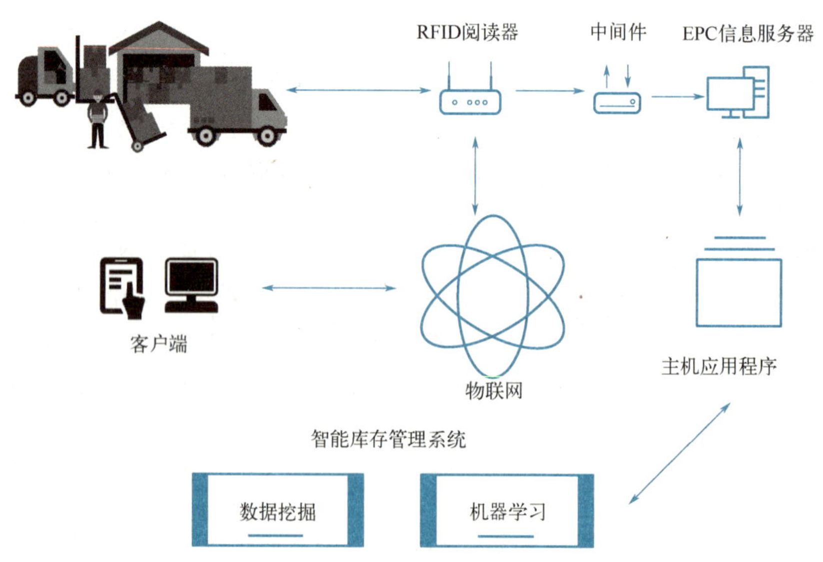

图 6.3　基于物联网技术的仓储管理系统的典型框架

6.5.3 智慧装卸

装卸活动的基本动作包括装、卸、堆垛、储存、出站运输等，主要指垂直方向上的搬运，是运输和储存活动所产生的必要活动。在物流过程中，装卸活动不断出现和重复，往往成为决定物流速度和成本的关键。使用基于物联网的装卸设备（如叉车）可以大大提高物流效率。物联网技术在该领域的应用主要集中在设备自动化、设备定位、设备状态监控、设备调度等方面。目前，物联网装卸应用系统主要实现了装卸自动化、设备状态监控和调度。从通信角度来看，由于装卸设备在一定范围内运行，所以物联网装卸应用系统主要采用 RFID、Wi-Fi 等短距离通信技术；只有当设备调度时，才需要远程信息传输，因此通常采用移动通信技术。

1. 设备自动化/无人化

装卸设备的自动化、无人化程度与物流成本和效率密切相关。已经有人设计了一种数据采集单元（Data Collection Unit，DCU），它可以方便地连接多个具有不同接口的传感器，如控制器局域网（Controller Area Network，CAN）端口、通用异步收发器（Universal Asynchronous Receiver/Transmitter ，UART）、RS232 等，适用于具有秤、RFID 读写器等多个传感器模块的智能叉车。这样叉车就可以得到货物的准确位置，最终将货物运送到室内仓库，而不需要人来操作。基于物联网的叉车机器人系统采用了多种传感器，包括摄像头、线传感器（实现了精确可靠的 3D 在线检测，可沿线提供被测量样品的距离与层厚的精确数据，且其扫描速度非常快，可在非常短的时间内确定样品的 3D 结构。其采用的白光共焦测量技术提供极高的横向和轴向分辨率，能测量任何类型的材料，且不会产生阴影问题，即使测量的几何形状非常复杂）等。同时，利用 Wi-Fi 通信模块建立叉车与仓库操作员之间的远程桥梁，实现叉车接入互联网，并对叉车进行指挥。为工业叉车车队自动化开发的客户端/服务器应用程序，可以实现客户端/服务器远程操作和数据监控，叉车通过外部传感器和内部传感器实现完全自动化，叉车与服务器之间的数据通信通过无线通信技术实现。迷你叉车机器人可以使用线跟踪器和 RFID 把物体储存到基地的特定储存槽里，或者从基地的指定储存槽中拾取物体。

2. 设备监控与调度

设备监控包括获取设备位置和监控设备状态，在此基础上实现设备调度。在与自主叉车机器人交互的多模态框架中，管理者可以通过无线或手持平板电脑使用语音等方式与叉车进行交互，通过系统界面支持的命令召唤叉车，并通过一组更简单的手势指导叉车提升、运输和放置装载的托盘货物。高性能的 5.8GHz 无线叉车定位系统，采用优化的启发式定位方法推导出叉车的位置和方向，因为不需要骨干网和专用同步方案，所以采用往返飞行时间以降低基础设施的复杂性。通过对安装在叉车上的超高频 RFID 系统进行实测场分布与模拟场分布的对比，可以获得最佳的标签识别位置，实现读写器与标签之间的可靠通信。通过监控叉车的运行状态，包括使用时间、电池电量、位置、碰撞检测等，结合相应的调度方法，可以实现对叉车的最优调度。

6.5.4 智慧搬运

搬运是运输和储存货物所需的活动，主要指水平方向的搬运。近年来，运输的智能化发展主要体现在用于物料内外运输的自动搬运车（Automatic Guided Vehicle，AGV）的开发和应用上。随着物联网技术的快速发展，基于无线通信技术的网络越来越多地应用于AGV，为 AGV 提供了低成本、高效率等诸多优势。

AGV 是一个高度集成的运载系统。在搬运过程中，需要完成货物读取、路径规划、路径识别、定位、调度管理等众多功能，这使得单一的通信方式无法满足所有的功能需求。因此，有必要在 AGV 的物联网系统中集成 RFID、Wi-Fi、ZigBee、LPWAN 等多种通信方式。

1. 基于 RFID 的搬运

在智慧物流系统中，RFID 是最常使用的无线通信技术。智慧工厂的 AGV 中使用的 RFID 定位系统，通过检测影响 AGV 定位精度的关键因素，如圆形天线中的磁场、圆形磁场、圆形轮廓稳定性等，确定不同场合下的天线类型，从而在自动化物流车间系统地部署 RFID 设备。为了提高 AGV 系统的智能和效率，通过基于 WSN 和移动机器人控制的 AGV 无线控制系统，网络中的 AGV 车辆可以自主组织网络，共享位置、速度、方向、负载状态等信息，可以充分利用移动车辆的分布式处理能力，减轻中心服务器的负载。还可以使用 RFID 应答器实现全局定位，以解决廉价的小型 AGV 的定位和跟踪问题。配备了基于 LED/LDR（Light Dependent Resistor，一种可变光敏电阻器）的彩色传感器和基于 RFID 的识别/授权系统的循线 AGV 机器人，通过检测不同颜色的线路来实现路线的选择。

2. 基于 ZigBee 和 Wi-Fi 的搬运

除 RFID 之外，ZigBee 和 Wi-Fi 是智慧搬运领域的两大主导技术。AGV 防撞系统使用三种方法获取 AGV 的位置，确定进入碰撞区域的 AGV 的优先级，并控制 AGV 在 ZigBee 网络上的路由：基于 ZigBee 的 AGV 定位方法中，AGV 的车轮编码器数据和测量距离从 ZigBee 网络获得，然后通过信息融合得到 AGV 的位置；采用 ZigBee 无线控制的自主机器人车辆导航和制导方法中，通过将测量到的车辆角度和位置与某一轨迹的参考点进行比较，AGV 可以自主地沿着给定的路径行驶；AGV 分布式控制系统采用 Wi-Fi 和控制器局域网（Controller Area Network，CAN）总线进行实时通信，进一步实现对 AGV 的控制。

3. 基于其他无线通信技术的搬运

一些新的无线通信技术正逐步应用于 AGV。在用于两轮移动机器人的远程离散模型中，所有的执行器、传感器和控制器都通过无线通信相互连接，机器人由基于计算机的控制器通过长程广域网（LoRaWAN）无线通信进行控制。在基于元胞自动机的低成本高精度定位方法中，AGV 配备无线通信模块，在定位空间映射的单元空间中，通过简单单元进化规则的连续迭代完成定位。

6.5.5 智慧包装

包装是包装或保护产品以供分销、储存、销售和使用的技术。随着物联网技术的发展，包装市场正从传统包装向交互、感知、智慧包装转变。换句话说，智慧包装可以利用物联网和大数据与包装上的传感器（如 RFID、NFC、蓝牙和智能标签）建立动态交互，改善对包裹的跟踪和监控，以帮助物流公司即时做出决策。同时，智慧包装的应用有助于提高产品的可追溯性，进一步降低了产品召回的风险。

在智慧包装中，无论是包装产品设计还是包装应用，其基本功能都是实现产品的可读性和可识别性，因此 RFID 或 NFC 之类的低功耗、短距离通信是此类应用场景的首选。随着产品包装智能化程度的逐步提高，越来越多的应用可以通过包装对产品状态进行实时监控。针对这一应用需求，需要在包装产品中集成传感器监控、嵌入式处理、远程通信（如移动通信）模块。

1. 包装产品设计

在包装产品设计方面，主要是自动化包装系统的设计，利用无线通信技术使物联网能够实现包装自动化。在基于物联网的自动化电子包装系统中，机器人、传感器和智能机器通过信息网络连接在一起，实现了包装过程的快速、灵活和信息的实时交换，使机器人能够顺利地相互协作、完成包装任务。具有感测、处理能力和 NFC 兼容性的混合柔性智能温度标签，可用于潜在温度敏感型产品的管理和智慧包装，实现对环境温度的监测。

2. 包装应用

智慧包装产品有很多应用。智能食品包装系统可以监测被包装食品的状况，提供被包装食品在运输和储存过程中的质量信息。基于物联网技术的冷链物流监控系统，应用 NFC、ZigBee、移动通信网络等，通过识别每个包装上唯一的 NFC 标签，可以监控产品的位置。基于无源 RFID 的智能药品包装具有通信能力，通过自动提醒用户，并根据在线处方按时配药，为用药不合规问题提供了一个很有前景的解决方案。同时使用 QR 码和 RFID 标签的集成解决方案管理平台，可以实现对预包装食品供应链的实时跟踪和追溯，从而保证一个良性、安全的食品消费环境。智能食品检测仪和安全监控系统通过安装在食品包装上的传感器和无线通信模块，可以监控食品的状态，并根据食品的新鲜度给相关人员的手机发送提醒信息。

6.5.6　智慧配送加工

配送加工是指在产品发货前在仓库或物流中心进行的所有加工，目标是增加产品的附加值。与配送加工相对应的活动有很多种，如包装、分拣（将产品分组）、贴标签、按要求拆分、计量等，物联网技术更多地应用于分拣和贴标签。在配送加工中，分拣和贴标签的过程与商品的识别密切相关，因此 RFID 在这类应用中非常普遍。随着远程通信技术的发展和智能化要求的不断提高，将 RFID 与远程通信技术相结合，实现对分拣和贴标签的远程控制，将有利于物流过程的优化。

1. 分拣

分拣是将物品按品种和顺序进行分拣和堆放的操作，是提供交货和支持交货的准备工作。近年来，智能分拣的研究越来越多。在基于 RFID 的逆向物流分拣系统中，产品的价值记录在产品上安装的 RFID 标签里，其中包括用于回收活动的材料和部件的所有信息，当产品进入逆向物流链时，逆向物流操作员可以检索 RFID 标签中的所有信息，以帮助回收产品。作为一种自主轮式机器人阅读器，移动 RFID 标签分拣机器人可以对图书馆、生产线和办公室进行巡回检查，以便在非常近（1～6cm）的间隔内获得带 RFID 标签的物体的精确空间顺序。智能识别和分类系统采用多层前馈神经网络对产品进行识别，通过双工蓝牙通信技术实现智能系统与控制计算机之间的通信。基于长程广域网（LoRaWAN）的无线光拾取系统，用于仓储物流拾取过程中物品的快速定位，通过使用功率优化的长程广域网（LoRaWAN）终端设备提供远程功能和最低维护成本。

2. 贴标签

物流标签是物流在供应链过程中的一种增值服务。标签包含了产品的必要信息，这对产品的跟踪和可追溯性非常重要，对标签的研究主要集中在智能标签的应用上。基于 GNSS 和加密中文识别码的农产品产地识别防伪系统，采用 RFID 和基于高级加密标准（Advanced Encryption Standard，AES）算法的中文感应码，可以收集和处理农产品的重量和位置信息，然后打印防伪标签。RFID 标签打印机通过窄带物联网（Narrow Band Internet of Things，NB-IoT）技术接入互联网，该技术可以帮助打印机厂商实现远程故障分析，并帮助客户解决打印机问题。用于提供食品实时可追溯性和冷链监控的 RFID 智能标签，集成了环境传感器（光、温度、湿度传感器）、微控制器、存储芯片、低功耗电子器件和 RFID 通信天线，可以附着在被跟踪的食品上，实现产品跟踪。

6.5.7 智慧配送

近年来，现代物流配送不断向信息化、数字化、网络化、集成化、智能化、柔性化方向发展。物联网技术在智慧配送中的应用主要体现在配送中心的智能化管理和智能配送方式的发展。智慧配送是物联网技术的一种综合应用，涉及多传感器采集、动态定位、导航定位、多源信息融合、决策优化等方面。因此，在这种物联网系统中，使用的通信技术也是多样化的，包括短距离通信技术、远距离通信技术和移动通信技术。此外，由于多源信息的特点，智慧配送对信息融合处理的要求也更高。

1. 智能配送中心

智能配送中心通过集成智慧搬运设备、自动分拣设备、信息处理系统等，实现智能化管理。基于物联网的路线规划系统（IoT based Route Planning System，IRPS）将物联网、田口（Taguchi）实验设计（也称健壮设计、鲁棒设计或稳健参数设计，它通过选择可控因子的水平组合来减少一个系统对噪声变化的敏感性，从而达到减少此系统性能波动的目的）和遗传算法相结合，制定了多温度食品配送的全产品监控和最优配送路线规划。配送中心采用物联网技术，实现货物识别、信息存储与采集、仓库智能管理、车辆自动调度。基于动态 WSN 的智能配送系统中的无线传感器节点用于监控环境条件，并在检测到特定事件时产生警报，从而可以监控水果、药品等易腐商品的质量。

2. 智能配送方式

在物流配送方面，由于快递员无法保证高时间精度的配送和实时监控货物的状态，所以一系列新的物流配送方式应运而生，如智能集装箱、自动驾驶汽车、无人机（Unmanned Aerial Vehicles，UAV）等。这些智能容器系统可以监控内部参数（如装载货物的数量和种类、温度和其他环境条件）和外部信息（如运输订单的变化、成本和交通状况的影响），实现对货物的全面监管。智慧物流中的智能容器将变成物联网的一部分，用于监控配送食品的温度和湿度等，例如，基于对货物保质期的监控和信息提供，智能集装箱将提高食品供应链的透明度。

终端快递容器也称为多功能包裹寄存柜系统，可以实现短信发送、密码生成、密码认证等功能，顾客通过验证便可以领取包裹。在自动驾驶汽车物流系统（Autonomous Vehicles Logistic System，AVLS）中，基于专用近距离通信（Dedicated Short Range Communications，DSRC）技术建立车载自组网（Vehicular Ad Hoc NETworks，VANET），对应物流各种要求，为监管的自动驾驶车辆优化行驶路线。基于物联网技术的增强型包裹投递系统将长程广域网（LoRaWAN）作为物联网的专用全局网络，并具有计算当前递送路线的能力。基于物联网的统一包裹递送系统采用物联网、计算机网络、无线通信和云计算技术，可以实现包裹配送过程的智能化，包括包裹分类、车辆调度、路径规划、运输监控等。无人机有望缓解城市地区的拥堵，改善农村地区的可达性，将配送从公路转移到空中。

6.5.8 智慧信息处理

物流信息是指与物流活动（运输、仓储等）有关的一切信息。物流信息处理是智慧物流中必不可少的环节，存在于每一种物流场景中。除了上述的应用场景，基于物联网技术的智慧信息处理也被应用于物流管理模型和物流信息处理系统的设计中。

1. 物流管理模型

物流管理模型是对预期生产物流系统的设计方案。合理的物流管理模型可以大大提高物流效率，降低物流成本，因此对物流管理模型的研究一直是智慧物流的重要内容。此外，无线通信和物联网技术的发展为物流管理模型的优化提供了必要的技术支持。

新型物流管理模型和容器解决方案为了实现高效的“最后一公里”交付，通过各种数据网络将控制单元连接起来，从而将实时信息传输到物流运营商的信息系统中。动态创建的物流同步模型将云制造和物联网基础设施集成在一起，提供具有多层次动态适应性的智能生产物流同步控制机制，可以处理生产物流过程中的动态问题。在基于物联网的可持续逆向物流动态优化框架中，基于物联网的实时信息感知模型感知和捕捉物流资源的实时数据，同时采用自下而上的物流策略，实现物流任务的实时信息驱动的动态优化分配。基于物联网和软件（即服务）的物流管理新模型有助于提高物流资源与云服务之间的集成，物流企业可以基于提出的模型开发自己的云物流管理信息系统。

2. 物流信息处理系统

物流信息处理系统是为物流管理人员提供信息以执行计划、实施和控制职能的交互式系统。根据不同的应用目标，有不同的物流信息处理系统，如配送路径优化、采购流程优化、智能支付等。

基于智能货车的远程信息处理系统应用了RFID、Wi-Fi等各种无线通信技术，能够在不改变承运商日常常规任务的情况下，追踪物品从仓库到零售店的运输路线。基于物联网的一站式物流服务商流程框架解决了目前物资采购流程操作时间过多、数据集成能力差的问题。基于NB-IoT和第三方支付平台的智能停车支付系统，在云服务器上实现了基础信息管理、收费管理、任务管理、商业智能等模块，提高了现有停车设施的利用率。

6.6 未来智慧物流的发展趋势

作为支撑国民经济发展的基础性、战略性、先导性产业，中国物流业在总体规模上已经是全球物流大国，但是还不是全球物流强国。其主要原因是中国物流业现在的运行质量和效率、服务供给能力、基础设施联通度等还有待提高，特别是物流信息技术投入和应用水平不够，传统的以规模要素驱动的发展方式与人们日益增长的对物流服务的需求还有较大差距。大力推进物流领域技术创新和应用，发展智慧物流生态体系，是促进我国从“物流大国”向“物流强国”迈进的必然选择。

2022年5月17日国务院办公厅印发了《“十四五”现代物流发展规划》。其中现状形势的发展基础部分指出：移动互联网、大数据、云计算、物联网等新技术在物流领域广泛应用，网络货运、数字仓库、无接触配送等“互联网+”高效物流新模式新业态不断涌现；自动分拣系统、无人仓、无人码头、无人配送车、物流机器人、智能快件箱等技术装备加快应用，高铁快运动车组、大型货运无人机、无人驾驶卡车等起步发展，快递电子运单、铁路货运票据电子化得到普及。而加快培育现代物流转型升级新动能中要求强化物流数字化科技赋能，推进物流智慧化改造：深度应用第五代移动通信（5G）、北斗、移动互联网、大数据、人工智能等技术，分类推动物流基础设施改造升级，加快物联网相关设施建设，发展智慧物流枢纽、智慧物流园区、智慧仓储物流基地、智慧港口、数字仓库等新型物流基础设施；鼓励智慧物流技术与模式创新，促进创新成果转化，拓展智慧物流商业化应用场景，促进自动化、无人化、智慧化物流技术装备以及自动感知、自动控制、智慧决策等智慧管理技术应用；加快高端标准仓库、智慧立体仓储设施建设，研发推广面向中小微企业的低成本、模块化、易使用、易维护智慧装备。

未来，物联网在物流业的应用将出现如下趋势：统一标准，智慧供应链与智慧生产融合、共享物流的物联信息；智慧物流网络开放共享、互联互通、融入社会物联网；多种物联网技术集成应用于智慧物流；物流领域物联网创新应用模式不断涌现；“物”有智慧，智慧物流实现新的变革。智慧物流的未来发展趋势包括：连接物流要素、加强国际数据连接、赋能升级末端、丰富感知手段、数据赋能供应链和提高智能化程度。物流领域中物联网只是技术手段，实现智能化的物流才是目标。推动物联网技术在物流中更好地应用，解决智慧物流对于物联网技术的新需求，是下一步智慧物流发展的目标和方向。

参 考 文 献

[1] 杜凤斌. 条码技术应用[M]. 北京：清华大学出版社，2015.

[2] 邹智鹏. 基于数学形态学的远距离条码识别技术的研究[D]. 南昌：南昌大学，2012.

[3] 张成海，张铎. 现代自动识别技术与应用[M]. 北京：清华大学出版社，2003.

[4] PALMER R C. The Bar Code Book：Comprehensive Guide to Reading，Printing，Specifying，and Applying Bar Code and Other Machine-Readable Symbols[M]. 5th ed. Bloomington：Trafford Publishing，2007.

[5] 中国物品编码中心. 条码技术与应用[M]. 北京：清华大学出版社，2003.

[6] 姬飞飞. 条码识别技术及其应用研究[D]. 哈尔滨：哈尔滨工程大学，2011.

[7] 吴佳鹏. 二维码识读技术及其应用研究[D]. 天津：天津大学，2010.

[8] 李贞. 物流信息技术与应用[M]. 北京：航空工业出版社，2011.

[9] 罗贤坤. 射频识别技术在仓储管理中的应用[D]. 南昌：南昌大学，2010.

[10] ROBINSON D. Sensor Technology in Medical Devices[M]. Boston：Artech House，2016.

[11] MILLER L，BROWN S. The Role of Barcoding in Inventory Management[J]. Journal of Operations Management，2017，35：134-149.

[12] CHEN H，LEE H. The Application of Barcode Technology in Healthcare：A Review of Literature[J]. International Journal of Medical Informatics，2018，112：1-8.

[13] KIM Y，PARK S. A Study on the Application of Barcode Technology in Retailing[J]. International Journal of Information Management，2019，47：168-175.

[14] 朱晓青. 传感器与检测技术[M]. 北京：清华大学出版社，2014.

[15] 张明阳. 传感器技术原理[M]. 北京：科学出版社，2016.

[16] 王淼. 传感检测技术[M]. 天津：天津大学出版社, 2009.

[17] MILLER S. Sensor Technology for Engineers[M]. London：Elsevier，2019.

[18] THOMPSON K. Sensor Technology Handbook[M]. New York：CRC Press，2017.

[19] 刘云浩. 物联网导论[M]. 3 版. 北京：科学出版社，2017.

[20] SMITH J，JOHNSON A. Advances in Sensor Technology：A Review[J]. Sensors，2018，18(5)，1563.

[21] BROWN M，WILSON L. Applications of Sensor Technology in Industrial Automation[J]. IEEE Transactions on Industrial Informatics，2019，15(3)：1587-1596.

[22] DAVIS R，THOMPSON K. Recent Developments in Wireless Sensor Networks[J]. Journal of Sensor Technology，2017，14(2)：245-261.

[23] FINKENZELLER K. RFID Handbook：Fundamentals and Applications in Contactless Smart Cards，Radio Frequency Identification and Near-Field Communication[M]. 3rd ed. Chichester：John Wiley & Sons Inc，2010.

[24] 王继红，石文孝. 认知无线传感器网络分簇路由协议综述[J]. 通信学报，2018，39(11)：156-169.

[25] 黄美根，黄一才，郁滨，等. 软件定义无线传感器网络研究综述[J]. 软件学报，2018，29(09)：2733-2752.

[26] 王楚豫，谢磊，赵彦超，等. 基于 RFID 的无源感知机制研究综述[J]. 软件学报，2022，33(01)：297-323.

[27] 肖竹，王东，李仁发，等. 物联网定位与位置感知研究[J]. 中国科学:信息科学，2013，43(10)：1265-1287.

[28] 钱志鸿，孙大洋，LEUNG Victor. 无线网络定位综述[J]. 计算机学报，2016，39(06)：1237-1256.

[29] 胡永利，朴星霖，孙艳丰，等. 多源异构感知数据融合方法及其在目标定位跟踪中的应用[J]. 中国科学：信息科学，2013，43(10)：1288-1306.

[30] SONG Y，YU F R，ZHOU L，et al. Applications of the Internet of Things (IoT) in Smart Logistics：A Comprehensive Survey[J]. IEEE Internet of Things Journal，2021，8(6)：4250-4274.

[31] 魏际刚. 构建强大智能绿色的国家物流系统[N]. 中国交通报，2018-01-03(003).

[32] 张载龙. 共筑智慧物流新未来[J]. 群众，2017(14)：37-39.

[33] 倪明选，张黔，谭浩宇，等. 智慧医疗——从物联网到云计算[J]. 中国科学：信息科学，2013，43(04)：515-528.

[34] 胡青松，李世银. 无线定位技术[M]. 北京：科学出版社，2020.

[35] 梁久祯，郇战，狄岚. 无线定位技术[M]. 2 版. 北京:电子工业出版社，2022.

[36] 宁焕生，张彦. RFID 与物联网射频、中间件、解析与服务[M]. 北京：电子工业出版社，2008.

[37] SHARP I，YU K. Wireless Positioning：Principles and Practice[M]. Singapore：Springer Nature Singapore Pte Ltd, 2019.

[38] 魏际刚. 构建强大智能绿色的国家物流系统[N]. 中国交通报，2018-01-03(003).